서울신학대학교 100주년 기념
인문학강좌 II

사람다움이란 무엇인가

서울신학대학교 100주년 기념
인문학강좌 II

사람다움이란 무엇인가

종문화사

목 차

인간과 리더십

시대와 평화

들어가는 글 : 인문학의 가치와 중요성

유석성(안양대학교 총장)

(전 서울신학대학교 총장)

인문학은 인간에 관한 학문이며 인간이 인간답게 살아갈 수 있는 기본입니다. 인문학은 교양과 학문, 인성의 기초가 됩니다. 인문학(humanitas, humanities)은 희랍에서 기초교양교육을 의미하는 파이데이아(paideia), 로마에서 인간에 관한 연구(studia humanitas)인 후마니타스(humanitas)에서 유래되었습니다. 따라서 서양에서 인문학은 인간이 갖추어야 할 기초 교양의 전부요 인간에 관한 학문을 의미합니다.

동양에서 인문은 천문(天文)에 대조되는 말로 인간에게 무늬를 놓는, 즉 사람 노릇을 하도록 만드는 것을 의미합니다. 동양에서는 인문학적 훈련을 통하여 수기치인(修己治人), 내성외왕(內聖外王)의 도덕적 자기완성을 목표로 인격도야를 하였습니다. 또한 문(文)·사(史)·철(哲)이라 하여 문학·역사·철학을 교육하는 것을 의미하였습니다. 이것은 옛 선비들이 과거를 보기 위한 전공 필수과목이기도 했습니다.

인문학은 창조적 상상력, 올바른 판단력, 깊이 있고 합리적인 사고력을 키워줍니다. 뿐만 아니라 인간을 만드는 인문학은 지도자의 필수 요건이요, 삶의 지혜를 가르쳐 주는 학문이요, 올바른 실천능력을 가르쳐 주는 학문입니다.

미국의 시카고대학교의 '시카고 플랜'은 시카고대학교를 세계 일류 대학으로 만드는 계기를 만들었습니다. 시카고대학교는 1890년 석유재벌 존 D. 록펠러의 기부금으로 세운 대학입니다. 그러나 1929년 로버트 허친스 총장이 시카고대학교의 제5대 총장으로 취임할 때까지만 해도 시카고대학교는 대표적인 삼류 대학이었습니다. 허친스 총장은 시카고대학교를 일류 대학으로 발돋움시키기 위해 고전 100권 읽기인 '시카고 플랜'을 실시하였습니다. 또한 졸업요건으로 고전 통독과 암기를 내세웠습니다. 그리고 이 '시카고 플랜'을 기점으로 시카고대학은 바뀌어갔습니다. 학생들의 창조적 상상력이 비약적으로 성장하여 시카고대학교는 삼류 대학에서 일류 대학으로 탈바꿈했습니다. 그 결과 1929년부터 2000년까지 시카고대학교의 졸업생 중 무려 81명이 노벨상을 받게 됩니다. 노벨상을 가장 많이 받은 학교가 된 것입니다.

최근 들어 한국에서도 인문학에 대한 관심이 높아지고 인문학 관련 책들이 많이 출판되고 있습니다. 개중에 어떤 책들은 백만 부 이상 팔린 책도 나오고 강좌도 많이 열리며 우리나라는 그야말로 인문학 호황시대를 맞고 있습니다.

　서울신학대학교에서도 2010년 9월 필자가 총장으로 취임한 후 개교 100주년기념으로 '인문학강좌'를 개설하여 2016년 1학기까지 12회를 진행하였습니다. 이 강좌는 이어령 전 문화부장관, 정운찬, 이수성 전 국무총리, 정의화 전 국회의장, 이배용 전 이화여대 총장, 성낙인 서울대 총장을 비롯하여 각계의 명사들이 참석하였습니다. 이 강좌는 3가지 원칙을 갖고 있습니다. 첫째, 전교생이 의무적으로 필수과정으로 참석하는 것입니다. 둘째, 한국의 학계의 최고 강사들을 모시는 것입니다. 셋째, 널리 알려 학교의 브랜드화 한다는 것입니다. 이 강좌는 일반인들에게도 공개하여 참여하도록 하였고, 그 결과 사회적으로 큰 반향을 일으켰습니다. 여러 언론매체를 통하여 인터뷰 등 널리 소개가 되었습니다. 그리하여 이 강좌 중에서 일부를 제1권에 이어 제2권으로 출간하게 되었습니다.

　이 인문학강좌를 위해 강의를 해주신 강사 분들께 감사드리고 이 강의에 열성적으로 참여하여 한국 대학 역사에 신기원을 이루게 한 학생들과 이 강좌를 위해 수고한 분들과 물심양면으로 후원해주신 분들께 감사드립니다. 바라건대 이 책이 인문학 열풍에 조금이나마 기여를 했으면 합니다. 또한 출판을 맡아주신 종문화사 임용호 대표님께 감사드립니다.

문화와 역사

인문학은 어떤 학문인가

김형석

미국의 샌프란시스코에 웨스트우드 파크라고 하는 공원이 있다. 이 지역은 전부 사막지대인데 2,500년 전부터 나무가 자라기 시작해서 지금까지 골짜기에 나무들이 무성하다. 오래된 나무는 예수가 탄생하기 150년 전의 나무도 있다. 그런 나무가 공원에 무성하게 펼쳐져 있는데, 거기서 높은 나무들을 보면 그 위에는 가지들이 무성하게 보인다.

인문학은 어떤 학문인가. 나는 그 공원에 갈 때마다 '2,500년 된 나무처럼 인류의 역사가 긴 시간 동안 어떻게 자라서 오늘에 이르렀는지, 그 과정이 나무와 비슷하지 않은가' 하고 생각해본다. 나무는 뿌리가 있어야 한다. 인문학에도 뿌리가 있다. 그 첫 번째 뿌리는 종교다. 두 번째 뿌리는 문화다. 그리고 나머지 뿌리들은 역사와 철학이다. 그래서 인류 역사에서 문화가 탄생할 때 네 개의 뿌리가 자라나는데 종교, 문화, 역사, 철학의 네 뿌리가 잘 엮여서 인문학이라는 나무가 자란다. 인문학이라는 나무는 적어도 2천 년의 역사를 쭉 거슬러 올라갈 수 있다. 그 뿌리가 자라게 되면 그 다음에는 큰 가지들이 뻗어나기 시작하는데, 그 첫 번째 가지가 사회과학이다. 사회과학은 르네상스 시대에서부터 시작된다. 그 다음에 그보다도 더 큰 가지들이 뻗어 나오게 되는데 그것이 자연과학과 기계과학이다. 그래서 인류의 역사를 보면 인문학의 뿌리에서 사회과학이 나오고 그로부터 자연과학이 나와서 오늘날 우리가 이처럼 살고 있다.

대학도 마찬가지다. 대학도 인문대학이 있고 사회과학대학, 자연과학대학이 있다. 이렇게 대학을 나누게 되는 근원은 거의 1,600~1,700년 전에 땅에서 솟아난 학문들 속에 있는 것이다. 그런데 누구도 나무를 볼 때 밑동은 보지 못한다. 그리고 줄기도 잘 보지 않는다. 무엇만 보는가 하면 가지와 잎사귀, 열매를 보고서 나무라고 인식한다. 우리 모두가 그렇게 살고 있다. 오늘날 인문학은 점점 입지가 좁아지고, 사회과학과 자연과학은 점점 더 커져간다. 나무뿌리와 밑동이 잘 자란 다음에야 가지가 많아지고 잎사귀와 열매를 많이 맺게 되는데 현실은 그렇지 않다. 밑동이 작아지게 되면 그 나무는 결국 무너지게 된다. 다시 말해 인문학이 약하게 되면 그 사회가 병들게 된다는 것이다. 그래서 유럽이나 미국 같은 선진국들은 근래에 다시 인문학을 살려야한다, 인문학이 다시 살지 못하면 사회 전체가 무너진다고 각성하고 있다. 나무가 가지와 잎사귀는 무성한데 밑동이 자라지 못하면 넘어질 수 있는 것처럼, 인문학이 활성되지 못하면 사회가 무너질 수 있기 때문에 그렇다. 그래서 미국과 유럽을 가면 초등학교 때부터 시작해서 대학교 1, 2학년 때까지는 거의 인문학을 공부한다. 우리와는 좀 다르다. 예를 들어 두 가지 면에서 다른데, 첫째는 하버드나 예일대학 같은 명문대학에선 학생들이 공부도 잘하고 예술 분야를 꼭 하나 할 것을 요구한다. 성악을 하던지 기악을 해야 한다. 그 다음에는 운동을 잘해야 한다. 몸이 튼튼해야 한다는 것이다. 그 다음엔 봉사활동을 할 줄 알아야 한다. 그리고 마지막으로 인간관계를 원만하게 하기 위해서 리더십이 있어야 한다. 선진국들은 이 다섯 가지가 다 있는 학생이어야만 사회의 지도자가 될 자격이 있다고 생각한다. 그런 지도자를 키우려고 하니까 중고등학교 때도 인문학 공부를 해야 하고 대학에 들어갈 때도 마찬가지다. 학생들이 시험을 보려면 적어도 1,800페이지 정도의 책을 읽어야 한다. 한 학기 동안 1,800페이지를 읽어야 하니까 학생들은 밤새워 읽게 된다.

미국대학은 학생들이 다 기숙사에 들어가 있지 않은가? 그래서 저녁식사 후 기숙사를 가보면 한 시간 후에 불이 다 켜진다. 공부를 시작하는 거다. 그리고 12시에서 1시 사이에 불이 꺼진다. 잠깐 휴식을 취하는 티타임이다. 차나 커피를 마시면서 쉬다가 1시쯤 되면 다시 불이 켜진다. 또 공부를 시작하는 것이다. 마지막으로 새벽 4, 5시쯤에 불이 다시 켜진다. 그 사이에 자고 일어난 것이다. 그러니 그 학생들은 하루에 많이 자면 5시간쯤 자고 계속 공부를 한다. 그런데 그 학생들의 공부라는 것이 다른 게 아니고 독서다. 그들이 읽는 책도 대부분 고전이다. 아까도 말했지만 요새 서양에서는 인문학이 사라지게 되면 사회가 무너지게 되니 인문학을 키워야겠다는 운동이 일어나고 있다. 그런데 학교만 그런 게 아니고 사회 전체가 그렇다.

　내가 잘 아는 사람 중 미국의과대학에서 교수로 있다가 아주대학 심장내과 교수로 온 의사가 있다. 그가 한국에 오자 주한미군에서 그에게 부탁을 했다. 한국에 와있는 미국의 군의관들을 돌봐주고 장교들의 병을 봐주고 치료를 해달라는 것이다. 대신 미군의 대령과 동일한 혜택을 평택기지에서 누리게 해줄 테니 도와달라고 말이다. 그래서 그분이 평택기지에 군의관으로 갔다. 미군 대령들은 국방대학원에 간다. 우리나라도 마찬가지지만 장교들이 다니는 국방대학교가 있다. 그분은 평택기지의 국방대학원에 갈 때 군사훈련이라든지 국방에 관한 교육을 강조할 것이라고 생각하고 자신이 가서 배울 게 없다고 생각했는데, 강의를 듣고는 놀랐다고 한다. 왜냐하면 강의가 전부 윤리학을 가르쳤기 때문이다. 인간의 도리, 민주주의가 무엇인가, 전쟁의 목적이 무엇인가 등등 모든 수업이 철학과 윤리학을 가르쳤다는 것이다.

　미국인만큼 군인이 사회에 나가서 대접받는 나라가 없다. 세계에서 군인출신이 대통령이 되는 나라는 미국밖에 없다. 우리는 군인이 전쟁만 하고 생각이 단순하고 뭐든지 힘으로 해결하려고 하기 때문에 대통령이 못되는 것으로 알고 있다. 그런데 미국은 군인이 대통령이 된다. 왜냐하면 미국에서는 대령의 계급이 되면 변호사나 의사와 같은 대우를 해주기 때문이다. 대령만 되면 사회적으로 지도자가 될 자격을 갖추었다는 거다. 그리고 대령들은 인문학 공부를 한다. 국방대학에서 윤리학과 역사와 철학을 공부한다. 그래서 아주 다양한 인재가 양성되는 것이 미국인데, 거기서도 인문학을 다시 부흥시켜야 된다는 생각을 한다. 그런데 불행하게 우리는 그렇지 못했다. 우리 사회에 인문학에 대한 의식은 없었다. 나무를 볼 때 가지와 잎사귀만 보듯이 우리가 보고 살아온 것은 자연과학과 기계공학뿐이다. 자동차 만들고 기계 만드는 게 전부였다. 그러니까 우리는 사회과학이 없다. 인문학을 향유하지 못하고 산다. 이러다보니 선진국 지도자들이 보면 한국사회는 뿌리가 없는 사회고 기초가 없는 사회라고 생각한다. 기초가 없으면 아무리 많은 집을 지어도 집은 무너지지 않는가. 그래서 기초를 잘 닦아야 된다. 그리고 기초를 닦는 것이 인문학이다. 그래서 근래 들어 인문학을 부흥시키자는 운동이 우리 사회에 일어나고 있다.

그럼 인문학은 도대체 어떤 학문인가. 한마디로 말하자면 인문학은 인간과 사상을 연구하는 학문이다. 모든 학문들을 통들어 인간이란 무엇이며, 인간은 어떤 운명을 가지고 태어났고, 신은 존재하는지 등을 공부하는 학문은 인문학 밖에 없다. 사회과학은 인간이 어떻게 사회생활을 해야 하는가를 연구한다. 자연과학은 인간과 자연은 어떻게 되어 있고, 또 자연을 어떻게 받아들이고 이용해야 하는가를 연구한다. 자연과학은 인간생활과 자연의 문제, 사회과학은 인간이 공동생활을 하는 문제, 인문학은 인간과 사상의 문제를 연구한다. 사상을 취급하는 학문 중 제일 중요한 것들은 처음에 종교, 철학, 역사, 문학으로 시작했는데 종교는 점점 자리를 잃었다. 그래서 이제는 인문학 가운데 종교를 취급하는 대학도 거의 없어지고 말았다. 르네상스 때부터 종교의 역할이 많이 약화되기 시작하여 이제는 인문학하면 문학, 철학, 역사학 이 셋을 이야기한다.

그래서 우리가 책을 읽으면 철학, 역사, 문학은 전부 사상을 연구한다. 그런데 사상 가운데 인문학에 포함되지 않는 사상도 있다. 바로 예술이다. 예술은 많은 인문학적 조건을 훌륭하게 갖추고 사상이 있지만, 사상이 있다고 해서 다 인문학은 아니다. 예를 들어 샤갈은 세계적으로 유명한 화가고 피카소는 모두가 잘 안다. 뉴욕에 가면 예술의 전당 비슷한 공연장의 벽화에 전부 이러한 화가들의 그림이 있다. 이처럼 유명한 그림들은 예술이다. 사상은 그 그림 속에 들어있다. 그런데 이 그림들이 인문학은 아니다. 또 베토벤, 모차르트의 음악 속에는 사상이 들어있지만 그것들도 인문학은 아니다. 무용 속에도 사상은 있으나 인문학은 아니다. 왜 예술은 다 사상을 취급하지만 인문학의 대상은 아닌 것일까? 학문으로서의 예술은 인문학에 근접해 있다. 그림이나 음악에도 사상이 들어있는데 왜 이것들은 인문학이 아닐까? 그것들이 인문학이 아닌 이유는 인문학은 사상을 연구하면서도 언어화할 수 있고 개념화할 수 있는 사상들을 대상으로 하기 때문이다. 그래서 우리가 생활 속에 예술 활동도 하고 노래도 부르지만 그것이 개념이 되고 언어가 되지 않는다면 인문학이 아니다. 그러나 예술평론가나 음악평론가의 평론처럼 언어로 개념화된다면 그때 그러한 활동들이 인문학이 된다.

그럼 언어의 문제가 그렇게 중요한가라고 물을 수 있겠지만, 언어는 대단히 중요하다. 언어학자들에 따르면 우리 지구에 언어가 수천 개가 있었는데, 그 수천 개의 언어가 하나씩 없어져서 지금은 천여 개가 남아있다고 한다. 시간이 조금 지나면 또 없어진다. 마지막에 언어가 몇 개쯤 남을까 한번 생각해보라. 언어가 없어지는 데는 이유가 있다. 언어가 없어지는 것은 문자가 없기 때문이다. 문자가 있는 언어는 없어지지 않는다. 반면에 문자가 없는 언어는 결국 없어진다.

우리 민족은 세종대왕이 한글을 만들었기 때문에 문화인으로 살아남을 수 있었다. 문자를 향유하지 못하면 언어는 개념을 담지 못하고, 언어는 물론 우리 민족의 혼을 상실하게 된다. 나는 이 문제에 대해 '그럼 이렇게 점점 없어지면 마지막에 몇 개쯤 남을까'라는 생각을 한다. 내가 중학교 입학했을 때 세계 언어 중 세 가지가 중요했는데, 장사하는 사람은 영어를, 공학을 공부하는 사람은 독일어를, 외교관이 될 사람은 불어를 공부해야 했다. 지금은 국제회의에 가면 영어를 많이 쓰지만 그때는 전부 불어를 썼다. 그러니 미국인도 불어를 했고 예술가도 마찬가지였다. 과학을 공부하려면 독일어였다. 내 친구들이 약학을 하고 의사가 됐을 때 처방전에 독일어를 썼다. 약학, 자연과학을 공부하려면 전부 독일어였다. 그 다음에 장사하는 사람들은 무조건 영어였다. 그리고 세계 일주를 하려면 더 많이 썼던 것이 스페인어다. 오늘날 세계여행을 가장 많이 한 분을 만나보니 세계에서 영어보다 스페인어를 쓰는 나라가 더 많다고 한다. 그랬는데 지금 몇십 년 지나니 독일어가 약해지고 불어가 약해지고 영어가 세계 공용어가 됐다. 이처럼 언어도 살아남는 것이 있고 없어지는 것이 있다. 작은 나라의 언어들은 누구도 모르게 자꾸 없어진다. 자기들만 가지고 살았지 세계적인 역량을 가지지 못하니까 사라지는 것이다. 내가 아는 분이 책을 냈는데 한국어로 책을 쓰면 독자가 없다. 한글을 읽을 줄 아는 독자만 사니까 책이 잘 안 팔린다. 근데 같은 책을 영어로 쓰면 세계가 다 읽으니까 몇만 부씩 팔린다. 그러니 영어를 더 잘하려고 하게 된다. 우리도 그렇잖은가. 한글보다 영어를 쓰는 사람이 더 출세하는 현실 아닌가. 그러니 언어 중에서도 생명력 있는 언어가 자꾸 자라는 것이다.

한번 상상해보자. 가령 한 200년쯤 지나면 세계에 언어가 몇 개가 남을까. 맨 처음에는 영어가 남을 것이다. 그 다음엔 불어가 남을 것이다. 그 다음엔 어느 언어가 남을까. 일본어가 남을 것이다. 여러분은 이상하게 생각할 수도 있겠지만, 일본은 좋은 점과 나쁜 점이 다 있는 나라인데 동양에서 인문학다운 인문학을 공부한 나라는 일본이 유일하다. 장사하고 돈 벌고 그런 건 다 일본을 따라갈 수 있는데, 인문학은 일본이 우리보다 백 년은 앞서 있다. 그래서 이제 우리 아시아에서는 한 200년쯤 지나면 먼저 문자는 없고 말만 있는 언어는 다 없어지게 될 것이다. 그 다음에 인문학이 탄탄하지 못한 나라의 언어가 없어질 것이다. 그럴 수밖에 없다. 그래서 중국말과 일본말은 동양에서 남게 될 것이다. 우리 한글은 어떻게 될까? 남을 수도 있고 남지 못할 수도 있다. 우리가 한글로 인문학을 지속적으로 연구하면 남을 수 있다. 여기서 더 발전하지 못하면 우리끼리 얼마동안 쓰다가 몇백 년 지나면 우리말도 없어질 가능성이 있다. 언어가 생명력을 가지게 하는 것은 인문학이다. 시를 써야 하고, 소설을 써야 하고, 우리

글로 철학과 사상을 발전시키게 되면 다른 나라 사람들도 우리의 것을 보고 한글을 배울 수밖에 없다. 이것이 한 민족이 천 년 동안 살아남는 생명력인 것이다.

여러분, 노벨문학상을 받고 못 받고 하는 게 아무것도 아닌 걸로 생각하는가. 우리 한국이 노벨문학상을 받은 사람이 세 사람만 나타나면 우리 인문학이 부흥하게 되기 때문에 우리 언어도 살아남게 된다. 근데 지금 한 사람도 노벨문학상을 받은 사람이 없다. 만약 이렇게 돼서 노벨문학상을 받는 이가 앞으로 오십 년이 지나도 없다면, 우리나라의 인문학은 시들게 될 거다. 시들게 되면 점점 우리 언어도 약화된다. 그만큼 언어는 중요하다. 우리나라에는 또 자연과학 분야에서 노벨상을 탄 사람도 없다. 왜냐하면 기계공학이나 의학은 발달해도 기초과학을 다져놓지 않아서 그렇다. 그래서 우리나라는 기초과학을 다져야 하는데 그걸 못하기 때문에 지금 이런 형세인 것이다. 이렇듯 언어는 대단히 중요한 문제다.

마지막으로 인문학은 사람에 대한 문제를 연구한다. 그런데 인간학은 철학에서만 다룬다. 철학의 제일 중요한 문제는 인간이다. 물론 철학이 다루는 문제들은 여러 개가 있다. 그럼 철학은 어떠한 문제를 취급하는가. 세계에서 철학서적 중 가장 많이 읽힌 책은 독일의 빌헬름 빈델반트(Wilhelm Windelband, 1848~1915)라는 철학자의 『철학개론』이다. 빈델반트는 철학이 첫째는 인생을 연구하고, 두 번째는 이념을 연구한다고 정의했다. 여기서 연구한다는 것은 진리를 탐구한다는 뜻이다. 철학의 첫째 과제는 진리란 무엇인가를 탐구하고, 두 번째는 선이란 무엇인지를 탐구하는 것이다. 이때 두 번째는 다른 말로 표현하면 윤리와 도덕에 관한 문제다. 세 번째로 다루는 것은 아름다움, 즉 미란 무엇인가이다. 마지막으로 다루는 것이 종교다. 이 네 가지가 바로 철학의 과제다. 여러분이 철학을 전문적으로 공부하지는 않을지라도 철학에 대한 공부는 반드시 해야 한다. 그런데 지금 우리나라에는 철학을 필수로 가르치는 곳이 없다.

미국에 가면 철학을 필수로 가르치는 데가 많다. 그리고 그들은 독서하는 가운데 자연히 철학을 공부하게 되어 있다. 미국의 중고등학교에 가면 선생님들이 한 학기에 책 일곱 권 중에 네 권을 골라서 읽으라고 한다. 학생은 선생님한테 배우기도 하지만 이렇게 네 권을 골라서 읽는다. 두 번째는 역사다. 『역사는 무엇인가』라는 책이 있다. 지금 세계의 대학생들 가운데 그 책을 안 읽은 학생은 거의 없다고 봐야 한다. 그런데 내가 알기엔 한국의 대학생들은 그 책 안 읽은 사람들도 많을 것이다. 하지만 대학다운 대학에 다닌다면 『역사는 무엇인가』를 읽어야 한다. 그 책에서 저자는 역사과학과 역사철학을 계속해서 구별하는데 역사학은 다른 말로 하면 역사과학이다. 그런데 역사학자들이 취급하는 것은 '사실'이다. 이것이 사실이냐 아니냐를 놓고 연구하는 것이다. 예를 들어 6·25전쟁을 북쪽이 일으켰느냐 남쪽이 일으켰느냐 하는 문제를 놓고 논쟁한다. 북한이나 공산주의자들은 모두 남한이 전쟁을 일으켰다고 그런다. 우리는 모두 북한이 일으켰다고 한다. 이러한 논쟁을 최근까지 해왔다. 공산주의자들은 대한민국의 이승만 정부가 먼저 전쟁을 일으켰고, 김일성이 일으켰다고 절대 얘기하지 않는다. 그럼 이때 과연 무엇이 진실인지를 다루는 것이 역사학이다.

역사학의 첫 단계는 사실을 사실대로 보는 것이다. 스탈린이 집권할 때 이에 대한 답이 발견되었다. 김일성이 모스크바에 가서 스탈린에게 전쟁을 일으킬 테니 허락하고 원조해달라고 해서 스탈린이 허락하고 모택동한테도 연락해서 김일성이 전쟁을 일으키는 것을 허락해줬고 원조를 결정했다는 것이 다 문헌에서 발견되었다. 그런데 지금도 6·25전쟁은 대한민국이 일으켰다고 주장하는 것은 거짓말이 아니겠는가. 그래서 역사를 연구하는 이들은 사실을 사실대로 자꾸 찾아나가는 것이다. 그런데 여기서 멈추는 게 아니고, 사실이 밝혀지고 나서 다음 단계를 생각해야 한다. 예를 들면 6·25전쟁은 북한이 먼저 일으켰다는 것은 사실이다. 그러니까 우리는 자유민주주의를 택하는 게 좋을지 공산사회주의를 택하는 게 좋을지를 그 사실을 보고서 판단하는 것이다. 이러한 문제를 역사학자는 계속 고민한다. 진실을 안 다음에 어느 편에 속할 것인가, 어느 것이 더 가치가 있는가, 어느 것이 미래를 위해서 도움이 될 것인가, 그것을 결정하는 것이고 그게 바로 역사다.

물론 나는 역사학자는 아니다. 그런데 내가 대학에서 공부를 하다 보니 우리나라에서 역사 공부하는 사람들이 과학으로서의 역사는 다 한다. 그런데 철학으로서의 역사는 하지 못한다. 인문학은 철학적인 사고가 들어가서 인문학이 되는 것임에도 말이다. 그래서 역사가 중요한 것이다.

그다음 인문학의 중심은 문학이다. 문학 가운데 전 인류가 좋아하는 건 소설이다. 내가 예전에 대우그룹이 한창 성장할 때 대졸 신입자들을 위해 교양강의를 해달라고 해서 간 적이 있다. 가보니까 신입자들이 전부 좋은 대학을 나온 사람들이기에 물어봤다. "여러분은 대학 4년 다니는 동안에 고전을 얼마나 읽었는가?" 고전을 5권 이상 읽어본 사람 손들어보라고 했더니 없다. 4권 이상 손들어보라 했더니 두 사람 나왔다. 3권 이상은 한 10명쯤 나왔다. 그런데 신입자들 중 절대 다수가 대학을 나왔는데 고전을 안 읽었다. 그것은 인문학이 없었다는 것이다. 그러니 의사로 치면 돈벌이하는 의사가 성행하고 인간의 생명을 아끼는 의사가 별 보듯 한 것이다. 정치가로 치면 내가 어떻게 정권을 잡을지만 생각하지 국가와 민족을 위해 어떻게 살아야 하는지 생각하는 사람을 찾기 힘든 것과 똑같다. 그때 교양강의를 마치고 내가 느꼈던 것은 인문학이 없으면 나라에 희망이 없다는 것이었다.

마지막으로 인문학의 가치는 개방성이다. 어떤 문제에 대해 여러 가지 답이 있는데 그 가운데 내가 선택한 것을 이루면 인문학은 창조성이 된다. 과학은 새로운 것을 개발하는 학문이다. 또 사회과학은 창조를 못한다. 개선은 할 수 있고 창작까지는 갈 수 있겠지만 완전히 질적으로 새로운 것을 만드는 것은 인문학만이 할 수 있는 것이다. 왜냐하면 모든 고정관념을 버리고 선입견을 버리게 만드는 것이 인문학이기 때문이다. 미국의 유명한 철학자가 세상을 바꾸어야겠다고 생각한다면 한 사람이 무엇을 다 할 생각하지 말고 사람을 바꾸라고 했다. 한 사람은 한가지 밖에 못하기 때문이다. 정말로 사람을 바꾸라는 것이 아니라 자신을 바꾸라는 뜻이다. 선입견을 버리고 생각을 바꾸어서 새 사람이 되어야 세상이 바뀐다는 얘기다. 그리고 그렇게 할 수 있기 위해선 인문학이 바탕이 되어야 한다.

(2014.05.29)

르네상스 시대의 창조성

김상근

오늘 강의할 내용은 르네상스에 대한 것이다. 르네상는 중세 천 년의 역사를 단절시켰던 놀라운 시대였다. 중세는 400~1400년까지 천 년간 이어졌다. 그 천 년의 역사를 단절시켰던 힘이 르네상스에 있었다. 그래서 르네상스 이야기를 하면서 '우리는 어떻게 하면 우리의 옛 시대를 청산할 수 있을까'를 얘기해보고자 한다.

내가 플라톤 아카데미란 재단을 운영하는데 여기서 내게 1년에 50억을 기부해주신다. 그래서 5년 동안 250억을 받아서 인문학 확산사업을 한다. 내가 연세대학교에 있기 때문에 연세대학교에서 시경 공부부터 시작했다. 그랬는데 연세대학교 강당에 자리가 없을 정도로 꽉 차서 놀랐다. 그래서 그 다음 학기에 서울대학교에서 강의했는데 2,400명이 들어설 수 있는 강당에 자리 하나 빈 것 없이 다 오셔서 내가 큰 감동을 받았다. 물론 강의의 부작용이 심했다. 왜냐하면 강의를 하고 나서 청중이 2,000명도 안되면 강의할 맛이 안 나게 되었다.

서울대학교에서 가장 인기 많은 수업이 무엇인지 아는가? 서울대학교에서 제일 많은 사람들이 제일 많은 돈을 내고 공부하는 수업은 바로 '인문학 최고위 과정'이다. 경영대학도 아니고 공과대학도 아니다. '인문학 최고위 과정'이 제일 비싸다. 그런데 사장님들이 이 강의에 들어가지 못해서 난리다. 그런데 이 프로그램을 기획하신 분이 바로 배철현 교수인데, 놀랍게도 이분은 신학 전공을 한 사람이다. 그런데 배철현 교수의 전공이 '메소포타미아 쐐기 문자'다. 생각해보라. '메소포타미아 쐐기 문자'를 전공한 사람의 커리큘럼을 보고, 우리나라의 수많은 CEO들이 모여서 이 강의를 듣는 게 무슨 의미냐는 거다. 도대체 인문학이 뭐길래 그렇게 많은 사람들이 인문학에 대해서 관심을 가지는 것일까.

이런 인문학의 작은 부분을 차지했던 것이 바로 『르네상스 창조

경영』이란 책이다. 내가 연세대학교 경영대학에서 오퍼레이션을 가르치고 있는 최선미 교수와 함께 쓴 책이다. 삼성 그룹의 이건희 회장께서 '창조 경영'이란 화두를 던졌었는데, 그 '창조'에 대해서 우리 경영자들이 배운 적이 없다고 말씀했다. 인사, 재무, 회계, 전략, 오퍼레이션 등에 대해서는 많이 가르치고 많이 배웠지만 창조에 대해서는 배워 본 적이 없다는 것이다. 미켈란젤로의 창조성을 도대체 우리 기업, 우리 사회, 우리 삶에 어떻게 도입할 것인지 생각해보자고 해서 이 책을 쓰게 됐다.

　보통 학자들이 책을 쓸 때 다른 사람들이 어떤 연구를 했는지 살펴본다. 그게 바로 '선행 연구'다. 내가 이 책을 쓰려고 선행연구를 해보니까 서울대학교 문용민 교수가 계셨는데, 그분이 연구하신 게 바로 아인슈타인, 모차르트, 에디슨, 베토벤 등을 연구해서 그 사람들의 천재성을 우리 삶에 도입하려는 것이었다. 그런데 내 생각은 조금 달랐다. 내가 프린스턴대학에서 Ph.D를 했는데, 재미있는 것은 문용민 교수가 우리 집의 옆의 옆집이었다. 그래서 내가 문용민 교수에 대해서 좀 안다. 그분의 책도 많이 읽고 제자를 만나서 이야기도 들어봤다. 그런데 내가 내린 결론은 뭐냐면, 우리가 이분을 이해한다고 해서 그분처럼 창조적으로 사는 것은 불가능하다는 것이다.

창조성 연구에는 또 다른 시도가 있는데, 곧 창조적인 것을 매뉴얼화(化)하는 것이다. '이렇게 하고 저렇게 하면 창조적인 것이 나올 것이다'라고 믿는 것이다. 그런데 내 생각은 달랐다. 왜냐하면 창조성은 매뉴얼화, 즉 시스템화가 되지 않는다. 유레카를 외쳤던 아르키메데스의 창조적 발견을 매뉴얼할 수가 있는가? 예를 들어 '첫째, 옷을 벗고, 둘째, 욕조에 물을 튼다, 셋째, 발견한다' 이렇게 매뉴

얼로 만들 수가 있
는가? 절대 안된다.
그래서 매뉴얼화하
는 것은 문제가 있다.
그래서 내가 생각한
문제는 '언제 어디서
가장 창조적이었냐'
였다. 왜 하필 미켈란

젤로란 인물이 저 시대에 탄생했고 피렌체에서 이런 인물이 나왔는지
를 생각해보자는 것이다. 그리고 그 특징들을 우리 시대에 재현한다
면 우리는 인문학과 예술의 역사를 통해서 우리 삶에서 르네상스, 곧
새로운 시대를 열 수 있다는 것이다.

물론 이런 생각은 나 혼자만 한 것이 아니다. 예전에 HP 회사의
CEO였고 지금은 유명한 정치인인 칼리 피오리나라는 사람도 이런
생각을 했다. 이분의 전공이 '중세사'와 '철학'이다. 경영학 전공한 사
람이 아니다. 이분이 사장일 때 HP 회사의 기계가 모두 아날로그에
서 디지털로 바뀌던 때였다. 이때 이분은 중세철학과 르네상스 정신
으로 새로운 시대를 여는 영감과 리더십을 발휘할 수 있다고 말했다.
그래서 나도 용기를 얻고 르네상스를 강의하게 되었고, 르네상스의
시초에 대해서 얘기하고자 한다.

중세시대는 어떤 시대였는가? 왜 우리는 중세시대를 암흑시대라
고 할까? 중세 말기의 미술 양식을 인터내셔널 고딕이라고 하는데,

플램보여트(flamboyant) 고딕이라고 하기도 한다. 중세는 종교의 시대였고 그래서 미술작품의 주제도 모두 종교였다. 그런데 르네상스로 넘어와서 작품의 주제에 개인이 등장하기 시작한다. 중세시대의 작품에는 모두 성경의 인물, 신화적 인물, 왕 같은 존재들만 등장했는데

Rogier van der Weyden, The Altar of St. John, 1455
각 패널은 77 X 48 cm, Gemaldegalerie, Berlin, Germany

종교적인 형식주의가 주도했던 중세 시대의 예술

Jean Fouquet, Etienne Chevalier with St. Stephen
1454-1456, 93 X 85 cm, Gemaldegalerie, Berlin, Germany

중세시대에는 개인이 등장하기 시작한다. 그런데 그 개인도 종교적 의미로 이해된다. 여기서 빨간 옷을 입고 있는 사람(왼쪽)은 한 개인이다. 그러나 파란 옷을 입고 있는 분(오른쪽)은 빨간 옷을 입은 사람을 보호하는 수호성자, 돌에 맞아 순교한 최초의 순교자 스테판이다. 이처럼 중세에는 개인의 의미가 종교적으로 이해되었다.

1348년을 기억하는가? 1348년에 흑해에서 한 척의 배가 베네치아에 도착했다. 그 배 밑창에는 쥐가 몇 마리 있었다. 그리고 그 쥐 몸에는 페스트균이 있었다. 이 페스트균으로 인해 유럽 인구의 3분의 2가 죽었

다. 엄청난 사건이었다. 그래서 사람들이 죽음의 공포에 시달렸다. 사람들은 모두 내가 어떻게 하면 페스트균에 걸렸을 때 죽어서 천국에 갈 수 있을까를 생각했다. 그래서 그 시대는 종교 과잉의 시대였던 것이다.

이 지도는 세계지도 마파문디라고 한다. 중세시대가 아니고 로마시대의

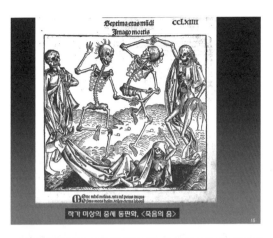

작가 미상의 중세 동판화, 〈죽음의 춤〉 15

기원후 2세기에 활동했던 프톨레미의 세계지도 16

그림이다. 프톨레마이오스가 그린 그림인데 놀랍지 않은가? 보면 왼쪽부터 이베리아 반도, 유럽, 아라비아, 인도 그리고 그 오른쪽에 말레이 반도까지 보인다. 이게 로마시대 사람들의 이해다. 벌써 기원후 2세기의 고대 사람들은 저만큼 이해했다. 인도양과 대서양이 보인다. 물론 태평양은 아직 발견되지 않았다. 그런데 중세시대에 접어들었을 때 세상은 어떻게 이해됐을까?

이게 중세시대의 지도다. 제일 중앙에 동그랗게 큰 도시가 하나 있는데, 이 도시가 바로 십자군 운동의 원인, 예루살렘이다. 저게 예루살렘이니까 그 왼쪽이 터키고, 그 밑에 그리스 그리고 그 밑이 이탈리아다.

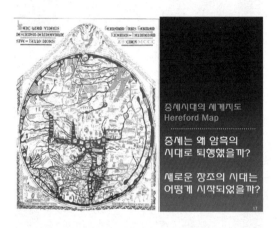

오른쪽에는 아프리카고 저기 강은 나일강이다. 무슨 말이냐면 중세 사람들은 고대 로마시대 사람들보다 더 협소한 세계관을 갖고 있었다는 것이다. 그들의 사고 속에는 인도양과 대서양이 사라져버렸다는 것이다. 지중해가 그들의 바다였다. 마레 노스트룸이라 그랬다. 그래서 우리는 저 시대를 암흑의 시대라고 한다. 놀랍게도 암흑의 시대가 갑자기 끝나는데, 바로 피렌체에서 이 암흑의 시대가 끝난다. 피렌체는 도시국가였는데, 최대 인구 5만 명이었다. 그런데 이 도시에서 갑자기 중세를 끝내고 새 시대가 시작되는 동력이 발생한 것이다. 뭔가 이상하지 않은가? 왜 파리, 런던, 밀라노, 로마와 같은 도시에선 그런 일이 일어나지 않고 피렌체에서부터 세상이 바뀌게 된 것일까?

나는 연세대학교로 출근할 때마다 그런 생각을 한다. 만약 우리 연세대학교가 피렌체의 정신을 받아들인다면 세상을 바꿀 수 있을 텐데 하고 말이다. 재밌는 얘기를 하나 해주겠다. 삼성그룹 부사장의 팀에서 내게 연락이 왔었다. 삼성그룹의 미래에 대해서 인문학적 성찰을 해달라는 것이다. 무서운 사람들이다. 삼성그룹의 미래에 대해서 인문학적 성찰을 해달라니. 나보고 그 프로젝트를 맡아 달래서 종이를 딱 내밀었다. 내가 그것을 해주면 얼마를 줄 것이냐고, 돈을 얼마 줄 것인지 써보라고 했더니 큰 액수를 제시했다. 그래서 내가 알겠다고 하고 칠판을 가져오라 해서 그 위에다 'F, F, F'를 쓰고 '이겁니다'라고 했다. 'F, F, F'는 'From Frankfurt to Firenze'이다. 삼성그룹이 지금 'Frankfurt' 선으로 올라갔다. 그 다음 단계는 'Firenze'라는 것이다. 이 도시에서 천 년에 한 번 태어날까 말까 한 천재들이 무수히 태어났다. 페트라르카, 보카치오, 지오토, 마사초, 부르넬레스키, 알베르티, 기베르티, 프란젤레코, 베로키오 등등. 그 중에서도 모두가 다 아는 사람들을 또 말해보면 단테, 미켈란젤로, 레오나르도 다빈치, 갈릴레이 갈릴레오, 마키아벨리, 메디치 등이 있다. 이 사람들은 다 동네 친구들이었다. 미켈란젤로와 레오나르도 다 빈치와 마키아벨리가 동네 친구들이었다. 도대체 이걸 어떻게 설명할 것인가? 어떻게 그런 천재들이 갑자기 이 도시에서 왕창 태어나게 되는가? 도대체 이 도시에서 무슨 일이 벌어졌을까?

내가 밤에 찍은

생각하며 사는
모든 사람의 고향이라 불리는 도시
'피렌체'

사진인데 오른쪽에 보이는 성당이 산타 크로체 성당이다. 저 성당에 가면 아까 말한 천재들의 무덤들이 일렬로 쭉 있다. 이러한 천재들이 나타나게 된 데에는 딱 한 사람이 변하게 된 것이 원인이었다. 역사는 절대로 다수에 의해서 변혁을 이루지 못한다. 다수를 통해 추진력은 나오지만 역사의 변혁은 한 명을 통해 이루어진다. 한 명만 있으면 된 다. 피렌체도 한 명이 바뀌었다. 누가 바뀌었는가?

바로 이 사람, 단 테가 바뀌었다. 단 테가 쓴 『신곡』을 읽어본 사람 있는 가? 그러나 단테의 『신곡』은 읽어봐야 아무 소용없다. 왜 냐하면 단테의 『신 곡』은 듣는 책이기 때문이다. 오디오북이다. 단테의 글은 독특하다. '아'로 시작하면 '아'로 끝나고 '오'로 시작하면 '오'로, '이'로 시작하 면 '이'로 끝난다. 문장에 서열이 있다. A로 시작하면 그 다음에 B, 그 다음에 A, B, C, B, C, D 이런 식으로 나간다. 한 행에 단어 숫자가 모두 똑같다. 50만 행이 있는데, 행의 단어 숫자들이 모두 똑같다. 단 테의 글을 들으면 아주 리드미컬한 랩같이 들린다. 단테의 글은 그래 서 듣기가 좋기 때문에 'Dolce stil novo'라고 한다. 돌체란 '달콤하다' 라는 뜻이다. 왜 달콤한지 아는가? '그녀'를 만났기 때문이다. '그녀'

를 보는 순간 가슴이 뛰기 시작했다.

자 보라. 단테가 페테르크하고 결혼을 했느냐, 그렇지 않다.. 저 베아트리체는 피렌체 최고의 부자가문인 바르디 가문으로 시집을 갔다. 오른쪽에 붉

은 옷을 입고 있는 단테를 보라. 사랑하는 그녀가 다른 사람과 결혼식을 올리는 장면을 멀리서 지켜보면서 눈물을 흘리고 있다. 그리고 쓸쓸히 피렌체의 골목길을 걸어갔다. 그러다가 9년 후에 산타 트리니타 다리 앞에서 베아트리체를 만나게 된다. 가슴이 뛰기 시작했다. 또 'Dolce'해졌다. 그래서 다가가서 내가 당신을 사랑했노라고 고백하고 싶었다. 그런데 용기가 나지 않아서 괜히 옆에 있는 아가씨에게 말을 걸었다. 베아트리체는 무심코 그의 곁을 스쳐 지나갔다.

이 그림은 굉장

헨리 홀리데이, 〈산타 트리니타 다리에서 단테와 베아트리체가 만나다〉, 1883년 제작, 유채, 140 X 199 cm, 영국 리버풀 국립 박물관과 미술관

히 중요한 그림이다. 한 남자가 한 여성을 바라보면서 사랑의 시선을 보낸 것이다. 왜 그게 중요할까? 중세시대에 사랑은 하나님만 하는 것이었다. 인간은 욕망만 할 뿐이다. 단테는 사랑하는 것일까 욕망하는 것일까? 인간이 인간을 사랑했다는 것, 그것이 굉장히 중요한 전환이다. 단테는 사랑하는 여자가 지나치는 것을 보고 눈물을 흘렸다. 그리고 집에 가서 책상에 앉아 글쓰기를 시작했으니 그 글이 바로 중세를 장례지낸 장송곡이 된 것이다. 어떻게 한 시대가 마감이 되느냐? 돌체하게 마감이 되었다. 사랑에 빠져야 한다. 가슴이 뛰어야 한다.

이 단테가 르네상스의 시작을 알리는 중세의 단절을 시도했다면, 페트라르카는 실질적으로 르네상스를 시작한 사람이다. 여러분들이 많이 들어본 인문학을 이 페트라르카가 시작했다. 그런데 놀라운 사실은 새로운 시대가 신학책을 읽는 데서부터 시작했다는 것이다. 페트라르카는 여기 몽방뚜 산에 올라가 어거스틴의 『고백록』을 읽었다.

그리고 그가 『고백록』을 읽고 세상이 바뀌게 된 것이다. 그가 읽은 『고백록』에는 이런 구절이 있다. "인간은 산 정상에 올라 아름다운 광경을 보고 넋을 잃고, 바다를 보고, 강물을 보고, 대양을 보고 별들의 운행을 보면서 감동하는데, 진짜 중요한 것은 인간의 내면"이라는 것이다. 즉, 나는 누구인가를 성찰해야 된다는 것이다. 그리고 이것이 대학의 사명이다. 지식과 정보를 취득하는 것이 대학의 사명이 아니다. 여러분도 대학 4년 동안 자기 성찰을 할 수 있기 바란다.

프랑스 남부 프로방스 지방의 몽방뚜(Mont Ventoux, 1,912 미터)

"인간은 산 정상에 올라
아름다운 광경에 넋을 잃고,
풍랑이 이는 바다를 바라보면서,
굽이치며 흘러가는 강물을 바라보면서,
세상을 휘몰아치는 큰 대양을 바라보면서,
밤하늘을 가로지르는 별들의
운행을 바라보면서 넋을 잃지만,
정작 인간 내면에 대해서는
진지하게 생각하지 않는다"

아우구스티누스 〈고백록〉

이 페트라르카가 산을 내려가 또 이런 글을 쓴다. "나는 책을 덮었다.

그리고 나 자신에게 화가 났다. 인간의 내면세계보다 중요한 것이 없는데 왜 그것을 몰랐을까, 나는 내면의 눈으로 나 자신을 바라

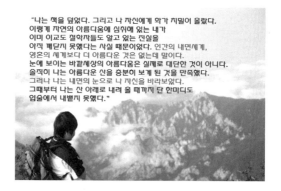

"나는 책을 덮었다. 그리고 나 자신에게 화가 치밀어 올랐다.
이렇게 자연의 아름다움에 심취해 있는 내가
이미 이교도 철학자들도 알고 있는 진실을
아직 깨닫지 못했다는 사실 때문이었다. 인간의 내면세계,
영혼의 세계보다 더 아름다운 것은 없는데 말이다.
눈에 보이는 바깥세상의 아름다움은 실제로 대단한 것이 아니다.
솔직히 나는 아름다운 산을 충분히 보게 된 것을 만족했다.
그러나 나는 내면의 눈으로 나 자신을 바라보았다.
그때부터 나는 산 아래로 내려 올 때까지 단 한마디도
입술에서 내뱉지 못했다."

보았다." 세상에서 만나기 제일 어려운 사람이 바로 자기 자신이다. 이러한 페트라르카의 정신을 계승받아서 르네상스 미술의 아버지라 불리는 사람이 바로 지오토다.

지오토가 그린 천사를 보라. 이게 어떻게 천사인가. 어떻게 천사를 이렇게 그리는가? 예수님이 십자가에 달렸을 때, 그 옆에 날던 천사의 얼굴에서 슬픔에 북받쳐 눈물, 콧물이 흘러 저런 표정이 나오는 것이다. 지오토가 그린 두 번째 그림을 보자.

바르디 성당의 프레스코화인데 이 그림은 성 프란체스코 수도회에 대한 그림이다. 이 성 프란체스코 수도회에서 회의를 하고 있는데, 갑자기 돌아가신 성 프란체스코가 나타난 것이다. 그래서 사람들은 다 깜짝 놀랐는데 저 한쪽 구석에 있는 남자의 표정을 보라. 어떤 표정인가. 의심하는 것이다. '아니, 어떻게 돌아가신 분이 다시 우리 앞에 모습을

드러낼 수 있단 말
인가'라고 의심하는
사람의 모습이 그려
진 것이다. 이 그림
은 지금 성당 안에
있다. 놀랍지 않은
가? 어떻게 감히 무
엄하게도 저런 행

지오토, 〈바르디 채플의 프레스코화〉 피렌체, 산타 크로체 성당　33

동을 취하는가? 감사해야 하는 것 아닌가? 그런데 의심하는 거다. 우
리 인간의 본질적인 생각이다. 인간의 본질을 보여준 것이다.

이러한 지오토의
그림을 계승한 사람
이 마사초다. 마사
초가 그린 그림 중
에 브랑카치 성당의
프레스화는 르네상
스 미술의 요람이라
불린다.

마사초의 〈브랑카치 채플의 프레스코화〉
산타 마리아 카르미네 성당, 피렌체
1424년, 동료 마솔리노와 함께 작업 시작
필리피노 리피에 의해 미완성 부분 제작　35

바로 이곳에서 마사초가 그린 70년 후에 미켈란젤로, 다 빈치, 보
디치 이런 사람들이 따라 그리면서 르네상스가 탄생했기 때문이다.
그래서 이곳은 굉장히 중요한 장소다. 마사초가 그린 첫 번째 그림은
「낙원에서 추방되는 아담과 이브」다.

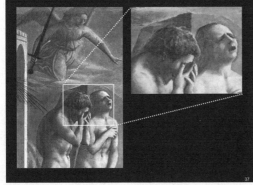

마사초 〈낙원에서 추방되는 아담과 이브〉
〈브랑카치 채플의 프레스코화〉의 일부로
산타 마리아 카르미네 성당, 피렌체

저 아담과 이브의 얼굴을 보라. 아담과 이브를 저렇게 그리면 중세시대의 화가는 잡혀가서 사형 당한다. 왜냐하면 아담은 신학자들이 예수 그리스도의 구약적 모델, 하나님과 계약을 맺은 첫 번째 아담으로 해석했기 때문에, 아담을 그릴 때 멋지게 그려줘야 하는 것이다. 이브 역시 성모 마리아의 구약적 모델로 해석됐기 때문에 경건하게 그려줘야 하는 것이다. 그런데 아담과 이브가 낙원에서 추방될 때 어떤 표정을 지었는지 마사초의 그림을 보라. 낙원에서 추방되는 인간의 본질적인 모습을 그린 것이다.

두 번째 그림을 보자. 「세례를 베푸는 성 베드로」다. 성 베드로가 세례를 베풀고 있는데, 세례를 받고 있는 사람의 표정을 보라. 보통 세례를 받으면 감사하고 감격해야 하는데, 저 사람은 어떤가. 고개를 푹 숙였다. 왜 그럴까. 추워서 그런 것이다. 보라. 떨고 있다. 성 베드로는 엄청 두꺼운 옷을 입고 있는데 꿇어 있는 사람은 헐벗었다. 오른쪽에 있는 남자의 표정을 보라. 어떤가. 이것이 성당 안에 그려진 것이다. 왜 이렇게 그렸을까? 인간은 아무리 거룩한 성 베드로 앞이라 할지라도 추운 겨울날 찬물 뒤집어쓰면 춥다는 것 그것이 인간의 본질이라는 걸 그린 것이다.

이 마사초의 정신을 정확하게 이해했던 사람이 바로 미켈란젤로다. 미켈란젤로가 70년 후에 마사초의 그림을 바라보았는데, 미켈

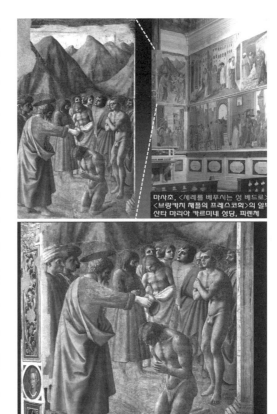

마사초, 〈세례를 베푸시는 성 베드로〉
〈브랑카지 채플의 프레스코화〉의 일부
산타 마리아 카르미네 성당, 피렌체

란젤로의 동료들은 다 모사하기 바쁜데 미켈란젤로 혼자 뒤에 서서 그림을 바라보기만 했다. 그러자 동료들은 왜 그림을 안 그리고 바라보기만 하냐고 하자 미켈란젤로가 그림만 따라 그린다고 되는 게 아니라고 대답한다. 그래서 동료들이 화가 나서 미켈란제로를 구타했고, 바로 이 장소가 미켈란젤로의 코뼈가 부러진 곳이다.

지금 소니, 노키아, LG 전자 이런 데서 코뼈를 부러뜨리고 싶은 사람이 있다. 바로 스티브 잡스다. 이 사람이 만든 기계가 20세기 방식의 수업을 완전히 망가뜨려 버렸다. 그 다음에 아이 패드를 만들고, 그 다음에 아이 티비를 만드려고 했는데 도중에 사망했다. 근데 그때 아이 티비를 만드려고 할 때 구글 티비와 경쟁했는데, 그가 아이 티비는 구글 티비와 다르다면서 이런 말을 했다. "그들은 티비 매체의 본질을 전혀 이해하지 못하고 있다." 르네상스의 천재들과 스티브 잡스가 똑같은 것을 본 것이다. 창조적인 삶을 살려면 본질을 성찰할 줄 알아야 한다. 신학대학은 그런 면에서 엄청난 잠재력이 있다. 여기서 매일 하는 게 바로 본질을 보는 것 아닌가. 하나님과 인간의 본질을 보지 않는가. 인간의 악한 모습과 하나님의 거룩한 모습을 매일 공부하고 매일

기도하고 매일 성경을 읽지 않는가. 여기서 신학 공동체에 있는 여러분들은 본질적으로 본질을 보는 사람들인 것이다.

그러면 어떻게 본질을 볼 수 있는가?

트와일라 타프인데, 세계적인 무용가이다. 이분이 뭐라고 하냐면 '사물의 본질을 규명한다는 것은 기존에 다른 사람이 규명해놓은 본질에 도전하는

것'이라고 했다. 기존의 본질에 도전할 줄 아는 사람, 다른 사람이 '이렇다'라고 하는 것에 '아니다'라고 할 수 있는 사람이 나와야 한다.

대학의 본질도 마찬가지다. 그러려면 질문들을 제기해야 한다. '왜 나는 이 법칙을 따라야 하나, 왜 나는 남과 다를 수 없는가, 왜 나는 내 방식을 사용

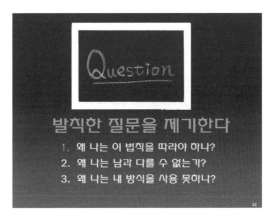

못하나'라는 질문들을 해야 한다.

새 시대를 열어가는 창조성은 본질을 성찰하고 끊임없이 질문하는 것, 바로 여기에 있다.

(2015.10.29.)

우리 시대의 장인 정신을 위하여

유홍준

'명작의 조건이 뭔가, 또 그 명작을 만들어낸 장인 정신은 어떤 것이었는가'라는 주제로 강의하겠다. 우리는 예술에서 장인 정신을 다루기보다도 작가 정신을 참 많이 얘기했다. 우리 시대의 예술인들은 장인 정신보다도 작가 정신을 더 많이 추구했던 것 같다. 작가 정신이라고 하면 아마 상상력과 창의력의 고양을 얘기하는 것이라고 생각할 수 있다. 그러면 장인 정신이란 무엇일까? 장인 정신이 구현됐을 적에 나타나는 결과는 어떤 것일까?

장인 정신이 외형적으로 구현되어 나타나는 특징은 디테일이 아름답다는 것이다. 장인들은 무슨 일을 하든지 끝까지 최선을 다한다는 것이 본능적이다. 20세기의 세계적인 건축가 세 사람을 꼽으라면 반드시 거론되는 건축가 중에 독일의 미스 반 데 로에(Mies van der Rohe, 1886~1969)라는 분이 있다. 그분의 건축은 굉장히 심플하다. 베를린 박물관을 봐도 그렇고, 바르셀로나에서 엑스포가 열렸을 때 지은 독일관을 봐도 그렇다. 그런데 그분에게 명작이 무엇이냐고 물었더니 이분이 단숨에 이렇게 대답했다. "God is in the details." 신은 디테일 안에 있다는 것이다.

장인 정신이 구현된 명작들을 보면 디테일이 아름다우며 작가 정신과 장인 정신이 구별되지 않는 면들을 보게 된다.

위의 사진은 백제 금동대향로라고 하는 것인데 EBS의 '지식채널

E'에서 이 작품의 아름다운 디테일을 주제로 강의한 적이 있다. 향로는 사찰에서 절대자 앞에 놓는 의식의 도구이기 때문에 졸작이 없다. 향로는 어떤 식으로 만들든지 간에 그 집에서 가장 먼저 사용되는 공예품이자 의식도구이기 때문에 정성을 다할 수밖에 없다. 불교가 유입되는 백제 초기에 부여 능산리 절터에서 이 향로가 나왔는데, 이 향로를 보면 용트림을 하고 있는 받침대에 연꽃 봉오리를 입에 물고 봉황새가 그 위를 날고 있다. 이같은 형태의 산이 모여 있는 것은 신령들이 살고 있다고 하는 신령한 삼신산이다.

그리고 이같은 향로를 박산향로라고 하는데 중국에서도 같은 형
태로 만든 것들이 있다. 중국의 박산향로를 백제 사람들이 벤치마크

해서 백제 형식으로 해놓은 것이 곧 이같은 형태인 것이다. 간혹 백제 용봉대향로를 보고 그것이 중국에서 만들어진 것이라고 하면서 그 독창성이라든지 가치를 깎아내리려고 하는 사람들이 있지만, 백제 용봉대향로는 발명품과는 전혀 다른 것이다. 박산향로를 본떴다 하더라도 용봉대향로의 형태로 새롭게 만든 것은 역시 백제인들의 공예이기 때문이다.

그래서 여기에는 불교적인 요소도 있고, 도교적인 요소도 있고, 백제인들의 이야기가 들어가 있다. 이 연꽃 받침대에 갖가지 동물들과 꽃이 조각되어 있고 네 겹의 산봉우리 위에도 보면 악기를 다루고 있는 5인의 악사가 둘러 있고 사냥하는 사람이 있고 숲이 있고 전부 100가지 도상이 여기 들어가 있다. 그런데 향로의 완성된 형태란 향을 피웠을 때의 모습이다. 향로에 향을 피우면 어떻게 되는가. 악사가 돌려져 있는 5개 산봉우리의 뒤에 구멍이 5개 있다. 그리고 새가 앉아있는 봉우리 5개 뒤로 구멍이 또 있다.

그리고 봉황새 가슴에 구멍이 두 개 있어서 12개의 연기가 피어나오는 것이 이 용봉대향로의 최종 형태가 된다. 그런데 이 향로는 금동향로이기 때문에 원작에 실험을 할 수 없어서 복제품을 갖고 실험해보았지만 향이 생각처럼 잘 피어오르지 않았다. 향로의 뚜껑을 열면 속에 종지 같은 게 있는데 거기다 향을 피우고 아마 이 종지에는 열이 나지 않게 물을 넣지 않았을까 싶다. 물론 사용법은 전해지는 게 없다.

'지식채널 E'에서 잠깐 보여준 것들 중 고려시대의 청자들이 많다.

사자 모양의 뚜껑과 여러 뚜껑이 있는데 그 중에서 기린 모양의 청자 향로에 향을 피웠더니 이와 같은 모습이 된다. 이처럼 향이 피어오를 때하고 없을 때의 모습이 이렇게 차이가 난다. 공예는 무릇 아름다움과 쓰임새로 구성이 되는데, 형태미보다도 기능이 더 중요하기 때문에 향로의 경우 이같은 작품이 탄생했다. 공예란 조각적인 면뿐만 아니라 최종 단계의 쓰임새까지 고려할 때 그 진가를 알 수 있다.

백제는 어떻게 저렇게 멋있는 공예품들을 만들 수 있었을까. 처음에 저게 발견되니까 사람들이 중국에서 수입해 온 것이 아니냐는 의문들이 많았지만, 중국에는

이와 같은 공예품
들이 없다. 게다가
2000년대 들어 백
제 문화제들이 잇달
아 발견되면서 다시

는 그런 얘기가 없게 되었다.

　이것은 백제 무령왕릉에서 나온 은잔하고 용무늬가 새겨진 왕비
의 은팔찌다. 그런데 이 용팔찌에 글씨가 있는 것을 보면 다리라고
하는 조각가가 왕비를 위해서 만들었다는 일종의 조각가 사인이 있
다. 왕비를 위해 만든 팔찌에 디자이너의 사인이 들어갔다고 하는 것
은 그만큼 장인이 존중됐다는 의미다. 당시 아비지라는 백제인이 신
라에 초청되어 황룡사를 만들었고, 아사달이 가서 석가탑을 만들었
으며, 백제의 와박사들이 가서 절을 짓고 기와를 만들어주었다. 백제
에선 공부를 잘하고 경을 잘 읽으면 경학박사라고 했지만 기와를 잘
지으면 와박사라고 했다. 장인이 존중되고 그만큼 대접을 해주니까
예술이 그만큼 발달한 것이다.

　익산에 있는 미륵사 탑은 우리나라 석탑의 시원이다. 그래서 이 석
탑은 나중에 만든 석탑하고 달리 목조로 지어야 되는 건축을 돌을
재료로 사용해서 지었다. 무엇이든 새로운 것이 탄생할 적에는 앞 시
대의 것을 모방하게 된다. 예를 들면 최초로 나온 자동차의 형태는
기존의 고급 마차하고 똑같이 생겼다. 고궁박물관에 가면 순종황제
와 황후가 타던 자동차가 있는데, 영국에 있는 고급 마차하고 똑같

이 생겼다.

그래서 여기 있는 탑은 수트파[1]로 절대자의 분신을 모시는 곳이기 때문에 절대로 소홀한 작품일 수가 없다. 절대자의 분신을 모시는데 아무 그릇에나 넣을 리가 없고, 따라서 사리함은 어떤 것이든지 무조건 명작일 수밖에 없다. 이것이 다 무너져가던 것을 일제 강점기에 시멘트로 보완해서 6층까지 간신히 보존했는데, 100년이 되니까 시멘트가 떨어져나가기 시작해서 무너지게 되었다. 그래서 시멘트를 제거하고 탑을 다시 축조해서 복원하기 위해 해체하게 되었다. 그래서 2년 걸릴 줄 알고 해체를 시작한 것이 3년 6개월이 걸려서 이와 같은 사리함이 나왔다.

이 밑에 연꽃판 문양에서부터 당초 문양과 둥글게 돌아가는 무늬는 물고기 알 같다고 해서 어자무늬 돌이라 불리며, 연판무늬와 꼭지 등등 디테일이 소홀한 곳이 단 한 군데도 없다.

---

1) 원래 탑이란 말은 인도의 '수트파'란 말에서 유래했다. 다보탑이 바로 이러한 수트파의 양식을 그대로 따라한 탑이다.

　이처럼 명작이 갖고 있는 공통점은 현재성과 보편성에 있다. 어떤 명작이든지 다 어제 만든 것처럼 보이며 동서의 경계를 뛰어넘는다. 서양 사람이 이 사리함을 봐도 감동하게 된다. 누군가는 이 사리함의 복제품을 만들어서 바티칸에다가 납품해도 될 것 같다고 했다. 백제의 공예품에는 그런 예술적 감동의 가치가 따른다. 그러므로 이런 작품들을 보건데 용봉대향로 같은 작품을 백제가 만들었다는 데에는 의심의 여지가 없다.

그런데 우리가 이처럼 기교를 부린 화려한 공예품에 대해서는 쉽게 감동 받는데, 단순한 작품들에 대해서 잘 감동 받지 못하는 경우가 많다. 하지만 단순성이 오히려 더 깊은 감동을 주는 경우가 있다. 18세기에 빙켈만(Winckelmann, Johann Joachim, 1717~1768)이라는 사람이 그리스의 천 년 역사를 미술문화사적 흐름으로 정리해놓은 책이 바로 『고전미술』이다. 빙켈만은 그리스 미술이 어떻게 탄생하고 헬레니즘 시대에 어떻게 세계로 퍼져나갔는가를 역사적인 문맥에서 썼으며, 그리스 미술 전체를 관통하고 있는 고전미의 본질은 '고귀한 단순과 조용한 위대'라고 했다. 그는 단순한 것이 고귀한 감정을 일으키고 위대한 감정은 악을 써야 하는 것이 아니라 조용한 가운데 일어난다고 해서 '고귀한 단순과 조용한 위대'라는 유명한 명제를 미술사에 남긴다. 백제에도 그런 명제가 하나 있었다.

위의 사진은 낙화암에서 내려다보는 백마강이다. 이 밑에 유람선

이 떠 있고 사람이 기다리고 있다. 낙화암 건너편이 귀암이라고 하는 곳인데 삼국사기에 보면 여기에 왕흥사라는 절이 있었다고 한다. 그 절터에서 왕흥이라고 하는 기왓장이 나왔는데, 최초로 절이 지어졌던 위치를 찾았더니 『삼국사기』에 왕이 배를 타고 가서 향을 피웠다고 하는 기록이 있다. 그러면 왕이 다녔던 곳이므로 어도가 깔려있을 것이 분명하니까 강 아래쪽에서부터 다시 발굴해서 들어갔더니 강바닥의 주춧돌 속에서 사리함이 나왔는데 그림과 같이 금은동 세트가 나왔다.

기록에 보면 백제 위덕왕이 죽은 왕자를 위해서 이 절을 세운 다음에 사리함을 묻었다고 한다. 사리함늘의 형태는 열매형, 항아리형, 통형인데 각각의 꼭지들을 보면 세 개가 한 세트임을 알 수 있다. 각각의 몸체에 맞춰서 꼭지를 만들면서도 한 세트로서의 디자인을 살린 것이다. 백제 사람들의 이와 같은 아름다움에 대해서 미학적으로 정리하면 어떤 것이 될까?

이에 대해서는 후대의 학자들이 백제의 미학에 대해 정의를 내려줘야 한다. 단순히 그리스 조각을 보는 것하고 '고귀한 단순과 조용한 위대'라는 개념을 갖고 그리스 조각을 감상하는 것하고는 엄청난 차이가 있다. 그러므로 백제 사람들의 미학에 관통하고 있었던 것은 과연 무엇이었을까?

하나 더 보자. 앞의 그림은 왕궁리에 있는 5층탑인데 이 속에서 나온 사리함을 보면 이렇게 아름답다. 나는 이제까지 나온 사리함 중에서 가장 아름다운 것을 꼽으라면 이것을 꼽는다. 이것 역시 세트로 되어 있는 청동 박스가 있다. 거기에는 사리 말고 다른 것들이 이 금동판하고 같이 들어가 있었다. 이런 아름다움을 만들어낼 수 있는 왕조가 우리 고대국가에 있었다. 그리고 백제가 갖고 있었던 기술과 문화는 그대로 통일신라로 전수된다.『삼국사기』를 쓴 김부식은 백제본기 온조왕 15년에 '검이불누 화이불치'(儉而不陋 華而不侈, 검소하지만 누추해 보이지 않았고, 화려하지만 사치스럽지 않다)라고 했다. 김부식은 온조왕 15년, 즉 BC 4년에 '신작궁실'(新作宮室, 새로 궁궐을 지었다)이라고 기록했다. 역사적으로는 백제의 궁궐 건축에 대한 기록은 이 한 마디로 끝난다. 그러나 김부식은 그 다음에 '검이불누 화이불치'라는 8글자를 붙였다. 그리고 이 미학적 개념이 지금 우리들에게 전해져오고 있다.

창덕궁에 낙선재라고 헌종이 살았던 집이 있다. 그런데 그 집만은 단청이 되어있지 않다. 헌종이 집을 지을 당시 편하게 살고 싶으므로 자기 집엔 단청하지 말라고 했던 것이다. 그래서 낙선재 상영문에는 '이때 왕께서는 새 궁궐을 짓되 검소하지만 누추하지 않게 해주기를 바라셨다'고 기록한다. 우리가 현재 우리의 조상들의 아름다움에 대해 여러 가지로 말하지만, 그중에 우리 조상들이 구체적으로 받아들인 개념은 '검이불누'와 '화이불치'였다. 그러니까 미륵사 사리함은 '화이불치'하고 왕흥사 사리함은 '검이불누'했다고 할 수 있다. 이것이 바로 문화 능력이라고 할 수 있으며, 우리에게 전해져 내려온 백제 문화의 능력이다.

하지만 장인에게는 장인적 수련과 연찬과정이 있는데, 아쉽게도 백제시대 장인들이 어떻게 수련하고 연찬했는지는 남은 것이 없다. 그러한 수련의 과정이 가장 잘 남아있는 것은 중세시대 이후 오늘날까지 내려오고 있는 유럽의 장인들의 수련과정이다. 유럽에는 길드에서 마스터들이 워크숍이나 아틀리에를 소유한다. 아무나 워크숍을 가질 수 있는 것이 아니고 마스터만이 가질 수 있다. 그리고 마스터가 되기 위해선 어프렌티스(apprentice), 저니맨(journeyman), 마스터(master)라는 3단계를 반드시 거쳐야 한다. 어프렌티스는 도제라고 해서 어렸을 때 수업을 받는다. 도제로서 어느 정도 기술을 익히면 합숙훈련에서 나와 독립하는데, 이를 저니맨이라고 한다. 저니맨은 마스터처럼 외주를 받아 작품활동을 할 수 있지만 자신만의 작업장은 소유할 수 없다. 길드에서 허락을 안 하기 때문이다. 그래서 저니맨은 자신만의 워크샵을 소유하기 위해 자기가 만든 작품을 길드에다 내서 심사를 받는다. 이때 대개의 저니맨들은 심사에서 7, 8번 떨어진다. 그러나 길드에서 심사를 통과하게 되면 바로 그때 길드에 냈던 작품, 그러니까 마스터로 승격하게 된 작품을 마스터피스라고 부른

다. 우리가 마스터피스를 명작이라고 부르는데, 그 어원은 마스터가 될 수 있는 자격을 갖춘 것을 의미한다.

독일의 알브레히트 뒤러(Albrecht Dürer, 1471~1528)라는 르네상스 시대의 화가는 자화상을 많이 그렸다. 이 그림은 15세기 목판화로 워크샵 풍경을 그리고 있다. 그림을 보면 화가가 있고, 장난치

다 선생한테 볼기짝을 맞는 도제들이 있으며, 한쪽에는 대장장이가 금속공예하고 있고, 사람이 누워있는 것은 인체조각을 하고 있는 조각가다. 그리고 마스터와 마스터 부인도 있는데, 그림을 보면 마스터 부인이 조각가하고 그렇고 그런 것 같다. 마스터의 딸은 또 화가한테 가서 접근을 하고, 이게 뒤러가 그린 풍경이다.

또 다른 그림을 보자. 뒤러가 도제 시절에 스케치한 자기 자화상

이다. 22살 저니맨 시절에 자화상을 그리면서 엉겅퀴 꽃 같은 것을 들고 있는 게 장가가고 싶다는 뜻이라고 한다. 그 옆의 아이는 손가락질하는 게 '너 두고 봐, 내가 커서 보자' 하는 모습이고, 마스터가 됐을 때가 대략 27살이다. 뒤러는 자신감 있게 손을 딱 쥐고 있는 모습을 그리면서 자기 선생님 볼게무트의 초상화를 헌정해서 바친다. 지금도 이 도제적 수업이라고 하는 것이 어떤 면에서는 자율이 보장되어 있는 대학에서는 멸시의 대상이 될지 모르겠지만, 장인 정신의 수련의 일환으로 도제적 수업이라는 것은 고유의 가치가 있다. 나는 도제적 수업을 통해 얻을 수 있는 제일 큰 가치는 바로 인내심이 아닌가 싶다. 도제적 훈련을 통해 마스터가 된 사람들은 기나긴 세월을 인내하는 훈련을 어렸을 때부터 익혀온 사람들이며 끝내 장인 정신을 구현한 사람들이다. 이러한 장인 정신은 우리 조상들에게도 있었다.

선덕대왕신종에는 모두 1,037자의 명문이 새겨져 있다. 이 종을 만드는데 참여한 사람은 8명인데, 지금으로 치면 국무총리에서부터 문화재청장까지 참여했다. 그리고 뒤이어서 주종대박사, 주종차박사 등 종 만드는 박사 4명의 이름이 종에 함께 기록되어 있다. 그리고 '무릇 심오한 진리는 가시적인 형상 이외의 것도 포함하나니, 글로 쓰여 있는 것만이 신의 말씀이 아니다'라고 적혀 있다. 목사님이 얘기하듯이, 성경에 쓰여 있는 것만이 하나님이 우리에게 전해주는 진실이 아니고, 거기에 글자로 명문화되지 않은 진실이 내포돼 있다는 것이다. 그래서 부처님이 때와 사람에 따라 적절히 비유해서 진리를 알게 하듯이, 신종을 달아서 '진리의 둥근 소리'를 듣게 한다는 것이다.

이처럼 이들은 종을 만들 때 절대자의 목소리를 만든다는 마음으로
만들었다. 그래서 성덕대왕신종의 경우에는 진리의 원음처럼 장중하

면서도 맑다. 맥놀이 현상이 1분 동안 울리면서 여운을 만들어낸다. 그래서 음향학에서 통일신라, 고려의 범종은 'Korean bell'이라고 별도의 학명을 갖고 있다. 다른 나라의 범종은 회전판으로 사다리꼴 모양을 여러 개 해서 이어붙여서 만들었기 때문에 잇는 점이 있어서 맥놀이 현상이 우리의 종처럼 나오지 않는데, 우리는 통주물로 해서 구웠기 때문에 잇는 부위가 없다.

이 성덕대왕신종의 무게 역시 남다르다. 이전에는 신종의 무게를 잴 수가 없어서 포스코에 부탁을 했었다. 그런데 포스코에서도 그 무게를 잴 수가 없어서 동일한 부피의 샘플을 갖고 무게를 재니까 무게가 19.2톤으로 측정됐다. 그런데 현재 포항제철에도 20톤을 한꺼번에 녹일 수 있는 용광로가 없다. 그러니 이것을 그 시대의 사람들이 어떻게 만들었단 말인가? 신라 사람들은 먼저 진흙으로 종의 형태를 만든다. 진흙으로 형태를 만든 후 그 위에 밀랍으로 진흙으로 만든 형태의 두께만큼 종을 만든다. 그러기 위해서는 벌통이 2,000개가 필요하다. 벌통 2,000개 분의 밀랍을 다 바르고 난 다음에 거기다가 또 진흙을 덮어씌운다. 그리고 나서 곳곳에 구멍을 내고 불을 때면 밀랍이 양초처럼 녹아서 없어진다. 그러면 빈 공간이 생기는데 그 빈 공간이 바로 종의 형태를 갖는다. 그러면 이제 거기다가 19.2톤 양의 쇳물을 붓는다. 그런데 20톤 양의 쇳물을 부어야 하는데, 이 20톤 양의 쇳물을 끓일 수 있는 용광로는 없었다. 아무리 큰 용광로라고 하더라도 오늘날에도 1톤 정도 끓일 수 있다. 그러면 에밀레종을 만들 때 그 주변에 20개의 용광로가 있었다는 의미다. 왜냐하면 1톤을 붓고 난 다음에 1톤을 또 끓여서 부으면 종이 안되기 때문이다. 쇳물을 부을 적에 동시에 모든 쇳물을 부어서 굳어야 종이 된다. 굳은 상태에서 쇳물을 또 갖다 부으면 종이 그렇게 형성이 안된다. 그래서 주변에서 20개의 용광로에서 끓여서 일제히 갖다가 부어야 되는 것이다. 그런데 쇳물을 쇠바가지로 떠서 부으면 기포가 생겨서 종소리가 맑게 안 나온다. 그렇다면 그들은 어떻게 종을 만들었을까?

옛날사람들은 우리보다 기술이 부족했다고 얘기하지만, 그 사람들이 우리들보다 잘한 것은 여러 가지가 있다. 특히 그들은 자연의 리듬을 우리보다 훨씬 잘 활용했다. 게다가 그들은 절대자에게 기도하는 마음이 있었다. 부처님의 목소리를 만든다는 생각으로 종을 만들었지, 이것이 30억짜리 용역 받아서 납품하려고 만든 게 아니다. 이런 면에서 볼 때 하나의 완성품이 나올 때까지는 단순한 기술과 재료

만이 아닌 그 이상의 무엇이 들어가야 하는데, 바로 그 무엇을 우리 시대는 잃어버렸다고 볼 수 있다. 그래서 다시 장인 정신을 요구하는 것이다.

앞 사진은 감은사 쌍탑인데, 현재 남아 있는 가장 오래된 쌍탑이다. 이것 전에 사천왕사라고 하는 데서 쌍탑이 나왔는데, 왜 탑을 하나를 만들다가 갑자기 둘을 만들었는지는 아직도 풀리지 않은 문제다. 그런데 옆에 파라솔 쓰고 가는 여자가 있는데 탑과 비교해서 보면 9.5m인 탑의 실물 크기를 실감할 수 있다. 쌍탑으로 해놓게 되면 건축적 공간에 리듬이 생긴다. 단탑이면 하나로 끝나는데 쌍탑이 되면 건축 공간이 탑과 탑 사이, 정면으로 봤을 때와 측면으로 봤을 때, 실루엣으로 봤을 때 이미지가 계속해서 변하는 리듬이 생긴다.

9·11테러로 무너진 뉴욕의 무역센터가 왜 쌍둥이 빌딩이었는가? 하나로 만들면 건축비를 절약할 수 있는데 왜 쌍둥이 빌딩으로 지었는가? 건물의 위용을 위해서 그렇게 했다. 우리가 이런 쌍탑을 만들고 나니까 8세기에 일본의 약사사(藥師寺)라고 하는 데에 쌍탑으로 목조건축을 따라 만든 게 있다. 100년 전에 미국인 펠론노사라고 하는 보스턴 사람이 일본에 가서 『일본미술사』라는 책을 쓰면서 약사사의 쌍탑을 얘기했는데, '나라 들판 멀리 보이는 약사사의 쌍탑은 얼어붙은 쏘나타 같았다. 쇼팽의 피아노 소나타 2번이 얼어붙어서 거기에 붙어 서있는 것 같았다'라고 말했다. 쌍탑은 바로 그런 리듬감을 준다.

이 감은사 탑에서는 세상에서 가장 아름다운 사리함이 나왔다. 우리가 한국 문화의 정통성과 존엄성을 얘기할 적에는 지금 내가 보여준 것처럼 위대한 것을 갖고 얘기해야 한다. 미술사는 모든 미술품의 종합이 아니다. 미술사적 의미가 있고 가치가 있고 더욱이 그것에 대한 해석이 뒤따랐을 적에 거기에 미술사적 의미가 있는 것이다. 우리가 세계 다른 나라의 미술사를 볼 적에는 그 나라의 가장 뛰어나고 정제된 것을 보고 그 나라의 이미지를 갖게 된다. 여러분은 한국 미술사에 대해 어떤 이미지를 갖고 있는가? 백제에 대해서는 어떤 이미

지를 갖고 있냐고 물어보면 낙화암 3천 궁녀, 의자왕, 계백장군 등이 전부일 것이다. 오늘 이 시간부터 백제 금동대향로, 왕흥사 사리함, 왕궁리에 있는 사리함, 미륵사탑에 있는 사리함, 그런 '검이불누'하고 '화이불치'했던 찬란한 금속 공예로 백제의 이미지를 갖고 있어야 한다. 이것은 보통 문제가 아니다.

　외국인하고 사업하는 어떤 분이 50세가 넘었는데 명지대학교 문화예술대학원 야간대학원에 입학을 했다. 그래서 무엇 때문에 왔냐고 했더니 외국인들하고 거래를 하다 보니까 두 가지를 모르면 더 이상 CEO들끼리 대화가 안된다는 것이다. 물류회사를 만들거나 또는 수입 오퍼상을 하고 있어서 저쪽에 있는 파트너를 만나야 하는데, 만나면 사업상으로 잘되기 위해서 인간적으로 친해야 되고, 교양을 얘기해야 하고, 식사를 하고, 술을 마시고, 그렇게 인간적인 신뢰를 줘야된다. 그런데 MOU를 체결하고 사업적인 것은 잘하겠는데, 두 가지를 몰라서 힘들다고 한다. 하나는 포도주고 또 하나는 미술사라고 한다. 그런데 포도주는 계속해서 마시니까 어느 지역의 몇 년산이 맛있다는 정도는 알겠는데, 미술사는 따라갈 수가 없다는 것이다. 왜 따라갈 수 없을까? 외국인들의 경우 고등교육을 받았으면 미술사는 이미 여러 번 배운다. 중·고등학교 과정에서 배우고, 대학교에서 교양필수로 배운다. 더군다나 유명한 도시의 경우에는 초등학교 때부터 한 달에 한 번은 박물관에 가서 견학을 하면서 박물관에서 살다시피 한다. 그리고 나이 들어서 여행하게 되면 이웃집 드나들듯이 유명한 박물관들을 갔다 온다. 그러니까 그들은 그런 시각적 경험과 지식의 축적 속에서 이야기하는데, 한국의 사장은 '너희 나라 문화유산은 어떠냐'고 물으면 대답을 하지 못하는 벙어리가 되어버린다는 것이다.

미술사는 어쩌다 이렇게 교양으로 한 번 듣는 과목이 아니다. 그건 나라가 잘못된 거다. 역사학도 마찬가지지만, 미술사나 한 나라의 문화를 본다는 것은 건축과 미술을 본다는 것이다. 피렌체에 가서 르네상스 시대의 문화를 본다는 것은 박물관에 있는 미술품만을 갖고 인식하는 것이다. 그 이외에 무엇이 있는가? 그 시대의 문학, 사상, 음악, 무용 등은 전부 보이지 않는다. 그러니까 미술사란 그 나라 문화유산에서 구체적인 물체로 구현되어 있는 것이다. 단테를 비롯해서 많은 문인들이 보여줬던 예술 등 눈에 보이지 않는 문화를 본다는 것은 자기가 따로 시간을 들여서 배우는 것이고, 실질적으로 시각적으로 받아들이는 것은 건축하고 미술밖에 없다. 그러니까 문화사의 80% 이상이 미술사일 수밖에 없다. 그러니까 미술사는 음악사, 문학사, 사상사, 철학사 등 다양한 학문 중의 하나, 그 중에서도 부차적인 것이 아니고 그 전체를 상징적으로 아우르는 학문이다.

그리고 이러한 미술사를 그들은 어려서부터 배웠기 때문에 그들의 교양은 그렇게 높아 있고 우리들의 교양은 이렇게 떨어져 있는 것이다. 여러분들이 외국 사람들을 만나고선 당신의 문화적 아이덴티티를 얘기하라고 했을 때 어떻게 말하겠는가? 배우지 않았는데 말이다. 그러니까 그 CEO는 우리 대학원에 와서 미술사를 배우는 것이다. 그리고 미술사를 배운다고 했을 때, 우리의 문화를 국제적인 맥락에서 얘기할 수 있을 때 비로소 제대로 배우는 것이라 할 수 있다. 우리가 한국적인 것의 아름다움이라고 해서 '자연과의 조화', '단순함' 등등 상투적인 얘기를 하면 듣는 사람은 '중국은 안 그러고 일본은 안 그런가' 하고 당장에 반문한다. 그러니까 동아시아 문화사의 보편성 속에서 한국문화의 특수성까지 설명할 수 있을 때 얘기가 되는 것이지, 우리 것만 단순하게 얘기해서는 안된다. 미술사를 몰라도 그만인 것으로 생각하며 살 수도 있지만, 그렇게 살면 훌륭한 사람, 세상의 오피니언 리더가 될 수 없고 큰 사업을 할 수 없다.

명작은 디테일이 아름답다는 것을 몇 가지 더 보도록 하자. 그림을 보면 불국사의 정면 석축의 높이가 7m인데, 이 앞이 연못이다. 그래서 저게 정면이 거꾸로 비추어서 불국토를 건축적으로 연출한 것이다.

고전예술에 대한 정의 중에서 가장 고전적이며 가장 어려운 것은 헤겔이 내린 정의다. 그러나 헤겔이 『고전미학』에서 한 얘기를 간단하게 말하자면 이런 것이다. 예술을 구성하고 있는 것은 내용과 형식이다. 이 내용과 형식이 조화롭게 잘 균형을 이루었을 때 탄생하는 것이 고전 미술이다. 그런데 내용에 비하여 형식이 우세할 수도 있고 그 반대일 수도 있다. 내용보다 형식이 우세하여 형식에 맞춰 내용을 넣는 경우가 있다. 그렇게 될 경우에 나타나는 것이 상징주의다. 반대로 형식이 내용을 따라오지 못해서 뒤죽박죽이 돼서 어떤 틀이 없으면서도 감성의 울림이 큰 경우가 있다. 그것의 대표적인 예가 낭만주의다. 그리스 고전 미술의 조각을 보면 똑바로 서있는 사람이 거의 없다.

오른쪽 넓적다리에 힘을 주고 다리 하나를 편안하게, 양주앙 자세라고 하는 편안한 자세를 취하고 있는데, 바로 이 자세가 그리스 조각에서 보이기 때문에 그리스 조각이 사실성이 넘치고 생동감이 있다고 하는 것이다. 그러니까 그리스 조각은 내용과 형식이 맞아떨어지는 조화로움을 갖고 있다는 것이다.

그런데 이집트 벽화들의 경우에는 정면성의 원리라는 공식을 따른다. 벽화의 사람이 어느 방향을 향해 있든 가슴만은 정면을 향해야 하는 것이다. 그러니까 이집트 조각을 보면 옆으로 가는 사람이 뒤꿈치도 안 들리고 가슴은 정면을 보고 있다. 그리고 옆으로 가니까 고개는 옆으로 향해 있다. 이렇게 형식이 압도하기 때문에 이집트 벽화는 상징주의가 될 수밖에 없다.

헤겔은 낭만주의 시대의 사람이었다. 낭만주의의 지배적인 분위기 속에서 헤겔이 예술에서 조화를 강조한 건 바로 그런 점이었다. 조화는 반드시 상반된 것 둘이 만났을 때 조화가 이루어진다. 비슷한 것 둘이 만나서 조화가 이루어지는 것은 없다. 그건 유유상종이다. 극명하게 대비되는 것 둘이 만났을 때 조화는 극치를 달린다.

여기는 자연적인 것과 인공적인 것의 조화다. 자연석 위에 인공적인 장대석을 놓고 장대석 위에 자연석을 놓아서 축대를 했기 때문에 조화를 꾀했는데 이 자연석 위에 장대석을 놓게 되면 울퉁불퉁하지 않은가. 그래서 신라 사람들은 90m를 전부 다 파버렸다. 아까도 말했지만, 도제가 갖는 가장 큰 미덕은 인내심이다. 이런 인내심을 갖고 있지 않은 자는 장인이 될 자격이 없는 것이다. 그리고 또한 디테일이

아름답다고 했다. 사진에서 보이듯, 불국사의 극락전으로 오르는 계단인데 이를 연화교라고 한다. 다리 이름을 연화교라고 한 것이 아니다. 연꽃으로 새겼기 때문에 계단을 연화교라 했다. 또한 대웅전으로 올라가는 돌계단을 소맷돌이라고 했다. 왜 소맷돌이냐면 소맷자락처럼 생겼기 때문이다. 이러한 사소한 부분, 직선으로 깎는다고 해서 문제가 생기는 것도 아닐 텐데 이런 사소한 부분까지 이렇게 한다. 이처럼 명작은 디테일이 아름답다.

아래의 그림은 고려불화인데, 당대부터 이렇게 화려하고 섬세한 것은 없다고 소문이 자자했다. 왜구가 와서 훔쳐가고 했던 것이 바로 이 고려불화인데, 현재 160점 남아있다. 이 그림의 팔뚝에 있는 디테일을 보면 대단하다. 고려 불화의 큰 미덕은 여기에 흰 사라를 걸쳤

는데 사라를 걸치면 속살이 안보이고 속옷이 안보여야 되는데, 그림을 보면 그게 다 드러난다. 팔뚝도 보이고 속옷도 보인다. 이는 정말 엄청난 세공이다. 어떻게 이것이 가능했는가? 여기 사라에 망사를 갖다가 무수히 많은 작은 선을 그어서 한 것이다. 칠한 것이 아니다. 흰색으로 칠하면 백의관을 걸친 것이 된다. 이것은 명백히 사라를 걸친 것이다.

　기독교의 성경은 66권이다. 불교의 경전은 8만 대장경이다. 그 중에 법화경이라고 하는 7권으로 된 경전이 있다. 그림을 보면 이것이 법화경보탑도이다. 고려시대의 한 사람이 법화경의 내용을 갖고 7층의 보탑도를 그렸는데, 그림을 그린 것이 아니라 법화경 1권부터 7권까지를 다 쓴 것이다. 이 보탑도의 용마루하고 기왓골은 그림을 그린 것이 아니라 법화경의 내용을 글씨로 적은 것이다. 이 그림의 풍경을 다 읽으면 법화경 7권 전량이 다 들어있다. 참 대단하지 않은가. 그런데 더 대단한 것은 이 법화경보탑도 그릴 적에 한 자 쓰고 3번 절하고 또 한 자 썼다고 한다. 그보다 더 대단한 것은 이 그림을 법화경과 대조해보고 오자가 3개 있다고 주장한 사람도 있다.

　명작은 디테일이 아름답다. 앞서 언급하지 않은 고려시대의 나전상자, 사리호, 금주전자, 청자로, 운학문 매병 등등, 우리에게는 완벽한 명작들로 전해져오는 문화유산이 있다. 이러한 명작들을 보며 다시 한 번 되새겼으면 좋겠다. 작품의 디테일은 인내심에서 비롯되고, 디테일이 명작을 만들며, 명작은 현재성을 갖는다.

(2012.05.04.)

사람다움이란 무엇인가?

진고훈

1. 들어가는 말

"사람이면 사람이냐, 사람이 사람다워야 사람이지"라는 말씀이 우리나라에는 아득한 옛날부터 전해져 내려오고 있다. 우리는 이 말씀에서 모든 사람이 언제나 사람다운 것이 아니라는 뜻이 담겨져 있음을 알아차릴 수 있다. 맨 앞에 나오는 사람이란 외형만을 갖춘 자연인(homo naturalis)으로서 동물의 하나의 종(種)을 가리키는 것이고, 맨 나중의 "사람이지" 하는 말에서 사람은 한갓된 짐승 이상의 뜻을 담고 있다고 생각해 볼 수 있다.

그러면 사람다운 사람은 무엇을 뜻하는 것일까? 어느 나라의 욕설을 살펴보아도 사람을 짐승에 비유하는 내용이 들어 있다. '짐승과 같다'든가, '짐승보다 못하다'든가, '짐승과 같은 짓을 한다'든가, 어떤 특정한 가축의 어린 것(새끼)과 같다는 말들은 분명히 사람을 모욕하는 욕설이다. '사람 같지 않다'든가, '사람이 할 짓이 아니다'라는 말도 사람을 꾸짖을 때 쓰는 말이다. 우리는 여기서 사람은 짐승이 아니며, 사람은 짐승 같은 짓을 해서는 안되며, 사람은 짐승보다는 더 고귀한 존재임을 깨달을 수 있다.

그래서 철학적 인간학의 비조(鼻祖)인 셸러(Max Scheler. 1874~1928)는 인간을 단순히 '자연적 인간'으로 보지 않고 그 이상의 존재로 볼 때, 다시 말해서 인간은 한갓된 동물이 아니라고 할 때 이것의 돌파구가 정신[1]이라고 말했다. 그래서 그는 사람만이 정신적인 존재라고 말했다. 그러므로 사람은 '짐승 같은 놈'이라든가, '짐승보다 못한 놈'이라는 욕설을 듣게 되지 않을 때에만 비로소 사람다운 사람이 될 수 있고, 정신적 존재가 될 수 있다. 정상적인 사람은 그 자신이 생물학적으로 분명히 포유동물(젖 빨이 짐승)의 하위 무리 속에 속해 있음을 알면서도, '사람은 짐승이 아니다'라고 주장한다.

그러나 이렇게 당연한 이야기도 서양의 자연주의적 사고방식에 의하면 거부된다. 많은 사람들은 오늘날 인간과 동물은 같다고 망언하거나 인간과 동물은 구별되지 않으며 사람은 곧 짐승이라고 부르짖는다. 이러한 자들은 생물학, 의학, 심리학, 사회학, 심지어 교육학을 공부했다고 말하는 사람들 가운데 아직도 많이 있다. 예컨대 사회진화론자(social darwinist), 행태주의자(behaviorist), 프로이트학파(Freudian)에 속하는 자들이다. 이들 중에는 '사람은 짐승'이라고 말할 뿐만 아

---

1) Max Scheler, *Umsturz der Werte*, 전집 3권, s 189~191 참고. 막스 셸러, 진교훈 옮김, 『우주에서 인간의 지위』, 아카넷, 2001, 64~67쪽 참조.

니라 '사람은 기계에 불과하다'(Lamarck)든가, '사람은 가스 덩어리에 불과하다'(Haeckel)고 극언하는 자들도 있었다. 아무도 아직까지 사람은 원숭이나 그밖의 영장류로부터 진화되었다고 하는 필요충분조건을 제시하지 못했는데도 불구하고, 사람은 짐승으로부터 진화되었을 것이라고 믿는 자들이 많다. 이러한 자들은 사람과 짐승을 구별하지 않음으로 말미암아 우주에 있어서의 인간의 특수 지위를 인정하지 않을뿐더러 인간의 존엄성을 부인한다. 이른바 자연주의자들과 유물론자들은 인간의 생물학적인 측면만을 문제 삼고 마침내 인간을 사물화(事物化: Verdinglichung)시켜 버린다. 그래서 그들은 인간의 고귀한 정신세계를 인정하려고 하지 않으며, 인간의 의식을 물리·화학적으로만 설명하려고 든다. 따라서 그들은 인간의 정신적 산물인 도덕을 부인한다. 그들은 사람다운 부끄러워하는 마음과 '인간은 본성적으로 자기의 욕구를 억제하도록 되어 있다'는 사실도 부인한다. 그들은 양심조차도 물건처럼 분석되지 못하고 측정되지 못하며 정의(定義)되지 못한다는 이유로 양심의 존재를 부인한다. 그 결과 사람도 약육강식하는 들짐승이 되어버리고, '만인은 만인의 적'이라든가, '인간은 인간에게 늑대'라고까지 서슴없이 외쳐댄다.[2] 그래서 그들은 '인구조절'이라는 구실을 내걸고 공공연하게 영아살인(낙태)을 자행하고, '대리임신', '시험관 아기'라는 끔찍스런 말을 함부로 하기도 한

2) T. Hobbes, Leviathan, cap. 67

다. 뿐만 아니라 그들은 선조들의 슬기가 연면하게 이룩하고 쌓아온 전통을 묵살해 버리고, 인간의 행위의 기준이요 중심인 도덕과 종교를 파괴하려고 든다. 그 결과 맹목적인 기술의 발전은 자연환경을 파괴하고, 극복하기 어려운 생태학적 위기를 초래하게 만들었으며, 자연의 위기와 인간의 위기를 가져왔다. 자기반성을 할 줄 모르는 사람들이 추구하는 맹목적인 기술의 발전은 온갖 공해로 말미암아 지구의 황폐화를 가져왔다. 인류의 보금자리인 지구의 황폐화는 지금 살고 있는 인류뿐만 아니라 미래에도 살아야 할 인류에게 크나큰 위협이며 심각한 문제이다[3].

오늘날 많은 사람들은 단순히 짐승처럼, 때로는 짐승보다도 못한 삶을 산다. 그들이 주로 관심을 가지는 것은 온갖 욕망을 충족시켜주는 쾌락을 일삼는 것이다. 그들은 호기심이나 말초신경을 자극하는 천박한 잡지나 만화를 읽고, 난잡한 영화나 비디오를 관람하고, 과음과식하고, 도박, 스포츠, 마약, 오락 등 비생산적이며 불건전한 놀이에 탐닉하고, 인간의 삶의 근본적인 의의를 상실한 채로 소외 의식과 불안 속에서 살아간다.

"인간은 죽는 순간에서조차도 벗어던질 수 없는 가면을 쓰고 있다"고 프랑소아 모리악(François Mauriac)이 말한 것처럼, 아무리 강조해도 지나치지 않을 만큼 엄청난 편견 속에서 살고 있다. 그러나 우

---

3) H. J. McCloskey, Ecological Ethics and Politics (New Jersey : Rowman and Littlefield, 1983), pp. 13~16

리가 사람다움을 제대로 공부하기 위해서는 먼저 인간에 대한 편견을 불식시키지 않으면 안된다. 모든 인간은 생명을 부여받는 순간부터 사람답다. 모든 인간은 하나의 인류를 구성한다. 그러므로 인간은 누구든지 성별, 국적, 인종, 언어, 종교, 학력, 재산, 건강상태의 차별 없이 인간으로서 충분하고도 완전한 권리를 가지고 있다.

2. 인간의 생물학적 특징 : 사람과 짐승과의 차이

사람이 다른 동물과 구별되는 점을 우리는 우선 생물학적인 관점에서 살펴보자. 동물은 그의 육체적인 기관기능에 있어서 사람보다 더욱 전문화(專門化: Spezialisiertheit)되어 있다. 사람이 아닌 동물들의 육체적인 기관기능들(organic functions)은 그것들의 자연적인 생활조건과 주어져 있는 특수한 환경에 알맞게 되어 있다. 그러나 갓난아기의 생물학적 초기 양상을 연구한 겔렌(A. Gehlen 1904-1976)은 "사람은 다른 동물에 비하면 미완성된 상태로 출생한다"고 말했다. 다른 동물들은 그들이 살아가야 할 자연환경에 꼭 알맞도록 육체적인 기관기능들이 특수하게 완성되어 나타나므로 환경에 대한 반응으로 행동할 때 기계적으로 하게 되어 있다. 그래서 다른 동물들은 본능(Instinkt)에 따라 기계적으로 또는 자동적으로 움직이면서 살아간다. 그러나 사람은 본능이라고 말할 수 있는 것을 가지고 있지 않다. 예컨대 식욕, 성욕과 생존욕은 사람과 동물 사이에는 큰 차이가 있다.

왜냐하면 사람은 그의 생각에 따라서 금욕할 수도 있을뿐더러, 굶어
죽을 수도 있기 때문이다.

짐승의 이빨은 초식(草食)에 알맞도록 되어 있으나 사람의 이빨은
육식에도 초식에도 꼭 알맞도록 되어 있지 않다. 따라서 사람은 무엇
을 먹고 어떻게 살아야 한다는 것이 본능적으로 결정되어져 있지 않
다. 사람은 농사를 지어 곡식을 먹고 살 수도 있고 또는 목축이나 사
냥을 해서 짐승의 고기를 먹고 살 수도 있고 물고기를 잡아먹고 살
수도 있다. 그러므로 사람이 무엇을 먹을 것인가 하는 문제는 그때그
때 경우에 따라서 결정할 문제이지 다른 동물들처럼 자연적인 기계적
인 본능에 따라 자동적으로 결정되어 있는 것이 아니다.

이처럼 사람의 육체적인 기관들이 특수한 생활조건과 특정한 환
경에 꼭 알맞도록 되어 있지 않다는 것은 생존경쟁에 있어서 불리한
조건이라고 생각할 수도 있지만, 반면에 유리한 조건이라고 말할 수
도 있다. 인간의 치아는 맹수에 비해서 육식하는데 있어서도 매우 불
리하고 초식하는데 있어서도 매우 불리하다. 그러나 사람은 꾀를 써
서 요리를 만들어 많은 종류의 음식을 먹을 수 있는 자유를 가지고
있다. 겔렌은 사람은 생물학적으로 결핍된 것이 많음으로 결핍존재
(Mängelwesen)[4]라고 말했다. 그러나 사람은 동시에 그의 결핍의 보상
으로 자기의식과 자기반성을 할 수 있는 정신이 주어졌다. 사람에게

---

4) Arnold Gehlen, Mensch, *Seine Natur und Seine Stellung in der Welt*, Berlin, 1941, s. 2.

는 태어날 때부터 생각하는 능력이 주어졌다. 인간이 비전문화되어 있다는 사실은 인간은 자유로운 정신의 활동을 할 수 있는 것을 의미한다고 말할 수 있다.

사람이 다른 동물과 구별되는 것은 그의 성장의 리듬이다. 사람은 다른 젖빨이 짐승에 비하면 더 오랜 임신기간을 필요로 하는데, 일년 쯤은 더 빨리 출산(子宮外早期出産: extra uterinus Frühjahr)[5]한다고 포르트만은 말했다. 사람은 다른 동물보다 더 오랜 성장기간을 갖는다. 인간은 성인이 되는데 거의 20년이 걸린다. 그러나 고래는 2년 만에 20미터에 이르는 거의 완전한 성숙에 도달한다. 다른 동물은 모태 안에서 그의 육체적 기관들이 성숙한 다음에 출생하기 때문에 오랜 성장기간을 필요로 하지 않는다.

사람의 성장의 리듬은 다른 동물에 비해 특이하다. 사람은 출생 후 20년 동안 계속 일정하게 성장하는 것이 아니다. 사람은 육체적인 성장이 끝난 후에도 다른 동물보다 더 오랫동안 생명을 유지하고 또 그후에도 정신적으로 더 성장할 수 있도록 되어 있다. 다른 젖빨이 짐승의 수명은 짧으면 2년이나 3년, 대체로 12년 전후, 길어야 30년까지 생명을 유지할 수 있을 뿐이다. 특히 다른 동물은 성장기간이 끝나면, 그 동물들은 곧바로 쇠퇴기에 들어간다. 그러나 사람은 계속해서 배우고 생각하면서 삶의 경험을 쌓고 자기의 경험의 축적을 다

---

5) Adolf Portmann, *Zoologie und das neue Bild des Menschen*, Hamburg, 1956.

음 세대에게 전달해 준다.

사람의 조기출생과 유년기가 긴 것은 사람은 본래부터 배우게 되어 있는 학습존재(Lernwesen)임을 의미한다고 말할 수 있다. 인간은 직립보행(直立步行) 같은 기본자세조차도 선천적으로 타고난 소질에 의거하는 것이 아니라 어른들이 아기에게 보여주고 가르쳐주는 표양과 모범의 영향에 따른다. 그래서 사람은 나서부터 죽기까지 일생동안 배우고 생각하도록 되어 있다.

사람은 저절로 살 수 없다. 인간은 다른 생물처럼 저절로 살 수 없게 되어 있다. 사람은 아무 생각 없이, 부평초(浮萍草)처럼 물결치는 대로 바람 부는 대로 살아갈 수는 없다. 사람은 항상 자기반성을 하고 가치판단을 하면서 자유의지에 따라 결단을 내리면서 행동하고 살도록 되어 있다. 그렇지 않을 때 사람은 온전할 수 없다. 사람은 항상 염려하도록 되어 있다.

사람이 다른 동물과 구분되는 또 다른 특징은 사람에게는 환경이 열려져 있다는 것이다. 다시 말해서 인간은 개방되어 있는 존재(Weltoffeneswesen)라는 것이다. 다른 동물들은 주어진 일정한 환경에서는 인간보다 환경에 더 잘 적응하지만, 일단 환경이 크게 바뀌면 능동으로 환경을 그들의 삶에 알맞도록 변화시킬 수 없다. 그러나 인간은 환경과 세계의 지배를 받기도 하지만 또한 그의 환경과 세계를 자기의 삶에 알맞도록 변조시킬 수 있다. 인간은 환경에 고정되거나 매어 있지 않다. 그러나 다른 동물들은 환경을 그들의 삶에 맞도록 변조시킬 수 없다. 인간은 고정된 하나의 환경을 가지고 있는 것이 아니라 인간 집단마다 그때그때 인간에게 적합한 또 다른 환경을 가질 수 있다.

인간은 관심을 가지기에 따라서는 다른 생물의 환경 속으로 감정이입(感情移入: empathy)을 할 수 있다. 환경에 얽매여 있는 것과 세계가 열려 있는 것은 인간의 내부에서 서로 교차하고 있다. 그래서 만일 인간이 동물처럼 유전적으로 확정되어져 있는 환경 속에서만 산다면, 인간의 역사는 존재하지 않았을 것이라고 로타커(Erich Rothack, 1888~1965)는 갈파한 바 있다.[6]

사람은 본래부터 윤리적인 존재다. 돼지는 과식하지 않는다. 돼지는 필요한 만큼만 먹고 그 이상 더 먹지 않는다. 그러나 사람은 과음, 과식을 하고 소화불량에 잘 걸리곤 한다. 사람은 다른 동물들처럼 자동조절이 되어 있지 않다. 그러므로 그때마다 사람은 자기반성을 통해서 자기제어를 해야 한다. 그렇지 않으면 사람은 병에 걸리게 된다. 그래서 니체(F. Nietzsche)는 '인간은 병든 존재'(Kranksein)라고 말했고, 또 '인간은 자기를 극복해야 할 존재'라고 말하기도 했다.

동물들은 영양 상태와 발육이 좋은 때를 골라서 발정기(發情期)와 생식기(生殖期)가 정해진다. 그리고 주위환경이 종족번식에 적합한 때에 수태를 한다. 천재지변이 있을 때와 동물의 건강상태가 나쁠 때는 동물은 교미를 하지 않는다. 그러나 인간은 정신적으로 불안하거나

---

6) E. Rothacker, *Philosophische Anthropologie*, Bonn, 1975. S. 19 참조.

고도한 정신생활을 하기 어려울 때, 주위 여건이 나쁠 때, 심지어 병들었을 때, 또 전쟁 중이거나 천재지변이 있을 때일수록 성욕이 항진하는 경향이 있다. 다른 동물들은 수태 중일 때는 절대로 성교를 하지 않는다. 그러나 사람은 정신이 부실하면 밤낮을 가리지 않고 아무 때나 성교를 할 수 있도록 엄청난 자유가 주어져 있다. 그러므로 인간은 성욕을 자제하여야 한다. 성의 문란은 한 개인에게만 치명적인 타격을 주는 것이 아니라 그 개인이 속해 있는 공동사회 전부에게 악영향을 끼치며, 심지어 공동체 전체를 와해시키기도 한다. 한 문명이 멸망하거나 쇠퇴하고 한 사회가 붕괴하는 것과 성의 문란은 항상 연관되어 있다.[7]

인간에게는 다른 동물과 달리 엄청난 자유가 주어져 있다. 인간은 자기의 뜻에 맞지 않으면 굶어 죽을 수도 있고 자살할 수도 있다. 그러나 다른 동물들은 자살하지 못한다. 그러므로 인간은 의식적으로 자기반성을 통하여 어떤 행동을 할 때마다 윤리적인 결단을 해야 한다. 그와 같은 음식을 먹어서는 안된다는 가치판단이 내려지면, 인간은 아무리 배고파도 그러한 음식을 먹지 않을 수 있다. 그때 우리는 이렇게 행동하는 사람을 사람답다고 말할 수 있다.

인간은 자기와 자기의 공동체를 위해서 금욕생활을 하도록 되어 있다. 인간을 정신적 존재라고 말할 때 정신이라는 말은 자기억제와

---

7) 진교훈, 「성욕의 인간학적 이해」, 진교훈, 『현대사회윤리연구』, 울력, 2003 451~453 참조.

금욕에서, 다시 말해서 '나는 동물이 아니다'라고 선언할 수 있을 때 비로소 나타나는 것이다. 인간의 정신생활이란 금욕과 윤리적인 행위와 불가분리의 관계에 놓여 있는 것이다. 그러면 인간의 정신이란 무엇인가?

3. 정신의 뜻

우리나라 사람들은 비정상적인 행동을 하는 사람이나 짐승 같은 짓을 하는 사람을 가리켜 '정신 나간 사람', '정신 빠진 사람', '얼빠진 사람(놈)'이라고 멸칭(蔑稱)한다. 그런가 하면 우리는 '정신이 들었다'든가, '정신이 난다'든가, '정신 차려라'는 말을 흔히 듣는다. 그러면 여기서 정신이라는 말은 어떤 뜻을 담고 있는가?

우리말에서 정신(精神)은 얼과 같은 뜻으로 사용되기도 하며, '씨알'이라고 할 수 있다. 그러나 정신이라는 말은 엄밀한 정의(定義)를 내릴 수 없다. 왜냐하면 이 말은 물건처럼 대상화될 수 없어서 개념정의를 할 수 없기 때문이다. 정신은 또한 설명될 수도 없다. 왜냐하면 정신은 분석되거나 측정될 수 없기 때문이다. 다만 우리는 우리가 정신적인 활동을 할 때 그 말의 뜻을 음미하고 체험할 수 있고 어느 정도 이해할 수 있을 뿐이다. 그러므로 이 말에 대해서는 다양한 해석이 나올 수 있다. 더군다나 정신이라는 말은 서양사상의 영향을 받은후에는 너무나도 함부로 사용되어 다의성으로 말미암아 애매한 말이 되고 말았다.

　그러나 본디 우리말에서 정신은 사리를 분별하는 능력으로 지(知), 정(情), 의(意)를 통틀어 말하는 것이며, 간단히 말해서 사람으로 하여금 생각할 수 있게끔 하는 힘을 가리킨다고 말할 수 있을 것이다. 그러면 우리는 여기서 철학적 인간학의 관점에서 특히 셸러(M. Scheler)가 인간을 '정신적 존재'(Geistwesen)라고 말한 것을 중심으로 정신이라는 말의 의미를 살펴보기로 하자. 셸러에 의하면 정신(Geist)은 초월의식(Transzendenz)과 활동(Aktualität)이라는 특징을 가지고 있다. 이것을 간명하게 살펴보자.

1) '초월의식'의 의미

　인간이 자기 자신과 자기의 삶, 다시 말해서 우리에게 주어진 시간과 공간의 제약을 받는 삶, 육체의 한계 등을 넘어 설 때, 우리는 초월의식을 체험한다.

　인간은 가치와 사실의 순수한 내용, 사태의 본질(Sachwesenheit)과 초감각적이며 객관적인 사람의 도리를 초월의식을 통하여 이해할 수 있다. 다시 말해서 우리가 객관적인 가치의 본질을 이해할 수 있는 것은 이 초월의식을 가지고 있고 이 초월의식이 활동할 때이다.

　인간은 유기체, 즉 육체적 기관기능으로부터 실존적인 해방을 할 수 있기 때문에 초월의식에 의하여 선험적인 본질(Wesens-Apriori)에 참여하는 능력을 가질 수 있다. 그래서 인간은 진리와 가치의 절대적인 영역에 대하여 본질직관(Wesensanschaung)을 할 수 있다. 그래서 셸러는 '인간의 선험적인 통찰, 즉 본질직관을 부인하는 자는 인간을 짐승으로 만들어버리고 만다'[8]고 말하기도 했다.

인간이 하느님을 찾을 때 초월의식이 작용한다. 다시 말해서 우리가 하느님을 찾을 수 있는 것은 이 초월의식의 활동에 의하여 가능하다.

2) 활동의 의미

셸러에 의하면 정신의 활동 또는 작용(actio, Aktualität)은 초월의식과 불가분으로 밀착되어 있다. 셸러는 "초월의식은 활동 속에만 있고, 활동을 통해서만 있다"[9]고 말한다. 이 "활동은 기능(funktion)과는 근본적으로 다른 것이다."[10] 그러면 활동과 기능은 어떻게 다른가?

기능이란 심리적인 것, 의식된 것, 특히 대상화될 수 있고, 시간과 공간의 제약을 받으며, 측정이 가능하다. 그러나 활동, 즉 정신활동은 심리적인 것이 아니며(심리적인 것은 물리화학적 반응이기 때문이다), 초의식적(Überbewusst, supernatural)이며, 결코 대상화될 수 없으며, 초시간적이며, 측정할 수 없고, 지향성(志向性: Intentionalität)을 가지고 있다. 예

---

8) M. Scheler, *Philosophische Weltanschauung*, Bern, 1929, s. 30.
9) M. Scheler 전집 3권, *Umsturz der Werte*, s. 233.
10) 같은 책, s. 236.

컨대 우리가 '듣는다'(聽)고 할 때, 무엇에 대해서 들으려고 하는(hören auf etwas) 경우는 지향성, 다시 말해서 합목적성을 가졌다고 말할 수 있다. 그러나 우리가 단순히 청각작용에 의해서 듣게 되는 것은 생리기능이며, 대상화시킬 수 있다. 하지만 활동의 본질은 지향성 속에 있으며 우리가 이를 공수행(共遂行: Mitvollzug)할 때만 체험된다.[11]

셸러에 의하면, 우리가 사물 자체가 그렇게 있는 것을 알 수 있는 것은 이 정신의 작용(活動)에 의해서 가능하다. 그래서 그는 이것을 즉물성(卽物性: Sachtlichkeit 不偏不黨性)[12]이라고 표현하기도 했다. 다시 말해서 사태 자체(Sache selbst)를 이해할 수 있다. 그러면 이 정신활동은 구체적으로 어떤 것인가? 예컨대 측은함을 느끼는 것, 사랑하는 것, 희망하는 것, 의욕하는 것은 바로 이 정신활동이다. 그런데 이러한 활동들이 바로 나의 정신활동이 될 수 있는 것은 이러한 활동들의 구체적인 수행자로서의 인격에 의해서 가능하다고 셸러는 말했다.[13] 그러면 인격은 무엇인가?

4. 인격의 뜻

---

11) 같은 사람, 전집 2권, *Der Formalismus in der Ethik und die materiale Wertethik*, Bern, 1954.

12) 같은 사람, *Die Stellung des Menschen im Kosmos*, Bern, 1947, s40.

13) 같은 사람, 전집 2권, s. 488 및 s. 540.

인격은 개념정의를 할 수 없고 다만 소극적(negative)인 표현을 통해서 간접적으로 그 의미를 추측하고 이해할 수밖에 없다. 왜냐하면 "인격은 어떤 능력을 가진 사물이나 대상이 아니며",[14] "인격은 오로지 인격활동, 즉 정신활동의 공수행(共遂行, Mitvollzug)에 의해서만 나에게 주어질 수 있을 뿐"[15]이기 때문이다. 인격은 결코 관찰, 기술(記述), 설명으로 파악될 수 없다. 모든 인간은 독립해서 단독으로 자기의 정신적인 인격중심체를 가지고 있으나, 사람들이 이를 이해하기 어려울 뿐이다.

우리의 추억, 기다림(待臨), 이유 없이 어떤 것을 좋아하는 것, 사랑하는 것, 가치판단 등과 같은 정신활동들은 바로 이 인격에서 나오는데, 이 인격의 활동은 심리적, 물리적인 것과는 구분되는 것이다. 그러므로 이 인격의 활동은 물론 대상화할 수 없고 대상화해서도 안된다. 그러나 이 인격은 정신활동의 공허한 출발점도 아니며 상이한 정신활동들을 합쳐놓은 것도 아니다. 인격은 서로 다른 방식의 활동들의 구체적이고 본질적인 존재통일(Seinseinheit)이다.

인격은 모든 정신활동들을 설립(fundieren)한다. 모든 정신활동마다 그 활동 속에 전인격(全人格)이 깃들여 있다. 인격 그 자체는 모든 인격 활동 속에 살아 있으면서 모든 활동마다 그 인격의 고유한 방식으로 꿰뚫고 들어간다. 다시 말해서 우리가 어떤 사람의 구체적인

---

14) 같은 사람, *Wesen und Formen der Sympathie*, Frankfurt a. M. 1948, s. 180.

15) 같은 사람, 전집 2권 s. 51.

인격에 몰입되지 아니하고서는 인격의 활동은 결코 충분히 주어지지 않는다고 말할 수 있다.

우리는 앞에서 인격을 인식론적 관점에서 간단히 살펴보았는데 이제 윤리학적인 측면에서 살펴보기로 하자.

인격가치들은 그 자체로는 상이한 가치들이다. 모든 인격가치는 그 자체로 좋은 것이다. 모든 유한한 인격은 인격들의 공동체 속에 있으며, 그 공동체에 책임을 지고 있다. 그래서 인격은 다른 인격을 염려하고 배려한다.

인격은 자립하며 그 무엇과도 바꿀 수 없는 개별적인 개성(Individualität)이다. 인격은 도덕 가치를 짊어진 자이다. 그래서 모든 인격은 양심에 의하여 보편적으로 타당한 객관적인 선과 그 선에서 나온 당위내용을 파악할 수 있다. 인격은 일회성이므로 그 무엇과 대치될 수 없다. 그래서 모든 것과 구별되는 유일회적인 존재이다. 우리는 이 인격을 사랑의 활동을 통해서만 이해할 수 있다. 따라서 인격의 핵심은 사랑이다.

5. 나가는 말

"인간은 죽는 순간에서조차도 벗어던질 수 없는 가면을 쓰고 있다"고 프랑소아 모리악이 말한 것처럼, 아무리 강조해도 지나치지 않을 만큼 사람들은 엄청난 편견 속에서 살고 있다. 그러나 우리가 사람다움을 제대로 이해하기 위해서는 먼저 인간에 대한 편견을 불식시키지 않으면 안된다. 모든 인간은 생명을 부여받는 순간부터 인간으로서 존엄성을 가지고 있다. 모든 인간은 하나의 인류를 구성한다. 그러므로 인간은 누구든지 성별, 국적, 인종, 언어, 종교, 학력, 재산, 건강상태의 차별 없이 인간으로서 충분하고도 완전한 권리를 가지고 있다.

철학적 인간학이라는 말을 최초로 사용한 셀러는 "철학적 인간학은 인간에 관해서 모든 과학들이 얻어낸 풍성한 개별지식을 근거로 하여, 인간의 자기의식과 자기성찰에 관한 새로운 형식을 전개하려는 것"[16]이라고 말했고, 란트만(Michael Landman, 1913-)은 "철학적 인간학은 전인간(全人間)에 관해서, 인간의 본질에 관해서, 근본적으로 구별되는 특성에 관해서 묻는다"[17]고 말했다.

지금까지 철학적 인간학을 공부한 사람들이 '인간적인 것', 특성, 고유성(das Menschliche, Eigensein, Spezikum, Eigentümlichlichkeir, ἀνθρώπινον)에 관해서 언급한 것 중에서 인간의 본질에 대한 이해에 도움을 줄 수 있는 것을 간명하게 나열하면 다음과 같다.

[인간적인 것 또는 사람다움의 패러다임]

---

16) M. Scheler, Zur idee des Menschen, in : *Vom Umsturz der Werte*, Bern, 전집 3권, 1955.
17) Landmann, M., *Philosophische Anthropologie*, Berlin, 1969, 진교훈 역, 「철학적 인간학」(서울 : 경문사, 1977, 개정판, 1998). 44.

ⓐ 생물학적으로 비전문화되어 있다

ⓑ 물음을 묻는 존재이다(지성 또는 이성)

ⓒ 문화의 창조자이며 피조자이다

ⓓ 자유의지를 가진 윤리적 존재이다: 윤리적 가치판단

ⓔ 고유한 내면적 세계를 가지고 있다

ⓕ 이해를 초월하는 탈중심성을 가지며, 그래서 불편부당한
가치판단을 할 수 있다

ⓖ 유토피아의식을 가지며 미래지향적이다

ⓗ 사회적 존재이다

ⓘ 학습존재이다

ⓙ 상징적인 존재이다: 미적 가치판단

ⓚ 종교적인 존재(기도, 희망, 사랑)이다

ⓛ 수치를 아는 존재이다

이 패러다임들은 서로 배타적이거나 이질적인 것이 아니라 서로
상관되고 중복되어 있다.

(2015.05.13.)

사상과 윤리

다산의 생애와 사상

박석무

I. 다산의 생애

다산 정약용(1762~1836)은 18세기 후반 경기도 광주군 초부방 마현리(지금의 경기도 남양주시 조안면 능내리 마재마을)에서 진주목사(晋州牧使)를 역임한 정재원(丁載遠)의 넷째 아들로 태어났다. 어머니 해남 윤씨는 고산 윤선도의 후손인데 학자이자 3재화가로 유명했던 공재(恭齋) 윤두서(尹斗緖)의 손녀였으니, 공재는 바로 다산의 외증조부가 된다. 친가인 나주 정씨는 기호남인계의 명문집안으로 다산의 선조들에는 연달아 8대에 걸쳐 홍문관 벼슬을 역임하여 '8대 옥당집안'이라는 명예로운 칭호를 듣던 가문이었고, 해남 윤씨인 다산의 외가는 호남의 대표적인 남인계 집안으로 학문과 벼슬로도 이름이 높았으며 넉넉한 살림으로 호남부호라는 이름을 듣던 명가였다.

다산의 생애는 대체로 네 단계의 시기로 구분하여 설명할 수 있다.

첫째 시기는 수학기(修學期)로, 유년시절부터 공부를 시작하여 과거에 합격하여 벼슬을 시작하기 전까지인 28세 때까지로 구분되는데, 경사(經史)를 두루 익히고 과거공부에 온 힘을 기울여 기본적인 유학공부를 섭렵한 시기를 말한다. 둘째 시기는 28세부터 벼슬을 그만둔 38세까지의 사환기(仕宦期)이다. 영특한 군주 정조대왕의 재임기간에 해당하는 시기로, 한림학사·홍문관교리·암행어사·곡산도호부사·동부승지·형조참의 등의 벼슬을 지내며 정조의 치세를 도와 이른바 조선 후기 문예 부흥기를 이룩한 시점을 말한다. 한강에 배다리를 가설하고 수원의 화성을 축조하는 등 재기발랄한 문신이자 기술 관료로서의 온갖 능력을 발휘한 때였다. 세 번째 시기는 40세부터 57세까지의 강진 유배기간으로 방대한 양의 책을 집필한 저술기(著述期)이다. 500여 권이 넘는 학술 업적의 대부분이 그 기간에 달성되었으니 다산 생애의 가장 핵심적인 시기였다. 네 번째 시기는 57세에 유배지에서 해배되어 고향으로 돌아와 학문과 삶을 마무리하고 75세를 일기로 고향집에서 운명했던 정리기(整理期)이다. 다산은 이 시기에 참고자료나 서책의 부족으로 마무리 짓지 못한 저서들을 보완하고 수정하였다. 당대의 석학들과 교류하면서 자신의 학문과 사상을 객관적으로 비판 받고 다시 점검하는 그런 시기였다. 당론이 다른 소론계의 석천 신작(申綽)이나 노론계의 대산 김매순(金邁淳), 연천 홍석주(洪奭周)와 같은 당대의 석학들과 직접 대화를 나누거나 서신교환을 통해 자신의 학문에 대한 객관적 평가를 받기도 했다. 파란만장한 인생을 회고하면서 61세의 환갑 해에는 '자찬묘지명'이라는 이름으로 자신의 생애를 자서전으로 정리한 글을 짓기도 했다.

II. 강진 유배생활과 학문적 업적

1800년 6월 일세의 군주 정조대왕이 갑자기 붕어하자 의지하거나 보호해줄 세력이 없던 다산은 '신유교옥'(辛酉教獄)이라는 큰 위기를 맞는다. 1801년 천주교인을 탄압하던 대(大)박해사건인 신유교옥은 다산의 집안을 풍비박산으로 만들었다. 다산 자신의 표현대로 동복의 3형제가 감옥에 갇히고, '일사이적'(一死二謫)이라는 용어대로 셋째형 정약종은 참형을 당하고 둘째형 정약전과 다산의 기나긴 유배생활이 시작되었다. 그때 다산의 나이 40세였다. 처음에 경상도 포항 근처의 장기현으로 유배되었다가 겨울에 황사영백서사건이 일어나자 다시 서울로 압송되어 조사를 받고 다른 혐의가 인정되지 않아 강진으로 유배지를 옮겼다. 1801년 11월 22일 나주 북쪽 5리 지점인 밤남정 3거리에서 다산은 둘째형 정약전과 헤어졌다. 형은 흑산도로, 다산은 강진으로 떠나야 했다. 강진에 도착한 다산의 첫 번째 발언이 기록으로 전한다. "이제 나는 겨를을 얻었다. 하늘이 나에게 학문을 연구할 기회를 주었다. 벼슬하느라 당파에 시달리느라 책도 못 읽고 저술도 못했는데 이제부터 본격적으로 학문연구에 몰두하자!" 엎어지고 넘어져도 좌절하거나 절망할 줄 모르던 다산, 춥고 배고픈 유배생활에도 굽히지 않고 그는 다시 일어나 학문적 대업을 완성할 용기를 얻어냈다. 강진 읍내 동문 밖 샘거리에 있는 주막집 노파가 제공해준 오두막집 뒷방 하나를 연구실로 삼고 바로 주역과 상례(喪禮)를 연구하기 시작했다. 거처하는 방 이름도 근사하게 '사의재'(四宜齋)라 명명하고 학문연구에 침잠했다. 몇 년이 지난 뒤에는 스님들의 안내로 강진 읍내 뒷산에 있는 고성사라는 절간으로 옮기고, 군동면의 제자 이학래의 집으로 옮겨 다니며 경전공부에 온 힘을 기울였다. 그 시절 다산은 읍내의 신분이 낮은 많은 제자들을 가르치는데도 게으르지 않았다. 강진 읍내에 거주한지 8년 만에 『주역』과 『상례』에 대한 연구가 대체로 마무리되었고 1808년 봄에는 다산학의 산실인 강진군 도암면 만덕리 귤동마을에 안주하면서 그의 경학(經學) 연구서의 대부분이 완성되기도 하였다. 만덕산의 줄기 다산에 있는 다산초당(茶山草堂)에 천여 권의 책을 구비하고 4서6경에 대한 연구에 박차를 가하여, 1816년경에는 경학을 대체로 마쳤다. 1818년 해배되기까지의 마지막 기간에는 경세학(經世學)에 마음을 기울여 『경세유표』, 『목민심서』 등을 저술하였고 미처 끝내지 못한 『흠흠신서』는 고향집에 돌아와 저술을 마쳤다. 유배기간인 18년 동안, 경학과 경세학을 연구하던 기간 중에도 다산은 수많은 서정시 및 사회시를 지어 19세기 초반 강진 일대의 풍속과 세태를 읊으며, 압제와 핍박에 시달리던 농어민의 참상을 눈물어린 시어로 대변해주었다. '애절양'(哀絶陽) 등 대표적인 비판시들이 그 시절에 저작되었다. 특히 18제자를 양성하여 '다산학단'을 이룩한 다산학의 전수는 실학사상이 후인들에게 전승되어지는 일대 학술문화 운동의 절정이기도 했다. 이른바 '다신계'(茶信契)라는 결사를 통해 학술단체가 형성되어 조선 후기의 사상과 학술경향의 변화에 큰 몫을 해주었음은 매우 특기할 만한 일이었다. 자서전격인 '자찬묘지명'에 열거한 것처럼 다산의 저술집은 경집(經集) 232권을 비롯하여 문집 260여 권을 합해 500권에 이르고, 해배 이후 정리한 저술까지 합하면 그보다 더 많은 저술을 완성했다.

III. 다산의 가르침과 사상

다산은 제자 정수칠(丁修七)에게 교훈으로 준 글에서 "경전(經傳)의 뜻이 밝혀진 뒤에야 비로소 도(道)의 실체가 드러나고, 그 도를 얻은 뒤에야 비로소 심술(心術)이 바르게 되고, 심술이 바르게 된 뒤에야 덕(德)을 이룰 수 있다. 그러므로 경학(經學)에 힘쓰지 않을 수 없다"라고 말하여 학문의 기본이 경학에 있음을 말하였다. 다산은 경전의 뜻을 제대로 밝히기 위해서 생애를 바쳐 232권에 이르는 방대한 경전 연구서를 완성하였다. "그런데 혹 선유(先儒)의 학설에 따라 뜻이 같은 무리이면 두둔하고 뜻이 다른 무리이면 공격하여 감히 의논조차 못하게 하는 사람들이 있다. 이들도 모두 경전을 빙자하여 이익을 도모하는 무리들이지, 진심으로 선(善)에 마음을 기울이는 사람들이 아니다"라고 부연하여 교조적인 성리학의 주자학설(朱子學說)이나 퇴계·율곡 등의 성리설에는 반대 의견을 봉쇄했던 잘못된 학문풍토를 냉혹하게 비판하고 나섰다. 그래서 다산은 성리(性理)이론으로『4서6 경』을 해석한 주자학에 반대하여 실학적 이론으로 4서6경을 재해석 하는 위대한 다산학을 이룩하게 된다. 관념적이고 사변적인 주자학 설을 비판하여 행위와 실천이 담보되는 다산경학(茶山經學)의 새로운 학문 세계를 열어놓고 있었다. 중세 "2천년 장야"(長夜)라는 표현을 사용하여 긴긴 2천년의 밤에 잠겨있던 관념의 세계를 경험과 행위의 세계로 열어젖혔다고 감히 자신의 업적을 이야기한 대목이 그런 연유 에서 나오게 된다.

이런 경학연구는 그 목표가 수신(修身)과 수기(修己)에 있었다. 학 문의 본질인 제 몸을 닦고 자신의 사람됨을 이룩하기 위해서는 경학 공부를 해야 한다고 했다. 학문의 두 번째 목표는 치인(治人), 즉 남 에게 봉사할 수 있는 자신의 능력을 기름인데, 그것은 남에게 봉사 하는 일이자 세상을 올바르게 경영하기 위한 실력을 닦는 일이니, 바 로 경세(經世)에 해당하는 학문이다. 즉, 정치·행정·경제 등의 구체적 인 나랏일에 제대로 대응할 수 있는 실력배양의 학문인 것이다.『경세 유표』,『목민심서』,『흠흠신서』등 경세학에 대한 집중적인 연구를 경 주한 이유가 여기에 있었다. 경학공부와 경세학 공부를 함께 완성해 야만 본(本)과 말(末)이 구비된 지도자로서의 자질이 함양된다고 여겼 던 것이다. 다산은 경세학의 기본 목표를 '개혁'이라는 두 글자에 두 었다. "우리의 오래된 나라를 새롭게 개혁하자"(新我之舊邦)라는 표어 가 말해 주듯, 썩고 병든 나라를 고치고 바꾸는 데부터 경세학은 시작된다고 믿었다. 법과 제도를 고치고 바꾸지 않는 한 세상을 경륜하는 일은 제대로 될 수가 없다는 것이 다산의 뜻이었다. 다산의 사상을 총괄해보면, 새로운 경학논리로 인간사고(人間思考)의 틀을 바꾸어 행하고 실천하는 행위의 논리로 무장하여 남을 도울 수 있는 경세학의 능력을 길러 나라와 세상에 봉사할 수 있는 힘을 기르라는 것으로 귀결된다. 이 두 분야를 통해 성과가 나오려면 결론적으로는 국부의 증진인데, 이 국부의 증진에 가장 기여할 수 있는 길이 과학기술의 개발에 있다고 여기고 과학기술에 대한 철저한 연구와 개발이 최종적인 결론임을 강조하는데, 그런 내용이 바로 다산의 사상이다.

(『기예론』, '이용감' 설치를 참조)

IV. 공직자가 배워야 할 다산의 가르침

공직자는 우선 『목민심서』를 읽는 일부터 시작해야 한다. 세월이 흐르고 세상이 바뀌고 역사가 달라졌지만, 기본적인 논리나 사고는 예나 지금이나 큰 차이가 없다. 『목민심서』는 본론과 각론으로 되어 있다. 각론은 중앙정부의 6조(六曹)조직처럼 지방정부에도 육전(六典)의 조직이 있기 때문에 이호예병형공(吏戶禮兵刑工)의 육개 부서에서 조치해야 할 행정지침이다. 목민심서 48권에서 이 각론을 제외한 분야가 본론이다. 이런 본론 중에서도 핵심 본론은 율기(律己)·봉공(奉公)·애민(愛民)의 세 편에 들어 있다. 율기 6개 조항의 핵심은 청심(淸

心) 조항이다. "청렴이란 공직자의 본질적인 임무다. 모든 착함의 근원이요 모든 덕의 뿌리이다. 청렴하지 아니하고는 고위공직자 노릇할 사람이 없다"(廉者, 牧之本務, 萬善之源, 諸德之根, 不廉而能牧者, 未之有也: 淸心)라는 다산의 말대로 공직자는 청렴으로 시작해서 청렴에서 끝나야 한다. 청렴한 사람이 진짜 큰 욕심쟁이라고도 했다. 최고의 지위까지 오르려는 공직자는 청렴해야만 그 목표를 이룰 수 있는 것이다. 대탐필염(大貪必廉)이 바로 그런 의미다.

두 번째는 봉공이다. 봉공편의 핵심은 수법(守法) 조항이다. 사리에 합당한 법은 조건 없이 지켜야 하나 문제가 있는 법은 융통성 있게 지켜야 한다는 점이 주의할 대목이다. 상사의 명령은 따라야 하지만 사리에 맞지 않거나 부당한 명령은 단호히 거절하라는 조목도 수법 조항에서 관심을 보여야 할 부분이다. 민생과 국법이 충돌하거나 준법의 기본 목표가 어디에 있는가는 "민생도 중요하게 여기고 국법도 존엄하게 해야 한다"(以重民生, 以尊國法)라는 부분을 사려 깊게 해석해야 한다. 법만 높이다가 민생이 파탄 나서도 안되고, 민생만 위하다가 국법의 존엄성이 무너져도 안된다는 점이다. 정당한 국민의 저항권은 철저하게 보호받아야 한다는 다산의 민권의식에도 관심을 기울여야 한다. 황해도 곡산도호부사 시절에 일어난 이계심(李啓心) 사건에 대한 명재판을 상기해야 한다. "백성들이 제 몸을 이롭게 하는 데만 꾀가 많아 자신들이 당하는 폐해에 항의할 줄을 모른다"(民工於謀身, 不以瘼犯官也)라고 하여 목민관들이 밝은 정치를 펴지 못하는 이유를 그렇게 설명했다. 다산이 곡산부사 재직 시 관의 잘못에 대중시위를 선동한 이계심을 무죄 석방했던 이유가 바로 거기에 있었다.

마지막으로 애민편이다. 애민편의 핵심은 「진궁」(振窮) 조항이다. 백성을 사랑하라는 조항에서 백성이 누구인가를 알아야 한다. 가난하고 힘 없으며, 병들고 약하며, 천하고 지위 낮은 사람이 바로 민(民)이다. 이들에 대한 무한한 애정과 생각을 기울이는 일이 바로 '애민'이라는 것이다. 사궁(四窮: 鰥寡孤獨)을 보살펴야 한다. 노인·어린이·장애인이나 중병에 걸린 사람, 상을 당한 집안, 재난을 당한 집안을 보살펴주는 일이 바로 애민이라고 다산은 정의하였다. 양로(養老)에서는 걸언(乞言), 진궁에서는 합독(合獨)제도 같은 사회보장제도도 활용하라고 했다. 공직자들은 최소한 이런 다산의 가르침을 잊지 말아야 한다. 노인들의 기탄없는 건의사항을 받아들여 잘못된 행정을 시정하는 것이 걸언이고, 홀로 사는 남녀노인들에게 재혼하는 길을 관(官)에서 열어주는 일이 합독이다.

V. 결론

다산은 개혁가였고 변화주의자였다. 현상을 그대로 두고 역사발전을 기대하는 일은 연목구어(緣木求魚)다. 공직자는 고치고 바꾸는 일부터 시작해야 한다. 복지부동의 공직자는 나라를 망치는 주범이다. 목민(牧民)의 목(牧)의 의미부터 명확히 인식하고 공부에 임해야 한다. 승냥이나 호랑이의 피해로부터 어린 양들을 보호해주는 일이

목이라고 다산은 정의했다. "불쌍한 백성들을 보호하려면 토호들의 횡포부터 막아야 한다." 이런 것이 다산의 목민정신이다. 목민정신에 투철한 공직자가 많아지면 우리나라는 반드시 선진국에 진입할 것이다.(土豪武斷, 小民之豺虎也, 去害存羊, 斯謂之牧.)

(2013.05.09.)

정의의 실현과 윤리

백종현

우리 사회에서 요즘 정의(正義)에 대한 논의가 많이 이루어지고 있다. 서양의 'justice'라는 말이 한국에 유입되면서 정의라는 말이 생겨났는데, 내가 볼 때 상당히 번역을 잘한 것 같다. 그런데 이 정의라는 말에는 두 가지 의미가 함께 들어있다. 의롭다는 뜻과 옳다는 뜻이 정의라는 단어에 담겨 있는데, 옳다는 건 또 무슨 의미고 의롭다는 것은 무슨 의미인지를 살펴보고자 한다.

우리 한국의 문화는 중국 문화로부터 영향을 받았다. 그 중에 유교가 오래전부터 우리의 상층 문화를 차지해왔다. 그리고 유교의 문화 가운데서 의(義)라고 하는 개념이 부각이 된 것은 맹자 때부터다. 그 전에는 공자가 주로 인(仁)이라고 하는 개념, 지금으로 치면 자비나 사랑에 해당하는 가치를 전면에 내세웠고, 맹자는 인이라는 개념에 의(義)를 추가해서 오늘날 우리가 말하는 정의의 두 번째 글자, 즉 의가 생겨난 것이다. 이때 맹자가 의라는 단어로 의미한 것을 한마디로 말하자면 남의 것을 탐내지 않음이다. 의로운 사람이란 남의 것을 탐내지 않는 사람이다. 그러니까 의라는 말은 탐욕스럽지 않음이라고 하는 일종의 부정적이고 소극적인 뜻으로 볼 수 있다. 맹자는 의로운 사람이란 아무리 배고파도 남의 집 담을 뛰어넘거나 벽을 뚫지 않는 사람이라고 말했다. 의란 이렇게 일차적으로는 부정적인 의미를 지닌다. 서양에서도 정의라고 하는 개념은 일차적으로는 부정적인 뜻으로 쓰였다.

그런데 성경에서 보면 하나님은 정의로써 심판을 한다. 하나님이 심판할 때 그 기준은 정의다. 기독교가 내세우는 가치는 두 가지가 있는데, 하나는 정의고 하나는 사랑이다. 사랑으로써는 용서를 하지만 정의로써는 심판을 한다. 정의라고 하는 것은 심판의 척도가 되는 것이다. 다시 말하면 정의는 처벌적이다. 어떤 기준이 있는데 그 기준을 충족시키지 못했거나 위반했을 때 잘못을 바로 잡는 척도로써 처벌할 때 쓰이는 것이 정의다. 예를 들어서 성경에는 탕자의 비유가 있다. 탕자의 비유에서 장남은 아버지를 도와서 열심히 일을 했고 작은 아들은 방탕한 생활을 했는데, 그 방탕한 아들이 집에 돌아왔을 때 아버지가 환대한다. 그때 큰아들이 거기에 대해서 불만을 가진다. 작은 아들을 받아들이는 아버지의 태도는 정의가 아니라 사랑이다. 반면 큰아들이 불만을 갖게 된 것은 '이것은 정의롭지 않다. 나는 성실하게 일했는데 나한테는 그렇게 대우를 않더니 왜 망나니 동생한테는 저렇게 대우를 하느냐'는 식의 기준을 대기 때문이다. 그리고 이러한 기준을 대는 것이 바로 정의다.

우리가 보통 정의를 이야기할 때 정의의 원칙으로 무엇을 말하는가? 아마 정의의 원칙을 말할 때 가장 먼저 언급하는 것은 '각자에게 자기 것을 분배해라'일 것이다. 그것을 우리는 정의라고 한다. 그런데 각자에게 자기 것을 분배하라고 할 때는 이미 내 것과 남의 것에 구별이 있다. 내 것과 남의 것에 구별이 있으니까 각자의 것이라는 게 있다. 그래서 사회에 정의가 있다는 말은 이미 상호구별이 있다는 뜻이다.

그런 점에서 한국사회는 과거에는 가족 중심의 사회였는데 요즘 보면 점점 가족이라고 하는 개념이 사라져가고 있다는 생각이 든다. 가족이라는 것하고 일반사회와 다른 점은 가족끼리는 나와 너의 구분이 없다는 것이다. 가족에는 내 것 네 것이 없다. 그래서 언니 옷이 예쁘면 동생이 입기도 하고 동생 옷이 예쁘면 형이 입고 가기도 한다. 내 것 네 것의 경계가 모호한 상태가 가족이다. 그런데 일반사회에서는 그렇게 하면 안된다. 남의 옷을 입고 가면 남의 권리를 침해한 것이 된다. 내 것 네 것의 경계가 분명한 것이 일반사회인 것이다. 그래서 이 정의의 원칙은 가족들 사이에 통용되는 가치라기보다는 시민사회에서 통용되는 가치다.

그러면 내 것 네 것을 어떻게 구별할까? 어떤 식으로 내 것과 남의 것을 구별할 수 있는가? 그것을 정하는 것이 바로 법이다. 법에 의해서 내 것과 남의 것이 구별된다. 그래서 정의의 중요한 또 하나의 요소가 바로 법이다. 나라의 법적인 문제들을 총괄하는 부서가 법무부인데, 이 법무부를 영어로 'Department of Justice'라고 한다. 이것을 우리말로 번역하면 정의부가 된다. 이처럼 법무부를 정의부라고 부르는 이유는 바로 법이 정의의 표현이기 때문이다. 정의라고 하는 것은 사회에서 법을 통해 드러난다. 그러니까 법대로 진행이 되면 제일 정의로운 사회라고 할 수 있다. 법대로 하는 것이 정의롭다고도 말할 수 있다. 반대로 말해 법대로 하지 않으면 정의롭지 않은 사회다. 정의롭다는 말은 옳다는 말에서 유래했고, 법이라고 하는 것은 사회의 구성원들이 옳다고 생각하는 내용들이기 때문에, 결국 기본적으로 한 사회에서 어떤 것이 옳다고 생각되면 그것이 법이 되는 것이고, 일단 법제화됐으면 그 법은 그 사회에서 옳은 것이라고 볼 수 있다. 그러므로 아까 말했던 것처럼 정의로운 사회라는 것은 결국 법대로 하는 사회를 뜻하게 되는 것이다.

그런데 법이 만들어지면 그것을 준수할 능력이 있어야 한다. 만약 법이 만들어져 있는데 그걸 준수할 수가 없으면 법으로서의 효력이 생기지 않으므로, 결국 법률체계라고 하는 것은 그 법률을 준수할 능력이 있는 자들 사이에서만 존재한다고 볼 수 있다. 이처럼 법을 준수할 능력이 있는 자들을 우리는 책임질 능력이 있는 자들이라고 부르는데, 책임질 능력이 있는 자들을 다른 말로 인격이라고 얘기한다. 우리가 한 사람을 인격체라고 부르는 것은 책임질 능력이 있는 자라는 의미다. 이때 책임이라고 하는 것은 법률이 부여한 내용을 준수한다는 것을 뜻한다. 그리고 한 사람이 어떤 책임을 진다는 것은 자기가 한 일에 대해서 책임을 진다는 의미다.

내가 몇 해 전에 교통사고를 당했는데 차 세 대가 연달아서 추돌했다. 내가 맨 앞 차였고, 나는 뒤차에 의해서 추돌했다. 그런데 중간의 차가 직접적으로 내 차를 추돌했지만 맨 뒤의 차가 모든 것을 다 책임지게 되었다. 도로에 급한 상황이 벌어져서 내가 급정거를 해서 뒤따라오던 차도 바로 급정거를 했는데, 그 세 번째 차가 급정거를 못하는 바람에 그 두 번째 차를 추돌하고 내 차를 다시 추돌했다. 그래서 나중에 경찰서에 가서 판정을 하는데 그 맨 뒤차가 모든 책임을 지라고 한다. 내 차는 직접적으로 그 두 번째 차한테 추돌했는데 두 번째 차는 아무런 책임이 없다. 왜 그런가? 왜냐하면 두 번째 차는 맨 뒤에 오던 차에 밀려서 내 차를 추돌한 것이지 자기가 의도해서 그런 것이 아니기 때문이다. 그러니까 자기가 하지 않은 일에 대해서는 책임을 지지 않는다. 이처럼 인간이 무엇인가에 대해서 책임질 능력이 있다는 말은 그 무언가를 자기가 했다는 것을 뜻한다.

이처럼 책임질 수 있는 능력은 다른 말로 자유라고 한다. 인간은 자유로운 존재자라고 보통 말하는데 인간이 자유롭다고 하는 것은 자기가 무슨 일을 선택할 수 있다는 것을 뜻한다. 자기가 선택한 일에 대해서는 자기가 책임을 져야 한다. 그래서 인간이 법률체계를 가지고 있다는 것은 법을 스스로 제정하고 제정한 법률을 본인이 준수할 능력을 가지고 있다는 것이다. 그래서 책임이라는 말에는 인간이 자유롭다는 전제가 포함되어 있다. 그러므로 법의 보편적인 원리는 남의 자유를 침해하지 않는 범위 내에서 각자의 자유를 최대로 보장한다는 내용이 포함되어 있다.

아까 내 것 너 것의 구별을 얘기했는데, 누구나 다 내 것은 가능한 최대로 확보하려고 한다. 그런데 자기 것을 확보할 때 자유롭게 확보하되 남의 것을 침해하지 않는 범위 내에서 해야 한다. 이것이 바로 법의 원칙이다. 그래서 우리가 법을 제정하는 과정을 살펴보면 서로 생각이 다른 정당들이 밀고 당기고 하지 않는가. 그게 바로 자기의 것을 최대로 확보하는 한편 남의 것을 침해하지 않는다는 원칙에 의거해서 법을 조정하는 과정인 것이다. 그 조정 과정을 거쳐서 법이 만들어지는 것이고 따라서 그 법은 그 사회가 지향하는 옳음, 다시 말하면 그 사회가 생각하는 정의를 담고 있다고 말할 수 있다.

하지만 또 다른 한편으로, 법대로 너무 엄격히 하는 것은 도리어 불법이라고 하는 법의 원칙이 있다. 법을 너무 법대로만 하면 오히려 불법이라는 것이다. 이를 형평성의 원리라고 하는데, 오늘날 우리는 이 형평성이라는 말을 상당히 폭넓게 쓰고 있어서 본래의 의미가 거의 무색할 정도로 의미가 바뀌었다. 가령 어떤 사람이 임금을 1년 단위로 받기로 약정했다 하자. 그래서 1년을 일하고 그 연봉을 연말에 1,000만원을 받기로 했다고 해보자. 그런데 이제 연초에 약정할 때는 1,000만원을 갖고 쌀을 100가마를 살 수가 있었는데, 그 사이에 물가가 폭등해서 연말에는 1,000만원으로 1가마밖에 못 사게 되었다. 이때 만약 법대로만 본다면 고용주는 1,000만원만 주면 되지만, 실제로 그 1,000만원은 연초에 비해서 100분의 1의 가치밖에 없게 된다. 이럴 때 어떻게 할 것인가? 이런 상황에서 법대로만 하면 불법이라는 게 형평성의 원칙이다. 이런 상황에서 그건 너무하니까 돈을 조금 더 준다든지 하는 것이 바로 형평성에 대한 고려다. 그래서 보통 형평성이라는 것은 주는 쪽의 재량에 달려있다. 그러니까 받는 쪽은 뭐라고 말할 수가 없다. 주는 쪽은 법대로만 하면 되는데 그래도 상황을 고려해주는 것이 바로 형평성이기 때문이다. 그래서 사실 형평성의 원리라는 것은 상당히 호혜적인, 다시 말하면 상당히 시혜적인 의미를 담고 있다. 그런데 오늘날에는 형평성이 받는 쪽에서 주장할 수 있는 것인지 주는 쪽에서 담당하는 부분인지 상당히 모호해져서 어떻게 보면 사회의 불화를 더 일으키고 있지 않나 싶다.

그렇다면 형평성이라고 하는 가치는 어떻게 받아들여야 하는가? 키케로는 국민들의 복지가 최고의 법이라고 말했다. 그래서 어떤 사람들은 그것에 빗대어 농담삼아 '밥이 곧 법이다'라고 말하기도 한다. 밥이 곧 법이라는 말은 복지가 최우선이란 뜻이다. 그런데 이때 복지라는 것은 과연 무엇을 말하는가. 우리가 복지 사회를 실현하자고 할 때 복지는 도대체 무엇인가.

예를 들면 이런 것이다. 나는 1980년부터 85년까지 독일에서 살았는데, 83년에 독일에서 내 아이가 태어나게 되었다. 그때까지 나는 방 하나에 부엌하고 화장실이 있는 아파트를 기숙사로 제공받고 살고 있었다. 그런데 이제 애가 태어나서 내가 방을 반으로 나누려고 천장에다가 커튼을 달았다. 그러자 기숙사 관리자가 보고 왜 이러냐고 해서 내가 이제 애가 태어났는데 공부도 해야 되니까 서로 빛을 가려야 해서 방을 나누려고 그랬다고 설명해줬다. 독일에서는 부모가 애하고 한 방에서 잘 수가 없다는 것이다. 그런 일은 있을 수가 없다고 한다. 독일에서는 사람이 자기의 아이하고 한 방에서 자는 것이 허용되지 않는단다. 그러면서 나보고 방이 따로 있는 아파트로 옮기라고 한다. 나는 돈이 없는데 그쪽으로 가려면 비용이 더 드니까 갈 수 없다고 했더니 그 차액은 시의 복지과에서 준다는 것이다. 그리고 바로 다음 달에 나를 큰 기숙사로 옮겨주었다. 가령 내가 그동안 35만원을 냈으면 큰 방으로 옮기는데 대략 50만원의 비용이 들었다. 그러면 그 15만원을 애가 태어난 달부터 시에서 내 계좌에 보내주었다. 그것이 바로 사회 복지인 것이다. 본래 부부만 살았을 때는 내가 부담해야 되는 금액이 35만원이었는데, 애가 하나 더 태어나니까 비용이 50만원으로 바뀌었다. 그래서 시에서 15만원의 차액을 제공해준다. 그러면 15만원은 남에 의해서 내가 혜택을 본 것이다. 결국은 사회에 의해서, 즉 타자들의 도움에 의해서 내가 15만원을 더 받은 것인데, 이 부분이 바로 복지라고 할 수 있다. 그리고 이런 상황에서 제공하는 돈을 15만원으로 할 것인지 아니면 더 보태줄 것인지를 결정하는 것은 그 사회의 구성원들이다. 그 구성원들이 '우리 사회의 정의는 이렇다'라고 합의를 본 부분이 그런 법으로 만들어진 것이다.

그런데 복지에는 혜택을 주는 쪽과 받는 쪽이 있다. 그리고 혜택을 받는 쪽에서는 되도록 많이 받고 싶어 할 것이다. 그러나 혜택을 받는다고 하는 것이 타자의 노력에 의한 산물을 나눠 갖는 것이니까 주는 쪽에서 어느 정도까지 해줄 의사가 있는지를 확인해야 한다. 그런 부분이 국회에서 법안을 통과시킬 때 밀고 당기고 하면서 합의점에 도달하면 법으로 제정되는 것이고, 그 법이 결국은 그때그때 그 사회를 구성하는 시민들이 생각하는 정의의 척도가 된다고 볼 수 있다.

그러니까 한 사회의 정의관에는 이미 복지에 대한 개념이 들어가 있을 수밖에 없다.

지금까지 다룬 내용들은 대부분 경제적 정의에 속하는데, 이 경제적 정의가 무너지면 다른 정치적인 가치들도 금방 무너진다. 사람답게 산다는 것엔 여러 가지가 있는데 그 중에 첫 번째 조건은 아마 의식주의 해결일 것이다. 쉽게 말해서 인간답게 살려면 사회 구성원이 1인당 최소한 몇 평의 방에서 살아야 하고 한 달의 생활비는 최소한 어느 정도여야 한다는 것이 합의가 되어야 한다는 것이다. 그래서 하한선을 내려가는 일은 없게 만들어주는 것이 경제적 정의의 실현이라고 볼 수가 있다.

물론 그렇다고 평등한 사회가 모두가 동일한 사회를 말하는 것은 아니다. 오히려 평등한 사회란 서로 같지 않으면서도 화합을 이루는 사회다. 논어에 화이부동(和而不同)이라는 말이 있는데, 이것을 뒤집어서 부동이화(不同而和)라고 말할 수도 있다. 똑같진 않지만 그럼에도 화합한다는 의미다. 모든 것이 똑같아야 한다고 주장하는 사람들도 있지만 그렇게 되면 능력 있는 사람들이 의욕을 상실해서 다 함께 가난해지게 된다. 결국 열심히 노력하는 사람들한테는 약간의 보상을 더 해주어야 한다. 물론 그렇게 하면 사회 구성원들 간에 차이가 생겨날 것이다. 그래서 평등의 가치와 자유의 가치를 화합시키는 문제가 발생하게 된다.

보통 민주정치라고 할 때 우리는 국민들의, 국민들에 의한, 국민들을 위한 정치를 민주정치라고 한다. 그런데 민주정치에는 정당이 있고, 정당은 각각 추구하는 가치가 있어서 각 사회 구성원들도 자신이 추구하는 가치에 따라 각각의 정당을 선택한다. 자신의 가치를 대변해주는 정당을 선택하는 것이다. 예를 들어 어떤 정당은 자유라는 가치를 평등이라는 가치보다 더 중요시한다. 보통 자유의 가치를 평등의 가치보다 위에 두는 정당을 보수당이라고 하고, 평등의 가치를 자유보다 조금 더 우선으로 보는 정당을 진보당이라고 본다. 그래서 이 둘을 우파, 좌파라고 나누어서 이야기를 한다. 그러면 이제 이 두 정당들이 각각 정책을 내세우고 그것에 따라서 어느 쪽에 동의하는 숫자가 많은 지에 따라 다수의 표를 받은 정당이 여당이 되는 것이 민주정치라고 볼 수가 있다. 이러한 정치 형태가 잘 이루어지는 예로는 유럽을 들 수가 있다. 어떻게 보면 유럽에서만 정당 정치가 제대로 활성화되어 있다고 볼 수 있다. 그런데 유럽을 보면 대부분 내각책임제로 운영되어서 한 사람이 아니라 정당이 통치를 하기 때문에 수상은 언제든지 바뀔 수가 있다. 그리고 정당은 정책을 통해 국민들에게 평가를 받는데, 대개 우파가 조금 더 오래 통치한다.

유럽에서는 우파가 10년 정도 통치하다가 좌파가 5년 정도 하고 또 바뀌고 그런다. 우파가 정권을 잡게 되면 자유가 확대되고 자유가 확대되면 될수록 능력 있는 사람이 마음껏 자신의 능력을 발휘하게 된다. 그런데 이렇게 10년 정도 능력 있는 사람들이 마음껏 자유롭게 활동하면 시간이 갈수록 양극화가 일어난다. 가령 나하고 손기정 선수가 마라톤 시합을 하는데 자기 능력껏 뛴다고 하자. 그러면 시간이 갈수록 나하고 손기정 선수하고 차이가 벌어진다. 그러니까 손기정 선수와 나의 거리는 시간이 갈수록 차이가 나게 된다. 그것을 평등하게 만들려면 손기정 선수가 못 뛰게 붙들고 있어야 한다. 아니면 손기정 선수는 뛰어가는 대신 나는 자동차를 타고 가든지 해야 한다. 뭔가 능력이 안되는 사람한테는 새로운 것을 부여하거나, 아니면 능력 있는 사람이 못 뛰도록 붙잡고 있거나 둘 중의 하나밖에는 성립이 안되지 않는가. 그렇지 않으면 같게 될 수가 없으니까 말이다. 그렇게 되면 결국 그것은 능력 있는 사람이 능력을 발휘하지 못하게 만드는 제도란 말이다. 평등을 최우선의 가치로 하는 사회라면 결국 능력 있는 사람들에게 어느 정도 제동을 걸고 보조를 맞추게 할 것이냐를 정하는 것이다. 바로 이러한 과정들이 정치에서 이루어지는데, 역사를 보면 보통 자유를 보장해주면 국가의 부가 늘어난다. 국가의 부가 늘어나는 만큼 국민들 사이의 차이가 더 벌어진다. 그러니까 나라는 부자가 됐는데 국민들 사이의 차이는 벌어진다. 그래서 이래서는 화합이 되지 않으니까 다시 평등의 가치를 최우선으로 정권이 바뀌면 그 차이를 줄여가기 시작한다. 차이를 줄이니까 이번에는 능력 있는 사람이 열심히 벌어봐야 자신에게 그만큼 돌아오지 않으니까 의욕이 없어진다. 그러니까 유럽을 보면 보통 우파가 10년 동안 축적한 것이 좌파 정권에서 5년을 소비하면 재정이 없어지는 것을 보게 된다. 그래서 다시 또 우파 정권으로 바뀌고, 이렇게 좌우가 왔다 갔다 하면서 통치하는 것이 바로 민주정치다.

아리스토텔레스와 키케로 같은 학자들은 이미 오래전에 민주주의의 장단점을 분석했는데, 그 사람들은 민주주의는 위험하다고 생각해서 좋은 정치제도로 받아들이지 않았다. 민주주의가 뭔지는 다 알았지만 이것은 위험하다고 해서 받아들이지 않은 것이다. 그런데 아리스토텔레스가 집필한 『정치학』에는 우리가 지금도 귀담아 들어야 할 말이 있다. 아리스토텔레스는 민주주의에 대해 "민주주의의 기본적인 원칙은 민중이 통치자이자 피통치자라는 것이 아니라 모든 시민이 이 두 위치를 번갈아가며 차지할 수 있어야만 한다는 것"이라고 적었다. 내가 통치하는 동시에 통치를 받는다는 것이 아니라 한때는 내가 통치를 하다가 한때는 내가 통치를 받고, 한때는 또 다른 이가 통치를 하다가 그 사람이 통치를 받고 이렇게 서로 역할을 번갈아가면서 하는 것이 민주정치의 핵심이라는 것이다. 그래서 아리스토텔레스는 민주정치의 기본적인 원칙인 자유를 다음과 같이 정의했다. "자유는 다스리고 또 다스림 받는 일을 번갈아 하는 것이다."

다시 말해 민주적인 자유란 누군가가 자신에게 복종하는 것이 아니라 내일이면 자신이 차지할 그 자리에 오늘 앉아있는 누구에겐가 복종해야 한다는 것이다. 아리스토텔레스는 이처럼 통치와 복종을 번갈아 하는 것을 시민이 지녀야 할 탁월함이라고 보았다. 그래서 그는 또 다음과 같이 말했다. "좋은 시민의 탁월함은 잘 다스리고 잘 복종함으로 나타나는 것이다." 시민에게 핵심적인 이 두 능력은 역할 교대를 통해서 배우게 된다. 그래서 잘 복종할 줄 모르는 사람은 잘 통치할 수 없다는 말은 매우 일리가 있다. 가령 국회에서 법안을 통과할 때 여야가 밀고 당기면서 법을 제정하는데, 그때 자기 생각이 관철 안된다고 연필을 집어던지고 책상을 걷어차고 올라간다던지 하면, 이게 바로 복종할 줄 모르는 것이다.

법은 한번 만들어지면 영원한 것이 아니다. 언제든지 바꿀 수 있다. 법을 바꾸는 것은 다수의 지지를 받으면 할 수 있다. 지금 여당이 만약 4년 후에 국민의 지지를 못 받아서 야당이 되면 그들이 만든 법은 바꾸게 된다. 법은 언제든지 바꾸는 것이다. 왜냐하면 법이라는 것이 항상 맞는다는 정의를 담고 있다고 보지 않기 때문에 우리가 법률을 개정할 수 있는 것이기 때문이다. 그러니까 법은 당시의 정당 정책을 보고서 사람들이 현재 옳다고 생각하는 정의를 내세운 쪽을 지지하는 것이고 그게 많아지면 법조화되는 것이다. 그런데 법을 제정해 놓고 보니까 이것이 정의롭지 않다고 사람들의 생각이 바뀌면 다음 선거 때 바뀌게 되는 것이다. 그것을 번갈아 하는 것이 바로 민주정치이다. 이런 민주적 과정이 법을 만드는 밑바탕을 조성하며, 법이 제정되면 그 법은 바로 그 당시 사회 구성원들이 옳다고 생각하는 정의관이라고 볼 수 있다.

정의 사회의 기본적 바탕은 양심이다. 양심이라는 말은 맹자에게서 유래했다. 맹자는 양지, 양능, 양심을 이야기했다. 양지는 사람이 배우지 않아도 알고 있는 것이고, 양능은 연습하지 않아도 이미 할 수 있는 것이며, 양심은 본래 타고난 마음씨다. 그런데 본래 타고난 마음씨는 사람이라면 누구나 다 있다고 보기 때문에 이것을 공통 가업이라고도 하고 또는 공통지(枝)라고도 한다. 그런데 같다고 그러지만 엄밀히 말해서 완전히 똑같지는 않고 양심에도 약간의 폭이 있다. 가령 현행 한국 헌법은 한국사람의 정의를 담고 있다. 한국사람들의 정의가 바뀌면 헌법을 개정하게 된다. 그러니까 어느 때던 간에 법이 바뀌기 전까지는 그 현행법이 양심을, 다시 말하면 현행법이 정의를 담고 있다. 만약에 그것을 부정하게 되면, 우리가 어디 가서 정의를 이야기하겠는가.

그래서 칸트는 법정에 정의가 있다고 했다. 현행 헌법을 가지고 재판하는 것이 법정이기 때문에 바로 법정에 정의가 있다는 것이다. 그러니까 법정을 부정하게 되면 그 사회는 어디에서도 정의를 볼 수가 없다는 것이다. 그런데 법정에서 재판할 때 법관은 헌법과 법률에 의하여 양심에 따라서 심판한다고 되어 있다. 예를 들어 법률의 어떤 경우에는 벌금을 3,000만 원 이하 500만 원 이상으로 한다면 법관이 3,000만 원을 심판할 수도 있고 500만 원을 할 수도 있고 2,500만 원을 할 수도 있다. 그게 바로 양심의 폭인 것이다. 그 양심의 폭이 서로 근접해갈수록 합의하기가 쉽고, 폭이 넓어질수록 약간은 불화가 생길 수가 있다. 그러나 그 폭은 우리가 언제나 유지를 해야 한다. 그렇지 않다면 사회가 너무 경직되게 된다. 그래서 언제까지나 정의로운 사회를 만들더라도 약간의 폭을 통해 서로 인정하는 그러한 사회 분위기가 조성이 되지 않으면 정의로운 사회를 실현할 수가 없다. 반대로 말해서 이 약간의 폭을 통해 서로를 인정하게 된다면 그때야 우리가 비로소 정의로운 사회를 실현할 수 있는 것이다. 우리가 아무리 정의가 좋아도 그것을 실현할 수 있는 여건을 조성하지 않으면 그냥 글자로만 정의가 있는 것이지 우리가 향유하는 정의는 될 수는 없다. 실제로 정의를 향유하기 위해서는 양심이라고 하는 것이 확충되어야 하고, 그 양심을 토대로 해서 구성원들 사이에 친구 같은 그런 관계가 확대되면, 자유와 평등이 조화가 되는 그런 정의로운 사회를 이루지 않을까 생각한다. 정의의 핵심적인 가치는 먼저 자기를 자기가 통제하고 남의 것은 탐내지 않는 것이다. 그러한 기본적인 마음이 깔려 있어야 하고, 그 다음에 그것이 토대가 되어서 법이 만들어지면 그 법을 지킨다고 하는 준법정신이 함께 할 때만 현실적으로 정의로운 사회는 가능하다고 생각한다.

(2012.11.29.)

민주시민과 생활법치

성낙인

나는 법학자다. 그 중에서도 헌법을 연구한 헌법학자다. 그러나 오늘은 여러분에게 난해한 헌법이론에 대해 강의하지는 않을 것이다. 다만 시민으로서 우리가 일상생활 속에서 기본적으로 지녀야 할 덕성에 대해, 다시 말해 '생활법치'가 무엇인가에 대해 설명하고자 한다.

우리들의 일상적인 삶에 관련해서 얘기해보자. 만약 세상에 모든 사람들이 도덕군자라고 한다면 법은 있을 필요가 없다. 그런데 현실에서는 도덕만으로는 사회가 유지되지 않는다. 도덕군자만 존재하는 세상이 아니기 때문이다. 그래서 나라에는 강제적으로 실행하는 법이 필요하게 된다. 냉정하게 말해서 현실에서 도덕은 지키지 않아도 그만이다. 도덕에는 강제성이 없다. 그러나 법은 반드시 지켜야 하는 것이다.

그렇다면 우리가 지키는 법은 어디서 유래했는가. 고조선의 예를 보자. 옛날 고조선 시대에도 이미 법이 존재했다. 우리가 역사 시간에 배우는 '8조 금법'이 바로 고조선의 법이었다. '8조 금법'이란 이름이 붙은 것은 조문이 8개이기 때문이다. 고조선 시대에는 법의 조항이 8개 밖에 되지 않았다. 그것만 있어도 고조선 사회를 다스리는 데 아무 문제가 없었다는 것이다. 그러나 현대 사회는 다변화되고 다기화(多岐化)되면서 이제는 단순히 8조항만 갖고 모든 문제들을 해결할 수 없는 국면에 접어들었다. 그래서 법 조항이 많아지게 되었다.

그런데 여러분들이 역사 시간에 한국사나 동양사에서 어떤 법에 관해 배운 기억이 있는가? 아마 별로 없을 것이다. 명률, 강률 또는 조선시대 같으면 경국대전 등 몇 가지만 언급되고 그외에는 특별히 없을 것이다. 조선시대만 해도 원님 재판이라고 해서 고을 원님이 재판을 담당했다. 지금 기준으로 생각하면 어떤가? 고을 원님이 이를테면 인천시장, 인천지방법원장, 인천지방경찰청장 등의 모든 직무를 다 수행하는 것이다. 입법, 사법, 행정을 한 사람이 다 담당하고 있는 것과 마찬가지다. 그런데 그게 요순임금처럼 훌륭한 분이 시행하면 괜찮겠지만, 현실적으로는 그렇게 되는 경우가 잘 없다. 그래서 서양에서는 이런 문제점을 파악해서 합리주의를 통해 해결하려고 했다. 몽테스키외(Montesquieu, Charles De, 1688~1755)라는 법학자는 '권력을 가진 자는 항상 그 권력을 남용하려 든다'고 말했다. 다시 말해 권력을 잡은 사람들은 언제나 자기가 이미 누리고 있는 것보다 몇 배씩 더 이득을 취하려고 하기 때문에 이를 견제하기 위한 방법을 고안해 내야 한다는 것이다. 그래서 권력 남용을 막기 위해서 입법, 행정, 사법의 3부분으로 국가 권력을 분산시키게 되었다.

여러분들이 잘 아는 나폴레옹은 1804년에 나폴레옹 법전을 만들어서 '이것이야말로 완벽한 법전'이라고 자랑하곤 했다. 나폴레옹 법전은 오늘날의 법전의 기초가 되는 법전들 중 하나다. 그래서 서양에서는 이러한 법전들이 지속적으로 연구되어 법들이 매우 정교하게 발전해왔다. 반면에 동양은 어떠했는가. 동양은 춘추전국시대 제자백가 중에 법가라는 학파가 있었다. 이 학파의 논지는 법으로 다스려야 한다는 것이다. 그러나 동양에서 법가는 주도적이지 못했다. 동양에서는 공자님 말씀대로 덕치, 즉 덕으로 다스려야 한다는 관점이 지배적이었다. 법을 가지고 세상을 지배하지 말라는 것이다.

이러한 과정에서 서세동점, 그러니까 서양의 세력이 산업혁명의 성공 이후 국가 권력과 결탁해서 동양을 점령하게 되었다. 아편전쟁이 일어나서 중국이 망했고, 일본은 메이지유신을 단행해서 동양적인 방식으로는 안되니까 서양으로 나아가게 되었다. 그래서 일본은 서양의 문물을 다 받아 왔다. 그 과정에서 서양의 기술은 물론 법체계도 배워오게 되었다. 그런데 서양의 법계는 크게 영미법계와 대륙법계로 나눠진다. 영미법계는 영국과 미국의 법계를 뜻하고, 대륙법계는 프랑스, 독일, 이탈리아의 법계를 지칭한다. 그런데 당시 일본에서 신사유람단을 영국, 미국, 독일, 프랑스에 보냈는데 영미법계를 보니까 성문에 법전이 없는 것이다. 민주주의의 고향이자 신사의 나라라고 하는 영국에는 지금도 헌법이 없다. 민주주의 국가임에도 헌법이 없다. 그렇다면 무엇으로 다스리는가. 관습 헌법으로 다스린다.

예전에 노무현 대통령 시절에 대한민국의 수도를 세종시로 옮기려고 했었다. 그때 세종시 이전을 반대하는 쪽에서 헌법재판소에 위헌 소송을 냈었다. 그런데 헌법재판소에서 대한민국의 수도가 서울이라는 것은 사실 관습 헌법이라고 판결을 내렸고, 이로 인해 온 대한민국이 발칵 뒤집어졌다. 도대체 관습 헌법이라는 것이 뭐냐는 것이다. 관습 헌법이란 쉽게 말해 대한만국 수도가 서울이라는 것에 대해서 헌법에 규정되어 있지는 않지만 조선시대 때부터 500년 이상 수도가 되어 왔으니까 서울이 우리나라의 수도여야 하지 않느냐는 취지다. 이런 식으로 영국은 아직도 관습과 관례로 움직이는 나라니까 일본에서 영국의 법을 가져올 수가 없었다. 그런데 독일과 프랑스 같은 대륙법계에는 헌법이 명확히 규정되어 있었다. 그래서 일본에서 대륙법계의 법전을 전부 번역해서 옛날 일본에서 쓰던 법을 다 폐기하고 서양의 법체계를 받아들였다.

그 뒤를 이어 조선도 근대화하는 과정에서 서양의 법을 가지고 와서 더 합리적인 법에 의거한 법치를 해보려고 시도했다. 서울대학교에 근대법학교육백주년기념관이라는 건물이 있는데, 1895년에 서양의 법을 가르치기 위해 지은 법관양성소다. 독일, 프랑스, 미국에서 교수들을 초빙하여 이곳에서 학생들이 서양의 법을 배우기 시작했다. 그때 제1회 졸업생 중에 한 분이 바로 이준 열사이다.

그 당시에는 판·검사 구분이 없어서 법관양성소를 졸업하면 판사도 하고 검사의 직무도 담당했다. 그런데 이준 열사는 검사를 했다. 그러니까 우리나라 신식 교육의 제1호 검사나 마찬가지다. 처음에 검사를 하다가 나중에 헤이그(Hague)로 가셨다. 그래서 서울대 법대에 이준 열사 동상을 제막해 놓았다.

세계사에서 보면 세계사적인 혁명으로 두 가지가 꼽힌다. 1787년 미국의 독립혁명이 있었고, 2년 후에 1789년 프랑스 대혁명이 있었다. 이 두 혁명의 차이는 무엇인가? 혁명 이전에는 군주주권, 즉 임금이 나라의 주인인 시대였다. 임금이 주인인 시대에 사람은 물건하고 똑같다. 임금이 소유한 노예나 다름없었다. 그러니 여기에 인간의 존엄은 있을 수 없었다. 미국은 어땠는가? 청교도들이 유럽에서 미국으로 건너가서 나라를 건설했다. 그런데 미국이 공식적으로는 영국의 식민지라서 영국인들이 세금을 수탈해갔다. 이것이 미국 독립혁명의 발단이 된다. 원래 미국인들은 독립할 생각이 없었다. 그러나 영국 의회에 자신들을 대표하는 사람도 없고 세금은 세금대로 너무 많이 거두니까 보스턴 티 파티 사건, 즉 '차 조례'에 반대해서 폭동을 일으키게 된다. 그게 도화선이 돼서 미국이 혁명을 일으키게 되고 영국으로부터 독립 국가를 세우게 된 것이다.

프랑스는 어땠는가? 프랑스는 "짐이 곧 국가다"라는 말로 유명한 절대군주 '태양왕' 루이 14세의 치하에 있었다. 그의 폭정을 더 이상 견딜 수 없었던 시민들이 봉기를 했다. 그래서 우리나라로 치면 여물 써는 작두인 기요틴에 프랑스 시민들이 이제까지 임금님이었던 루이 14세의 목을 쳐서 군주제를 폐지하고 공화국을 만들었다. 인류 역사에서 왕이 없었던 나라는 없다. 공화국이 된 나라는 왕을 폐위시키고 탄생하는 것이다. 그러나 왕이 곱게 물러나겠는가? 이제부터 우리가 공화국을 만들려 하니 임금님은 물러나주시라고 하면 아무도 물러날 사람이 없다. 결국 임금의 목을 쳐서 공화국을 만들 수밖에 없는 것이다. 영국을 신사의 나라라고 하는 이유도 바로 영국 시민들은 임금의 목을 치지 않고 대신 임금의 권한을 단계적으로 국민에게 옮겨왔기 때문이다. 영국의 왕은 옛날이나 지금이나 왕이라는 것은 변함이 없지만 정치적으로 하는 일이 없다. 얼마 전에 영국의 엘리자베스 여왕이 한국에 왔는데 안동 하회 마을에 가서 한국의 민속을 즐기다 갔다. 한 나라의 여왕이지만 국가의 일을 직접 다루지는 않기 때문에 그런 것이다. 국가원수들이 모이는 회의를 정상회담이라고 한다. 왜 정상회담이라고 하는가? 왕들이 모이는 것이 아니라 국정의 최고 책임자들이 오기 때문이다. 우리나라는 대통령이 행정 수반도 겸하지만, 의원내각제 국가에서는 총리나 수상이 국정의 최고 책임자다. 그래서 정상회담을 하면 영국에서는 총리가 오고 엘리자베스 여왕은 아무것도 하지 않는다. 독일은 대통령이 있지만 국정의 최고 책임자는 총리이기 때문에 역시 총리가 정상회담에 참여한다. 이러한 변화는 바로 주권재민, 그러니까 만백성이 주인이 되는 사회가 만들어졌다는 것을 의미한다.

우리나라는 민주주의와 법치주의가 결합된 공화국이다. 그런데 사실 민주주의와 법치주의를 조화롭게 운용하는게 쉽지는 않다. 내가 언론에 썼던 칼럼들을 모아 책을 쓴 게 있다. 2008년 2월 25일에 이명박 대통령이 취임했는데 4월부터 6월까지 광우병 촛불 시위가 계속됐다. 그때 내가 동아일보에 '성낙인의 법과 사회'라는 칼럼을 격

주로 연재하고 있었다. 그때 내가 '경무대行과 청와대行의 차이'라는 제목으로 칼럼을 썼다. 어르신들은 경무대가 뭔지 아시겠지만 젊은 학생들은 경무대를 잘 모를 것이다. 제2공화국, 그러니까 이승만 대통령 시절에는 청와대를 경무대라고 했다. 1960년 3월 15일에 정부통령 선거 부정이 일어나서 청년학도들이 경무대를 향해서 이승만 대통령 하야하라고 돌질을 했다. 그래서 결국 이승만 대통령이 하야했지만 수많은 청년학생들이 총부리 앞에서 쓰러졌다. 만일 4월 혁명을 위법이라고 친다면, 그때 청년학도들이 한 잘못이라고는 도로교통법 위반, 집행 및 실의에 관한 것뿐이었다. 그러나 경무대에서는 내란, 소요, 공무방해죄 등 수없는 죄목을 뒤집어씌우고 학생들을 처벌했다. 그러니까 그 국민들의 희생을 통해 4월 혁명이 성공했기 때문에 그분들이 다 대한민국 민주주의를 위해 산화한 의인으로 지금도 추앙받고 있다.

그런데 2008년은 어떠했는가? 광우병 촛불 시위에 대해서는 전 국민의 성원이 없었다. 또 국민들이 선택한 정부에 대해서 민주적 정당성을 가진 대통령을 취임하자마자 하야하라고 하니, 경찰들이 차로 벽을 쌓고 시위대를 막았다. 그래서 소위 '명박산성'이라고 비난을 받았지만, 여전히 국민적 정당성을 가진 정부였기 때문에 정부를 무너뜨릴 수는 없었다. 바로 그런 점에서 혁명이란 국민적 동의 속에서 새로운 미래를 창출하기 위한 미래의 전달자(porteur d'avenir)로서 의미가 있는 것이고, 국민들의 일시적인 시위와는 본질적으로 구분된다

고 말할 수가 있다.[1]

　민주주의와 법치주의가 상호 갈등하는 점도 상당히 많다. 예를 들면 지금 곧 6·4지방선거가 있는데 끝나고 나면 선거 소송이 붙기 시작한다. 의원들은 법원에서 백만 원 벌금형을 선고 받으면 의원직을 박탈당한다. 시장도 마찬가지다. 그런데 99만9천 원의 벌금형을 받으면 아무 일 없던 것처럼 4년 임기를 다 채운다. 헌법재판소에서 재판하는데 재판관 5명이 위헌을 찬성하고 4명이 합헌이라고 해도 합헌으로 간주한다. 민주주의에는 다수결의 원칙이 있는데 헌법재판소에서는 6인 이상의 찬성이 있어야 위헌을 선언한다. 물론 이것은 다수결의 원칙에서 볼 땐 불합리하지만 법치주의에서는 법의 가치를 지키기 위해 이처럼 가중의결적 요소를 준 것이다.

　나는 법학자로서 법이란 무엇이고 왜 우리가 법을 지켜야 하는지에 대해 얘기를 드리고자 이 자리에 섰다. 이 세상에 전지전능한 사람은 없다. 그래서 자연법이라는 것이 나오게 된다. 법(法)을 한자로 풀면 '삼수변'과 '갈 지' 자로 되어 있다. 그러니까 법은 물이 위에서 아래로 흘러가듯이 자연법의 순리대로 만들어지는 것이 원리에 맞는다는 것이다. 지금 우리가 산업화·민주화하면서 법이 많이 희화화됐다.

---

1) "1960년 4월의 경무대행과 2008년 6월의 청와대행을 분명히 가릴 줄 아는 지혜가 필요하다. 경무대행은 헌법과 민주주의를 지키려는 장엄한 의전행사였다. 하지만 지금의 청와대행은 혁명 전야의 행진이 아니다. 청와대행은 대통령을 향한 국민적 열정의 가장 적극적인 표현일 뿐이다. 민주주의의 이름으로 법치주의를 통째로 무시할 수 있는 상황도 아니다. 이제 민주주의와 법치주의를 조화롭게 발전시키는 선진 시민사회가 뿌리내려야 한다. 민주주의의 성전에 불을 지피던 그 시대의 시위와 능동적 시민의 참여로 이뤄낸 축제적 시위의 차별적 인식이 전제돼야 한다.", 「경무대行과 청와대行의 차이」 中

하지만 좋든 싫든 소크라테스가 악법도 법이라고 하면서 독배를 마시지 않았는가. 이 말은 곧 '실증법이 자연법의 원리에 어긋나는 측면은 있지만은 나는 이 나라의 실증법을 지키겠다, 그러므로 독배를 기꺼이 마시겠다'는 뜻이다. 우리도 헌법재판소가 생기고 과거 권위주의 시대의 수많은 일에 대해 위헌 결정을 해서 대체로 99프로 이상의 실증법은 검증된 법이다. 나쁜 법은 지난 25년 동안 다 걸러졌다. 그렇게 보면 실증법을 지킬 수밖에 없는 거다. 법은 시민의 기본 원칙이다. 더욱이 대한민국 법은 지난 세월동안 많은 발전을 이루었다. 따라서 우리가 생활 속에서 법을 준수하는 것이야말로 곧 민주주의와 법치주의의 가치를 함께 지켜나가는 길이라고 생각한다.

(2014.05.15.)

정의와 공정한 사회

황경식

公正, 公平과 正義社會

우리 사회에 '공정사회' 담론이 시작된 이래 가족유사성을 가진 일군의 개념들이 혼용되고 있어 담론의 명료성과 효율성을 위해 다소간 교통정리가 요긴할 듯하다. 한때 우리 사회에서 '정의사회 구현'이 정치이념으로 제안된 적이 있었다. 물론 정의와는 무관한 정권이 내세운 것이라 다소 냉소적인 분위기에서 받아들여졌고, 따라서 아무런 감동이나 감응도 유발하지 못해 현실을 인도할 실천적 지표로서의 의의를 갖지 못한 것으로 평가된다.

민주국가의 사회적 게임에 있어서 일차적으로 전제되는 것은 공정한 룰과 공정한 경기이다. 이같이 절차적 공정성을 배경으로 해서 이루어진 게임의 결과라면 우리는 승복하지 않을 수 없으며, 정당한 불만을 토로할 명분을 찾기 어렵다. 이런 맥락에서 정의의 문제를 절차주의적 관점에서 접근하는 입장은, 정치적 의제들을 결과가 아니라 과정이나 절차의 관점에서 다루고자 하는 민주주의관과도 친화성이 있다 할 수 있을 것이다.

그러나 정의의 문제에 있어 절차적 측면이 갖는 이같은 일차적 중요성을 인정한다 할지라도 그것이 정의의 필요하고도 충분한 조건이 될 수 있는지에 대해서는 다소간의 의문이 제기된다. 자유경쟁 시장이 지속적으로 자유롭고 경쟁적인 시장으로 유지되기 어려운 현상을 우리는 시장의 실패라 부른다. 그러나 비록 시장이 공정한 배경적 조건 아래 자유롭고 경쟁적으로 운용된다 할지라도 시장의 결과가 곧바로 정의로움을 보장하는 것은 아니지 않은가?

과연 시장의 질서가 그야말로 완전한 공정성을 보장하는 정도로 운용될 수 있는지도 의심스러우며, 나아가 태생적, 사회적 불운으로 인해 경쟁시장에 진입할 힘조차 없는 성원들은 어떻게 되는가. 따라서 우리는 절차의 공정성을 위해 최선의 노력을 다해야 하지만 절차의 불완전성을 결과에 의해 보상하기 위해 어떤 조정이 불가피하다는 생각이 든다. 공정성은 정의의 필수적 요건이기는 하나 충분한 요소라 하기 어렵기 때문이다.

이점에서 우리는 정의론자 존 롤즈(John Rawls)의 정의 원칙의 특징을 이루는 차등의 원칙, 즉 '최소 수혜자 최우선 고려의 원칙'에 주목하게 된다. 평등한 자유와 공정한 기회균등에 의해 절차적 공정성을 확보한다는, 즉 최소 수혜자를 위시한 불운한 성원들의 처지를 우선적으로 배려함으로써 사회적 게임의 종착점, 즉 피니쉬 라인의 조정도 긴요한 일이기 때문이다.

우리는 정의와 관련된 일상용어법에서 공정이라는 말과 더불어 공평이라는 말을 쓴다. 공정은 교육이나 취업 같은 인생의 스타트 라인, 즉 절차적 정의와 관련된다면 공평은 납세나 복지 등 종결선의 균형과 형평, 즉 결과적 정의를 의미하는 것으로 보인다. 우리가 지향하는 정의사회는 이 양자, 즉 절차적 공정성과 결과적 공평성을 모두 배려하는 그런 사회가 아닐까 생각된다.

하지만 이 모든 배려의 바닥에는 우리에게 우연히 주어진 도덕운, 즉 태생적 운과 사회적 운을 우리 모두의 공유자산으로 보고자 하는 바 운명공동체의 성원으로서 정의의 프로젝트에 동참하고자 하는 직관적 의식이 깔려있다. 이 모든 운에 대해 내가 한 일은 적고 그런 의미에서 모든 것이 은혜로움이라 생각한다면 나눔은 의무 이상의 선행이라 하기보다는 마땅히 수행해야 할 도덕적 의무이자 지상명령이라는 생각이 든다. 그러나 철학자들에게 이론은 가깝고 실천은 멀기만 하는 것이 아닐까?

억울한 일이 없는 세상, 정의로운 사회를 위하여

우리는 세상을 살아가면서 억울한 일을 스스로 당하기도 하고 남이 당하는 것을 보기도 한다. 억울한 일을 당하거나 목격하면서 우리는 억울해서 느끼는 분노, 즉 울분을 느낀다. 억울한 일이란 그래야 할 정당한 근거도 없이, 그래야 할 당연한 이유도 없이 부당한 피해를 받는 것을 말한다.

무고한 자가 유죄 선고를 받거나 죄질에 합당한 처벌이 아닐 때 우리는 억울하다고 생각한다. 또한 범죄자가 이유 없이 무죄를 선고 받거나 중죄인이 부당하게 감형을 받을 때 우리는 울분을 참지 못한다. 한편 우리는 자기가 일한 만큼 대가를 받지 못하거나 응분의 몫을 누리지 못할 때 억울하다고 생각한다. 또한 불로소득자가 자신의 몫 이상을 향유하거나 호사를 과시할 때 울분이 치밀게 된다.

범죄 유무를 가리고 정당한 처벌을 시행하는 것이 법적 정의, 형사적 정의의 문제라면 응분의 몫을 가리고 각자에게 그의 몫을 배정하는 것은 사회 정의, 분배적 정의의 문제라 할 수 있다. 억울한 사연이 많고 울분이 들끓는 사회라면 그것은 필경 법적으로나 사회적으로 부정의한 사회가 아닐 수 없다. 억울한 일이 없는 사회, 즉 정의로운 사회가 일차적으로 성취해야 할 사회라면 그를 위해 우리가 할 수 있고 해야 할 일은 무엇인가?

이념의 도덕적 당위성에도 불구하고 사회·경제 체제의 비효율성으로 인해 현실 사회주의가 쇠망해가고 있다. 그러나 체제의 효율성을 명분으로 현실의 불의와 부도덕이 호도되고 있는 자본주의 역시 도덕성과 정의의 관점에서 근본적인 자기 개혁이 시급히 요청되고 있다. 이런 맥락에서 우리 사회는 체제의 효율성을 견지하면서도 도덕성의 관점에서 사회를 재구조화하고 재편성할 새로운 규범 체제의 모색이 절실한 시점에 이르렀다.

자본주의적 정의는 대체로 자유시장 체제에 의해 대변되며, 나아가 이는 자주 일종의 게임에 비유해서 설명되고 있다. 따라서 암암리에 합의된 게임의 규칙이 있고 그 규칙에 따라 경기가 공정하게 이루어 질 경우 결과는 그 내용에 상관없이 정의롭다고 본다. 그러나 시장체 제와 게임 간의 유비는 어떤 점에서 유용한 것이긴 하나 지나치게 강 조될 경우 문제가 발생한다. 왜냐하면 경기의 경우에는 오늘 득점이 내일 경기에 영향을 미치는 일이 드물며 내일 다시 완전히 처음부터 새로운 경기가 이루어질 수 있기 때문이다.

그러나 불행하게도 사회·경제적 게임은 그런 식으로 단순하지 않 다는 점에 문제가 있다. 사회·경제적 게임은 어떤 의미에서 결코 끝 나는 일이 없으며 한 게임의 결과는 다음 게임에 누적적인 영향을 미 치게 된다. 따라서 한번 패배자는 영원한 패배자로 남는 일이 흔하며 그들의 패배는 미래의 게임에 임하게 될 그 후손들의 능력과 초기 조 건에도 심각한 영향을 미치게 되는 것이다. 따라서 사회 정의를 성찰 하는 우리의 탐구는 자유시장 체제의 강점을 원용하면서도 그 배경 적 구조까지도 꿰뚫는 것이어야 하며, 시장의 실패를 보완하면서도 자유시장의 결과를 정의의 관점에서 조정하는 데까지 미칠 수 있어 야 할 것이다.

인생을 100미터 경주에 비유해 보기로 하자. 달리는 능력도 타고 났고 또한 열심히 노력을 했는데도 불구하고, 능력이나 노력 어디를 봐도 나보다 못한 사람에게 뒤지고 말았다면 그보다도 억울한 일이 어디 있을까? 억울하다는 것은 불평이나 불만을 토로할 정당한 이유가 있다는 뜻이다. 실력이나 노력 어디를 봐도 나보다 못한 자에게 지고 말았다면 그에 대해서는 불평과 불만을 토로할 정당한 이유가 있는 셈이며, 그런 의미에서 억울한 일이고 울분이 치미는 일이 아닐 수 없는 것이다.

100미터의 인생 경주가 모든 사람이 공평하게 동일 선상에서 능력과 힘을 겨루는 것이라면 그 결과에 대해서는 승복할 수밖에 없고 그에 대해서 정당하게 불평하거나 불만을 토로하기는 어려울 것이다. 그러나 인생의 경주에서는 모두가 원점에서 동시에 출발하지 않는다는 데에 문제가 있다. 어떤 자는 유족한 중류 가정에 태어나 훌륭한 교육을 받아 이미 50미터 전방에서 출발하기도 하고 어떤 사람은 재벌 2세로 태어나 상당한 사회적 지위와 엄청난 상속으로 95미터 지점에서 경주를 시작한다면, 적수공권(赤手空拳)으로 원점에서 출발하는 많은 사람들의 울분은 이유 있는 정당한 울분이 아닐 수 없다.

이러한 경주가 더욱 억울한 것은 '거북이와 아킬레스의 경주'에 대한 제논의 패러독스 때문이다. 거북이는 모든 동물들 중 가장 굼뜬 존재의 상징이라면 아킬레스는 가장 날랜 존재를 의미하는 신화적 존재다. 그런데 제논에 따르면 출발점에서 거북이가 일정한 거리를 앞서서 달리게 될 경우 아킬레스는 결코 거북이를 따라잡을 수 없다는 것이다. 왜냐하면 아킬레스가 현재 거북이가 서있는 지점에 당도할 경우 그 시간 동안 아무리 느린 거북이일지라도 어느 정도나마 앞으로 나갈 것이며, 다시 아킬레스가 지금 그 지점에 이를 경우 그 동안 거북이는 다시 조금이나마 앞으로 나갈 것이고 … 이런 까닭으로

해서 아킬레스는 영원히 거북이를 따라잡지 못하게 된다는 논법이다.

한갓 코웃음으로 넘겨버릴 말장난 같은 이야기이긴 하나 이것은 인생의 경주와 관련해서 매우 시사적인 의미를 전해준다. 그것은 엄청난 상속과 불로소득을 가진 게으른 부자가 놀고먹어도 뼈빠지게 일하는 부지런한 가난뱅이가 따라잡을 수 없다는 말이다. 설사 천부적 능력을 가진 자가 열심히 노력한다 할지라도 이미 유리한 고지를 선점한 게으른 둔재를 따라갈 수 없다는 것을 풍자하고 있다. 그러한 논법으로 보면 빈익빈 부익부의 사회적 불균형은 쉽사리 극복할 수 없다는 결론이 나온다.

좋은 부모를 갖거나 갖지 못하거나 하는 일, 상속을 받거나 받지 못하거나 하는 것, 어떤 사회적 지위에 태어나거나 그렇지 않거나 하는 일, 심지어 천부적 자질을 타고나거나 타고나지 못하거나 하는 것, 이 모든 변수들은 인생의 경주를 지배하는 결정적인 요인들임에도 불구하고 그것은 내가 자유로이 선택할 수 없다는 것, 그래서 내가 책임질 수 없다는 것, 어떤 의미에서 그것은 우연적 사실로서 주어진 것, 그런 뜻에서 운명적인 것이라는 점에 문제가 있다. 우리가 이성적 존재로서 모든 것을 자연 그대로 방임하는 '정글의 법칙'에 만족할 수 없다면, 그래서 도덕이니 정의니 하는 것에 중요한 가치를 부여하고자 한다면 우리는 저 우연적이고 운명적인 요인들을 인간적으로 제한·조정하지 않으면 안 될 것이다. 정의로운 사회란 바로 이와 같은 제한과 조정의 장치가 확립된 사회를 말하는 것이다.

정의가 무엇인지 규명한다는 것과 만인이 합의할 만한 기준을 밝힌다는 것은 지극히 어려운 일이다. 그러나 다행히도 어떤 부정의는 너무나 자명해서 삼척동자도 쉽사리 알아볼 수 있을 때가 있다. 그럴 경우에 보다 중요한 것은 이론적 논변이 아니라 실천의 의지인 것이다. 어쩌면 우리 사회에서 제기되는 바 정의와 관련되는 대부분의 문제는 이론상 논란의 여지가 있는 것이라기보다는 실천의 의지가 박약하여 부정의가 제대로 척결되지 못하는 데에 기인한다고 해도 과언이 아니다.

그리스 신화에 나오는 정의의 여신인 디케(Dike)는 눈먼 봉사로 알려져 있다. 신화가 상징하고자 하는 의미는 정의가 사리사욕에 눈을 감는 공평무사한 것이라는 점이다. 또한 정의의 여신은 왼손에 저울(천평칭)을 들고 있는데 이는 정의의 엄정한 기준을 의미한다고 할 수 있다. 나아가 정의의 여신은 오른손에 칼을 쥐고 있는데 이는 정의의 실현을 위해서는 힘이 요구된다는 것을 암시하고 있다. 정의를 결여한 힘은 맹목일 것이나 힘이 없는 정의 또한 공허하고 무력할 것이기 때문이다.

그래서 현실 구제를 열망했던 그리스의 철학자 플라톤에 따르면 현실을 구제할 수 있는 두 가지 길이 있다는 것이다. 하나는 정의를 아는 현자(철인)가 권력을 잡는 일이고, 다른 하나는 권력을 쥔 자가 정의의 지혜를 갖춘 철인이 되는 길이다. 그러나 역사는 전자가 현실성이 없는 소망임을 보여주는 동시에 후자 또한 허망한 기대임을 말해주고 있다. 이제 우리는 더 이상 플라톤의 철인왕이나 유교의 내성

외왕(內聖外王)을 기다릴 수 없으며 통치자가 선의지를 갖는다는 것은 백년하청(百年河淸)임이 이미 알려진 시대를 살고 있다.

현실의 부정의를 극복하는 방도에는 몇 가지 모형이 있을 수 있다. 그 하나는 현세의 부정의가 내세의 보상 체계에 의해 균형을 회복하는 방식이다. 그러기 위해서는 내세가 분명히 존재해야 하고 그 내세에서 정당한 보상을 집행할 자로서 신이 존재해야 한다. 그러나 이런 식의 보상 체계는 내세와 신의 존재를 담보로 해서만 설득력을 가지며 그러지 못할 경우 이는 현세에서 억울한 자들에 대한 한갓 심리적인 보상으로서만 의미가 있을 뿐이다. 나아가서 이는 현실의 부정의에 눈감고 그것을 정당화해줄 어용(御用)의 논거로도 오용될 수 있으며, 현실 개혁의 의지가 나약하거나 현실 개혁에 실패한 자들의 도피처가 될 수 있을 뿐이다.

그런데 이상과 같이 내세에 대한 확고한 신념조차 없었던 우리 선조들은 이승의 비리가 내세에 의해 보상된다는 기대마저 가질 수 없었다. 그들은 '개똥밭에 굴러도 이승이 더 낫다'는 강한 현세주의를 고수하고 있었다. 그런데 현실의 부조리를 개혁할 강한 의지도 없었고 내세에 의해 보상되는 길마저 막혀 있을 때 가능한 제3의 길은 소위 '전설의 고향'식의 보상체계다. 이승에서 억울하게 죽은 한 맺힌 자들은 원귀가 되어 죽어도 눈을 감지 못하고 구천을 헤매다가 음습한 야밤에 이승에 출몰하여 보복적 정의를 구현하게 된다. 그러나 이역시 상상적인 보상일 뿐 현실에 맺힌 응어리는 그대로 남는 까닭에 거기에 한(恨)의 문화가 뿌리를 내리게 되는 것이다.

오늘날 내세를 담보로 해서 현실의 억울함을 그대로 감수하거나 원귀가 되어 복수할 그날을 기다리며 이승의 한을 그대로 감내한다는 생각은 이미 설득력을 잃은지 오래이다. 여기에 현실의 부정의와 비리를 현세에서 보상해줄 현실 변혁의 방법에 기대를 걸게 된다. 그것은 불확실한 내세나 원귀의 보복에 소망을 거는 것이 아니라 이승에서 일도양단 간에 결과를 보고자 하는 것이다. 급진적 혁명론자이건 점진적 개혁론자이건 이러한 입장을 취하는 자들은 현실의 부정의와 비리는 오직 현실 속에서만 보상될 수 있다고 믿는다. 그들은 현실에 걸려 넘어진 자는 오직 현실을 딛고서만 일어설 수 있다고 믿는다. 기약 없는 내세의 축복을 기다리는 것보다 현세에 낙원을 세우고자 하며 내세를 빙자하여 현세를 호도·무마시키려는 것을 일종의 기만술로 간주한다.

결국 정의로운 사회를 향한 현실 개혁의 주체는 시민들일 수밖에 없다. 우리는 더 이상 통치자의 선의지를 기대하지 않으며 비록 정의의 최종적 구현자가 통치자일 수밖에 없다 할지라도 그는 시민적 합의와 압력에 의해 강제될 수 있을 뿐이다. 우리 사회에 있어 사회정의가 구축·수호되기 위해서는 정의로운 개인, 즉 의인들의 희생이 요구된다. 소돔과 고모라는 의인 열 명만 있었어도 그렇게 비참하게 파멸하지는 않았을 것이라 한다. 그러나 개인으로서 우리의 힘은 너무나 미약하여 조직적인 부정의를 탐하는 자들에 의해 농락당하고 만다. 따라서 의인들이 사회의 유력한 파수꾼이 되기 위해서는 그들을 중심으로 시민들의 힘이 조직되어 사회적 연대를 형성하지 않으면 안된다. 선구적 지도층을 중심으로 한 시민운동의 확산만이 사회 통제 및 사회 정화의 기능을 감당할 수 있을 것이다.

(2011.04.08)

인간과 리더십

젊은이여 꿈이 있는가

김동길

여러분에게는 꿈이 있는가? 마틴 루터 킹 주니어가 워싱턴 모니멘트 앞에서 연설할 때 "I have a dream", 그러니까 "나는 꿈이 있노라"고 말했다. 그리고 그의 꿈이 오늘날 미국사회에, 특히 흑인 사회에 큰 변화를 가져왔다는 것을 우리 모두가 안다. 이처럼 여러분의 가슴 속에 꿈이 있다면 여러분 자신만을 위해서가 아니라 조국을 위해서, 세계를 위해서 위대한 일을 하게 되는 시작이 될 수 있다.

나는 나이가 많아서 80대 접어들면서부터는 지팡이를 짚고 다녀야 했다. 여러분이 생각할 때는 '사람이 어떻게 살다가 지팡이를 짚고 다니게 되는가' 하고 의아스럽게 생각할지 모르지만, 나에게도 여러분과 같은 나이일 때가 있었다. 그 시대에는 나도 참 괜찮았다. 그런데 내 인생의 봄이 가고 여름도 가고 가을도 지나고 오늘, 인생의 겨울철에 접어들어 나이가 85나 돼서 여러분을 찾아왔다. 작년에도 왔고 올해도 찾아왔는데, 내년에는 찾아올 수 없을지도 모른다.

내게도 인생의 봄은 있었다. 지금 봄이 돼서 다들 좋아한다. 봄은 좋은 계절이다. 겨울동안 얼어붙었던 대지를 헤치고 꽃이 피어나고, 죽었던 나뭇가지에 새싹이 움트는 봄을 기다리지 않을 사람이 누가 있는가? 그런데 인생의 봄은 20대까지다. 그러니까 그 시기에는 매일 달라진다. 갓난아기는 태어나서 눈도 못 뜨지만 얼마 있으면 눈을 뜨고, 또 좀 지나면 혼자서 종알종알하고, 다시 얼마 지나면 기어 다니다가 일어서고, 그런 변화가 봄에는 날마다 있다. 그건 봄철의 특색이라 할 수 있다. 그런데 그 봄이 느리게 가지 않는다. 그래서 시인 실러(F. Schiller)는 "짧은 봄이 나에게 다만 눈물을 주었다"고 말하지 않던가.

물론 계절 중에 봄만 좋은 것은 아니다. 여름도 좋은 계절이다. 옛날 노래에도 "녹음방초승화시"(綠陰芳草勝花時)라고 했다. 녹음이 우거지고 풀의 향긋한 냄새가 감도는 여름 한철이 꽃피는 계절보다 못하지 않다는 뜻이다. 그리고 그 여름철도 또 왔다가 금방 간다. 내게도 봄이 있고 여름이 있어서 예전에는 이런 꼴이 아니었다. 머리도 까맣고 숱도 많고 보기도 괜찮았다. 세월이 가는 동안에 이렇게 된 것뿐이다. 여름철에는 누구나 다 보기 좋다. 아무리 고달픈 일을 해도 한잠 자고 새벽에 일어나면 온몸이 가뿐한 시절, 그것이 인생의 여름철 아니던가. 그런데 그 여름이 가고 그 다음에는 가을이 온다. 인생의 40, 50대가 가을이다. 벌써 여름인 20, 30대가 지나서 가을인 40, 50대로 접어드는 것이다. 가을이면 아무리 활기차던 사람도 일단 멈추게 된다. 영어로 말하자면 'slow down'하게 되는 것이 인생의 가을철이다.

40대로 올라서면 세월 지나는 템포가 달라진다. 마흔부터 가는 세월은 하나, 둘, 셋, 이렇게 안 간다. 내가 느낀 대로 분명히 말하면, 마흔에서 마흔넷, 마흔다섯 이렇게 간다. 음악의 용어로 하면 인생의 봄철과 여름철은 아다지오로 가다가, 이제 40, 50대 되면 그때부터 알레그로가 된다. 그렇게 순식간에 겨울철에 접어들게 되고, 그것이 인생이다. 60, 70대도 내가 살아봤지만 60세 이듬해 껑충 뛰어서 70이 되었다. 70을 넘더니 한문에 '일순간'(一瞬間)이란 말이 있듯이 눈한 번 깜빡하면 1년씩 간다. 그래서 몇 번 눈을 깜빡했더니 벌써 85세가 되었다.

나는 공자님을 훌륭한 스승이라고 생각한다. 사람들은 보통 자서전을 여러 권 쓰기도 한다. 한 권으로 내도 아주 두꺼운 자서전을 내곤 한다. 그런데 공자님은 6줄에 자기 인생을 요약했다. 첫째, '십오이지우학'(十伍而志于學)이라 하셨다. 15세에 배움에 뜻을 두었다는 것이다. 여러분보다 많이 늦지 않은가? 그래서 공자님의 제자 중에서 누가 물었다. "선생님은 왜 그렇게 늦게 공부를 시작하셨습니까?" 그러자 공자님은 "난 집이 가난해서 공부를 일찍 못하고 15세나 돼야 공부를 시작했다"고 대답하셨다. 공자님은 자기 인생의 첫 단계를 이렇게 십오이지우학, 배우는 일에 뜻을 두셨다고 말한다.

둘째로는 '삼십이립'(三十而立), 즉 30세에 스스로의 의견이 뚜렷한 사람이 되었다고 하셨다. 다음으로 '사십불혹'(四十不惑), 40세가 되어 유혹에 빠지는 일이 없는 사람이 되었고, '오십지천명'(五十知天命), 50세가 되어서는 하늘의 명령을 헤아리는 사람이 되었다고 하셨다. 공자님은 40세를 매우 중요한 시기로 생각하셨는데, 왜냐하면 40세가 되면 인생을 추수해야 하는 가을철이 되었기 때문이다. 나이 40에 아직도 제 정신 못 차린 사람은 사람 구실하기 어렵다. 그러니까 40세가 되면 유혹을 이겨내는 능력을 지니고 있어야 한다는 것이다. 젊어서는 다소 실수가 있고 과오가 있는 사람도, 나이 40에 마음을 가다듬고 올바른 인생을 살아야 한다. 그래서 젊어서 과오를 두려워할 필요는 없다. 40세가 되었을 때 바로잡아서 사람다운 노릇을 하면 된다. 그런데 젊어서는 괜찮은 사람이었다가 가을철에 접어들어서 성공을 이루고 사회적 지위도 확고하게 되면 슬슬 바람이 나는 사람도 있다. 그러면 이런 사람은 평생 고칠 수가 없다. 젊은 시절의 과오는 바로잡을 수 있는데, 40이 넘어서 과오를 범하면 고칠 길이 없다는 것이다. 그러면 그 나이가 돼서 과오를 못 고치는 사람은 어떻게 하면 좋냐고 했더니 공자님은 죽어야 낫는다고 하셨다. 40세 넘어서 과오를 못 고친 사람이 죽어야 낫는다는 얘기는 곧 어떻게 해도 바로 잡을 수가 없다는 뜻이다.

50세가 지천명이라는 것은 또 무슨 뜻인가? 하늘의 명령을 헤아리는 사람이 되었다는 것이다. 공자님도 그 나이부터 종교적인 생각을 깊이 하는 분이 되었다, 그가 투철한 종교인은 아니었지만, 50세에 귀를 기울이면 하늘의 명령 한마디가 들린다고 하셨다. 하늘의 명령은 간단하다. 지금 미리 들어두는 것이 여러분의 삶을 올바로 잡아가는 것에 도움이 될 것이다. 공자님이 나이 50세가 돼서 들리는 하늘의 명령이 뭐라고 하셨냐면 바로 '내가 너를 불러갈 날이 그리 멀지 않았으니 준비하도록 하여라'다. 아주 명확하다. 그래서 젊어서는 종교를 우습게 보던 사람들이 50세가 넘으면서 종교와 신앙의 필요성을 절감하게 된다.

50세를 지나 60세가 되면 환갑이다. 그리고 공자님은 60세에 대해 '육십이순'(六十耳順), 즉 60세가 되어 남의 뜻에 귀를 기울이고 순종할 줄도 아는 사람이 되었다고 하셨다. 젊어서는 제 잘난 맛에 살고 똑똑한 사람은 똑똑하기만 하지 남을 존중할 줄 모른다. 그러나 60세가 되면 인간이 부드러워져야 된다. 젊어서는 원칙론자로서 모든 것을 이론적으로만 대하고 누구 말도 듣지 않던 사람이 이제 60세가 되면 남의 말에 귀 기울일 줄 알고 순종할 줄도 아는 사람이 되어야 한다는 뜻이다.

그리고 마지막으로 '칠십종심소욕불유구'(七十從心所慾不踰矩), 그러니까 70세가 되면 마음이 원하는 대로 행동해도 법도를 벗어나는 일이 없는 사람이 되었다고 하셨다. 젊어서는 제멋대로 하고 싶은 마음도 있고 단지 원칙에 따라 '이러면 안되지' 하면서 참으려고 노력하는 것이지만, 70세가 넘으니까 마음에 원하는 대로 행동해도 법도를 벗어나는 일이 없다는 것이다. 젊어서는 마음에 원하는 대로 행동하면 원칙에 어긋나는 일이 일어난다. 그래서 젊어서는 법도를 지키려고 노력했지만 70세가 되니 마음에 원하는 대로 해도 법도가 자연스럽게 지켜진다는 것이다.

여러분도 건강하셔서 공자님이 말씀하신 인생의 단계를 밟아보길 바란다. 세월은 정말 빨리 간다. 그러니까 나는 젊었다고 생각하지 말고 인생의 단계를 지금부터 생각하기 바란다.

여러분에게 있어서 제일 소중한 한 가지가 무엇인가? 내가 꿈이 있냐고 질문을 던졌지만, 세상에는 돈 많이 버는 게 꿈인 사람이 정말 많다. 꿈이 그거다. 돈 좀 잘 벌고, 잘 살아봤으면 좋겠다는 것이다. 그렇게 다 되지도 않는다. 미국의 카네기, 록펠러, 포드, 듀퐁처럼 잘 벌어서 잘 쓴다면 또 모른다. 그 사람들에게는 소위 'gospel of wealth', 그러니까 부의 복음이 있었다. 부의 복음이란 자기 돈을 가난한 사람들을 위해서 써야 한다는 것이다. 그게 카네기를 비롯한 부자들의 철학이었다. 또 이런 사람도 있다. '돈 많이 벌어서 뭐하는가. 빨리 은퇴해서 좀 한가롭게 휴양지를 다니면서 놀고 싶다.' 그러나 대개 그렇게 안된다. 마음대로 안되는 것이 인생이다. 오늘 행복한가? 내일 행복하리라는 보장은 없다. 오늘 집안이 좋고 부유한가? 내일 아버지의 사업이 계속 잘된다는 보장도 없다. 인생은 그런 것이다.

나도 이전에는 서서 강의를 두 시간 넘게 해도 피곤한 줄을 몰랐다. 그런데 벌써 80세가 되니까 힘이 든다. 그러니까 이렇게 강좌에 나오는 것도 늘 마지막이라고 생각하고 나온다. 다음에는 없다는 마음으로 나온다. 그 다음에는 살아있지 않을 수도 있으니까 말이다. 그래서 봄철이 되고 겨울에 입던 옷들을 세탁소에 보낼 때도 나는 '이번 겨울에 저 옷을 다시 입을 수 있을까' 하고 생각을 한다. 여러분도 인생의 결론이 무엇인지 생각하라. 인생에 있어서 가장 소중한 것이 뭔지 생각하라.

우리 역사 속에 꿈이 있는 분들이 있어서 오늘 조국이 이만한 거라고 본다. 나는 늘 고려 말에 훌륭한 인물이었던 정몽주 선생을 생각한다. 그에게는 꿈이 있었다. 꿈이 있었기에 과거의 3장(초장, 중장, 종장)에 연이어 장원을 차지하였다. 그런데 정몽주 선생은 당시 고려조가 무너져가니까 나라를 바로 세우려고 하는 게 꿈이었다. 이성계 일파는 자꾸 정몽주 선생을 자기 편에 끌어들이려고 했다. 자기들에게 오라고 자꾸 권했다. 그러나 정몽주 선생은 그들에게 가지 않았다. 그러니까 이성계 일파가 위화도 회군하고 군사 쿠데타에 성공하고 새로운 왕조를 세우려 할 때 정몽주 선생을 회유해도 오지 않으니까 이성계의 아들 이방원이 정몽주에게 시조 한수를 띄운다.

> 이런들 어떠하리 저런들 어떠하리
> 만수산 드렁칡이 얽어진들 어떠하리
> 우리도 이같이 얽혀져 백년까지 누리리라

이것은 만수산에 관한 노래가 아니다. 풀어서 말하자면, '정 선생, 그러지 말고 오시오. 충신은 불사이군이라는 건 다 낡은 생각입니다. 오셔서 마치 만수산의 칡넝쿨이 서로 얽히듯이 우리 손잡고 한평생 부귀영화를 누리며 살아봅시다'라고 권하는 시조다. 정몽주 선생이 출세와 감투에만 관심이 있는 사람이었다면 그렇게 좋은 기회가 어디 있겠는가? 만약 정몽주가 이를 받아들였으면 그 후손이 저 한강변에 동상을 세우고 한국인들이 우러러 보면서 그의 지조에 감탄할 수 있겠는가. 그는 정신이 살아있기에 오늘날까지 존경받는 것이다. 다시 얘기로 돌아가서 이방원의 시조에 정몽주는 시조 한 수로 대답했다.

이 몸이 죽고 죽어 일백 번 고쳐죽어
백골이 진토되어 넋이라고 있고 없고
님 향한 일편단심이야 가실 줄 있으랴

이 시조를 읊고 그분은 선죽교에서 살해당해 세상을 떠나셨기 때문에 지금도 그 선죽교에는 정몽주 선생이 흘린 핏자국이 있다라고 말한다. 양화대교에서부터 강남에서 강북으로 가는 다리를 타고 육지에 도착하자마자 왼편 저만큼에 서 계신 정몽주 선생의 동상을 보면서 한국인이 다 자랑스럽게 생각하잖은가. 멋있는 한국인이라고 말이다. 그는 정신이 살아있었다. 그의 가슴속에 있던 꿈은 무엇이었는가. 내가 섬기는 고려조를 위해서는 나는 절대로 양보가 없다는 게 그의 정신이었다. 이것은 우리 민족에 흐르는 정신이다. 그리고 여러분에게 꿈이 있는가 묻는 것은 이렇듯 위대한 선배의 정신을 가슴속으로 생각해보라는 뜻이다.

세계는 왜 본회퍼라는 사람을 존경하는가. 본회퍼는 히틀러 같은 악인이 계속 지도자로 있으면 많은 사람이 죽게 되니까 그를 제거하려고 했다. 그러나 그는 암살 계획이 들통 나서 붙잡혔다. 그리고 재판받고 사형을 선고 받았다. 그런데 본회퍼가 훌륭한 점은 그가 운명을 맞이하는 태도에 있다. 장 폴 사르트르라는 실존주의 철학자를 아는가. 이 사르트르가 병들어서 죽게 되자 철학의 대가라는 사람이 죽음을 앞두고 병실의 벽을 박박 긁으면서 "나는 이제 어디로 가지?"라고 고통스러워했다. 그런데 본회퍼는 그렇지 않았다. 나도 서대문 구치소에 한참 갇혀있었지만, 거기에 갇혀 있으면서 내가 안 사실은 대개 사형 집행은 새벽에 한다는 것이다. 감옥에는 마루나무 교수대가 있는데 교수형을 당하는 사람은 새벽에 그곳으로 불려간다. 새벽에 '아무개!' 하면 나가야 되는 것이다. 대개 빨간 딱지를 붙이고 있던 사람들이 가는데, 가게 되면 돌아오지 않는다. 아마 본회퍼도 새벽에 불려갔을 것이다. 새벽에 본회퍼의 이름을 불러서 본인이 갈 시간이 되니까 그는 태연하게 나와서 자기 옆방의 친구에게 인사를 했다. "아무개, 나 먼저 가요" 하고 말이다. 멋있는 사람 아닌가? 그러니까 그는 준비가 되어 있었던 거다.

우리 역사 속에 위대한 인물로는 또 사육신들이 있다. 수양대군이 왕위를 찬탈하고 세조가 되는 과정에서 많은 사람들이 목숨을 내놓게 된다. 자기가 섬기던 세종대왕과 문종과 어린 단종에 대해서 의리를 지키고 책임감 있던 사육신들은 각오가 되어있는 사람들이었다.

세조가 왕위를 찬탈했는데 그것을 그대로 둘 수 없어서 '세조를 해치우고 폐위된 단종을 다시 모시는 것이 우리의 책임 아니냐'는 생각으로 모였던 대단한 사람들이다. 이들은 또한 모두 30세 전후에 장원급제한 시대의 수제들이었다. 그런데 거사하기로 했던 날에 일이 제대로 안 풀려서 연기했는데 김질이라는 사람이 밀고를 해서 일망타진되었다. 그래서 이들이 모두 다 붙잡혀갔다. 더러는 자기 집에 포졸들이 들어오니까 자결한 사람도 있었다. 잡힌 자들은 고문을 당했는데 요즘에는 전기고문 등이 있지만 옛날에는 주리를 틀고 손톱을 뽑고 더 잔인하게 고문했다. 이 중에 성삼문도 있었는데 그는 인두나 쇠갈고리 같은 것을 숯불에 달궈서 장딴지를 지지는 고문을 당했다. 보통 사람이면 정신이 혼미해서 손들었을 것이다. 그러나 성삼문은 그런 사람이 아니었다. 벌겋게 달궈진 쇠갈고리를 갖고 장딴지를 지지는 형리를 향해서 그는 이렇게 말했다. "야 이놈아! 식었다! 다시 달궈가지고 와!" 이게 바로 우리 민족의 정신이다. 이게 꿈이 있는 한국인의 가슴속에 있는 정열이다. 고문당하면서도 식었으니 다시 달궈가지고 오라는 것이다. 그러니까 그런 무서운 사람이 역사 속에 있어서 오늘 조국이 이만한 것이다. 성삼문과 그 동지들은 그렇게 악형을 당했지만 끝까지 버텼다. 정신이 똑바로 서있어서 본회퍼가 사형 당하게 될 때에 먼저 간다고 인사한 여유가 있듯이 성삼문도 시 한 수를 남겼다. 성삼문이 뭐라고 읊었는지 아는가. 아마 성삼문이 형장으로 끌려갈 때 북을 두들겼던 것 같다. 서양에서도 장례식 때 북을 치며 장례 행렬을 한다. 그래서 성삼문이 떠나면서 절명시를 한 수 남긴다. "격고최인명"(擊鼓催人命), 북소리 동동 울려 사람 목숨 재촉하니, "회두일욕사"(回頭日欲斜), 고개 돌려 바라보니 해는 지려는데, "황천무일점"(黃泉無一店), 황천길에는 주막집 하나 없다고 하니, "금야숙수가"(今夜宿誰家), 오늘밤은 누구 집에 묵으려나. 이렇게 성삼문은 시 한 수 남기고 한강변에서 거열형을 당했다. 역적이니까 삼족을 멸하고 팔다리를 우차에 매어 온몸을 찢어 죽이는 것이다. 그런 악형을 당해도 흔들림 없이 태연하게 죽음의 자리에 가는 인물이 역사 속에 있다. 그래서 한국이 위대한 나라인 것이다.

이렇게 그들이 다 찢겨 죽고 한강변 모래사장에 내동댕이쳤다는 것을 생각하면 시를 읽으면서 눈물겨워진다. "북소리 동동 울려 사람 목숨 재촉하니, 고개 돌려 바라보니 해는 지려는데, 황천길에는 주막집 하나 없다고 하니, 오늘밤은 누구 집에 묵으려나." 그렇게 말하고 태연하게 사형장으로 끌려가는 한 사나이, 그 가슴속의 꿈, 그 정신, 그것이 있어서 오늘 조국이 이만한 것이다.

만일에 이순신 장군의 가슴속에 그런 꿈이 없었다면 한국은 일본의 일부가 되었을 것이다. 모두가 알듯이 1592년은 임진왜란이 일어난 해인데 만일에 그때 이순신 장군이 조국을 지키지 못했으면 오늘 한국은 없다. 그때는 민족의 주체성이 확립되기 전인데 우리가 이 땅을 일본에게 빼앗겼으면 저 홋카이도, 규슈와 같이 일본의 일부 조센으로 끝났을 것이다. 그런 나라를 충무공 이순신이 가슴속의 꿈으로 지킨 것이다. 율곡 선생은 10만 양병설을 주장했지만 조정에서 듣지 않았다. 파벌싸움 때문에 안되는 거다. 한쪽은 일본에 갔다 와서 이렇게 말하고, 다른 쪽은 갔다 와서 저렇게 말하고, 의견이 맞지가 않는다. 황영길 일파처럼 일본이 쳐들어올 것이 분명하다고 보고하는 쪽도 있었지만, 김성희 일파는 자기가 도요토미 히데요시를 직접 만나봤는데 생긴 것이 원숭이처럼 생겨서 큰일을 하지 못하니까 쳐들어오지 않는다고 했다. 그래서 결국 조정에서는 전쟁을 준비하지 않았다.

그러나 하늘은 꿈을 가진 한 사람을 조선에 두었으니 바로 충무공 이순신이다. 저명한 국사학자인 홍의석 교수가 한번은 이런 이야기를 했다. 충무공 이순신은 일본이 쳐들어온다는 정보를 어디서 받아가지고 그 준비를 다 했을까. 조정에서도 하지 않은 준비를 어떻게 한 것일까. 바로 율곡 이이를 통해서라고 한다. 문중모임에서 율곡 선생이 충무공을 보고 일본이 쳐들어올 것이 분명하니까 준비해야 된다고 해서 충무공은 그 말을 듣고 준비했다는 거다. 조정이 알아주는가? 그때 해전에 나가서 이기고 돌아오면 뭐라고 하는 줄 아는가? 일본놈과 내통했다고 말했다. 그것이 말이 되는가. 그래서 조정에 의해 번번이 재판을 받고 두 번이나 백의종군하게 된다. 충무공이 삼도수군통제사였는데 이 계급이 오늘 해군의 계급으로 치면 중장은 된다. 그런데 중장 보고 계급장 다 떼고 졸병이 돼서 전쟁에 나가라고 하면 과연 나갈 사람이 있는가? 자기가 지휘하던 졸병들과 같이 나가라는 것은 모욕 중의 모욕이다. 그러나 꿈이 있는 충무공 이순신은 그 뜻을 따라간다. 그것도 두 번이나 했다. 두 번째 백의종군 하실 때는 심지어 모친상을 당했다. 효성이 지극하던 충무공은 어머니를 잃고 인생이 잿빛으로 보이고 더 이상 살고 싶지 않았지만, 나라의 명을 받들어 백의종군하러 나간다. 그런데 얼마나 고통스러웠는지 「난중일기」에 "나는 죽고 싶다"고 고백하시기도 했다. 그럼에도 충무공은 가슴속의 꿈 때문에 백의종군한다.

역사에 백전백승이란 말이 있지만 백 번 전쟁에 나가는 장군도 없고 백승하는 사람도 없다. 많이 나가봐야 대여섯 번 나가는데, 충무공은 기록을 보면 33번 전쟁에 나가 33승을 거둔다. 한 번도 저 본일이 없는 대단한 사나이다. 그런데 그런 사람이 모함을 당해서 백의종군하게 되는데 두 번째 백의종군할 때 충무공도 마음이 참 쓸쓸했는지 "나는 죽고 싶다"고 적는다. 그러나 그러면서도 그는 끝까지 조국을 위해 나갔다. 가슴속에 꿈이 있기 때문이다. 이 조국을 살려 여러분에게 물려줘야 했기 때문이다. 그때 일본에 넘어가면 안됐기 때문이다. 그래서 1905년, 1910년에 일본이 다시 침략할 때 안중근 의사도 나오고 이봉창 의사도 나오고 윤봉길 의사도 나오고 이 모든 애국 투사들이 그 정신을 이어 받는 것 아니겠는가.

다시 얘기로 돌아와서 전쟁이 급박해지니까 조정은 이순신이 백의종군하는 도중에 지휘봉을 다시 쥐어드리고 일본군을 물리치기만 해달라고 부탁한다. 이때 충무공 이순신이 장계 한 장을 올려 조정에 답장한다. 일본군을 밀어내기만 하라는 훈령을 받고 그는 왜적을 섬멸해야 한다는 장계를 올린 것이다. 그 각오를 그는 두 줄에 적었는데, 뭐라고 했냐면 "상유십이"(尚有十二), 신에게는 아직도 열두 척의 배가 남아 있사옵고, "미신불사"(微臣不死), 이순신은 아직 죽지 않고 살아있습니다라고 올렸다. 조정에서는 그런 약한 말씀을 하지 말라는 것이다. 꿈이 있는 사람의 가슴속에는 용기가 있다. 그러기에 이충무공이 다시 지휘봉을 들고 명량해전에서 일본을 무참하게 깨버렸다. 그리고 마지막 노량해전을 통해서 그는 가시고 조국을 살렸다. 그의 가슴속의 꿈이 조국을 살려서 오늘날 여러분들이 조국을 위해서 무슨 일을 할 수 있는지 생각할 수 있는 위대한 시대가 왔다. 나는 그런 꿈이 여러분의 가슴속에 있기를 바란다.

(2012.04.13.)

꿈과 믿음이 미래를 결정한다

류태영

내가 지금 칠십대 중반이 넘었다. 나는 어떤 사상이나 학술적인 얘기가 아니라 내 인생에서 여러분에게 꼭 전달하고 싶은 내용들을 내 경험을 통해서 전하려고 한다. 내가 무엇을 위해서 살아왔고 여러분들은 무엇을 위해서 살 것인가, 또 어떻게 살 것인가에 관한 것을 얘기하려 한다. 결론부터 말하면, 나는 45년 전에 덴마크 국왕의 특별 초청으로 유학을 갔다. 가서 덴마크어를 배우고 덴마크의 대학원에서 공부하고, 우리나라에 돌아와서 1970년대 초에 청와대에 초청되어 최초로 새마을담당관실을 만들고 초대 새마을운동 담당관이 되어서 우리나라에 새마을운동 관련 정책을 세우고 실행했었다. 또 이스라엘 대통령이 초청을 해주어서 이스라엘로 유학 가서 히브리대학교 석·박사학위를 받고 동양 사람으로는 최초로 이스라엘 국립대학의 교수로 임명되어 농촌사회학을 가르치다가 돌아왔다. 그리고 건국대학교에 교수로 26년 재직하는 동안에 학장, 학생처장, 박물관장, 부총장을 역임하였고, 세계 67개국에서 초대 받아 강의도 하고 정책 세우는 일에 참여하였다. 도시로 말하자면 150개 이상의 도시, 출국한 횟수만 200여 회가 된다. 이 동안 단 한 번도 내 돈 내고 비행기를 타 본 적이 없다.

지금 나에 대해 몇 가지를 얘기했지만 여러분들이 나보다 더 잘할 수 있는 능력과 자질을 다 가지고 있다는 것을 느끼도록 하는 것이 내 목적이다. 나의 이야기를 통해 여러분은 '최소한 류태영 교수보다는 훨씬 큰일을 할 수 있다'는 것을 꼭 느끼길 바란다. 내가 꼭 전해주고 싶은 가치들은 '신념'과 '용기'와 '노력'이다. 이것들을 반드시 기억해두기 바란다.

신념은 곧 믿음을 말한다. 성서에선 예수님께서 '겨자씨만한 믿음 하나만 있어도 산을 옮길 수 있다'고 할 만큼 믿음의 중요성을 강조하셨다. 그러한 믿음을 가지고 용기를 내어야 한다. 그리고 용기를 넘어서 조금 심하게 말하면 만용을 부릴 수 있어야 한다. 가령 10억 가진 사람이 금년 말에 가서 100억을 벌겠다, 500억을 벌겠다고 하면 용기 있다고 한다. 그러나 10억 가진 사람이 1조원을 벌겠다고 하면 '야, 너 미쳤냐?' 할 것이다. 마찬가지다. 여러분이 가지고 있는 재능과 사회적인 지위와 위치가 현재는 작지만, 원대한 목표를 향해서 달려들면 일상적으로 생각할 때 불가사의하고 있을 수 없는 그런 일들을 실현할 수 있다는 것을, 그 비결을 내 경험을 통해서 여러분들에게 들려드리려 한다.

백번 넘어져도 일어난다는 말이 있다. 오뚝이 인형은 손가락으로 일만 번을 밀어도 벌떡 일어난다. 왜 그런지 아는가? 그 오뚝이 속에는 납이나 묵직한 무게로 중심을 잡아 놓았기 때문이다. 그래서 몇 번을 밀어도 계속 일어난다. 바로 그 납을 지니라는 것이다. 여러분들의 가슴속에 오뚝이 인형의 묵직한 납과 같은 것을 지니라는 말이다. 그처럼 묵직한 것이 자리하게 되면 1,000번을 실수 하더라도 1,001번째에 일어나게 된다. 그럼 그 안에 들어있는 것이 무엇인가 하면 바로 신념과 용기와 노력이다.

내가 건국대학교에서 교수로 지낸지 10년 되었을 때의 일이다. 이사장이 세계 각국에서 돌을 수입해서 그 나라 문자를 새기고 그들의 정신을 상징하는 문구를 그 나라 말과 우리말 그리고 영어로 새겨서 기념비석을 만들자는 아이디어를 내셨다. 그래서 총장한테 부탁하고 부총장이 구체적인 계획을 세우게 됐다. 부총장은 특별 위원회를 구성해서 두 달 동안 이 안건에 대해 회의를 했는데, 위원회가 낸 결론이 안된다는 것이었다. 그 이유가, 예를 들어 돌 하나 수입하려면 일본 같은 나라만 해도 몇 번을 오가야 하는데, 아프리카, 중남미 등등 세계 각지를 어떻게 다 가서 각각의 나라에서 각지의 돌을 하나씩 구하냐는 것이었다. 그래서 부총장이 안된다고 이사장한테 보고를 하자 이사장이 내게 부탁을 했다. 여러분이 나라면 부탁을 받았을 때 뭐라고 했겠는가. 나는 이사장에게 두 가지 질문을 했다. "내가 이 일을 추진하는데 세계 각국을 도는 예산은 얼마나 주시겠습니까?" 그랬더니 단돈 십 원도 줄 수 없다고 대답한다. 80개 국에서 돌을 가져오라면서 십 원 한 푼 안준다고 한다. 그래서 내가 다시 두 번째 질문을 했다. "돈은 안 줘도 영어에 능숙한 직원 한 명은 배속해 주시겠습니까?" 그래야 편지를 쓰고 부탁도 할 거 아니겠는가. 그런데 그것도 알아서 하라고 대답한다. 여러분 생각해보라. 여러분이라면 그런 부탁 받았을 때 뭐라고 하겠는가. 회사에 나가서 근무한다던지 학교에서 윗사람이 그런 부탁을 했을 때 막말로 '야, 너 미쳤어? 그러고도 이사장이야?'라는 말이 나올 법하지 않은가. 하지만 내 대답은 "하겠습니다"였다. 시간나면 건국대학교 한 번 와보라. 결국 80개를 다 세워 놨다. 그러면 도대체 어떻게 세웠을까? 바로 신념, 내가 할 수 있다는 믿음으로 세웠다. 물론 마음만 먹으면 안된다. 실행으로 옮겨야 한다.

이사장한테 부탁을 받고 두 달 후, 유학생들을 인솔하고 이스라엘에 가게 되었다. 그런데 이스라엘에서 돌을 기증 받아서 가져다 놓아야겠다고 생각은 했는데, 누구한테 가서 무슨 부탁을 해야 할지 몰랐다. 그래서 누구를 찾아가야 할까 고민하다가 가만 생각해보니, 이게 일종의 국제 문화교류니까 아무래도 외교부를 찾아가야겠다 싶었다. 그래서 아무런 선약도 없이 외교부를 찾아갔다. 여러분들이 아는지 모르겠지만 외교부엔 면회실이 있는데 외교부 사람을 만난다고 하는 것은 먼저 약속이 되어 있어야 들여보내 주지 그냥은 들어갈 수가 없다. 그래도 일단은 가봤는데 그때까지도 누구를 만날지도 몰랐다. 그런데 외교부 건물에 들어가니 외무성 기구표가 옆에 붙어 있어서 가만히 보니깐 정보문화국이 있었다. 그래서 면회신청을 하고 내가 한국에서 온 류태영 교수인데 정보문화국장을 좀 만나러 왔다고 얘기했다. 그랬더니 직원이 약속을 했냐고 물어서 없다고 했다. 직원은 당연히 약속이 없으면 안된다는 대답을 한다. 그래서 생각 끝에 그렇다면 국장 비서하고 좀 통화할 수 있는지 물었더니 내선전화를 돌리란다. 내선전화를 돌리고 국장 비서에게 내가 한국에서 온 누구이고 국제적으로 중요한 문제로 찾아왔다고 말하자 여전히 만나는 건 안된다고 해서 그렇다면 국장하고 잠깐 통화는 할 수 있느냐고 했더니 한참 있다가 국장이 전화를 받았다. 그래서 내가 국장에게 "국제적으로 아주 중요한 일로 찾아왔는데, 딱 3분만 얘기하겠다. 3분만 얘기하고 당신이 관심 없다면 방해하지 않고 물러나겠다"고 말했다.

강력하게 이야기하면 사람이 빠져든다. 그건 경험 안 해본 사람은 모른다. 자신감을 갖고 얘기하면 빨려 들어온다. 내가 저렇게 얘기하자 국장은 나를 만나주었다. 한 번도 본 적 없는 사람이 말이다. 들어가서 간단하게 내 소개를 하고 내가 온 이유를 말했다. "세계 각국에서 각국의 돌을 수입해서 각국의 언어로 각 민족의 정신을 보여주는 문구를 새겨 기념비석을 만들려고 한다. 80개 국을 정해서 만들기로 했는데, 내가 이스라엘에서 공부도 하고 교수도 했는데 이스라엘을 제외시킬 수 없어서 찾아왔다." 그러자 국장이 벌떡 일어나서 이스라엘 것만 빼면 안된다고, 절대 빼놓지 말라고, 찾아와줘서 고맙다고 하는 것이다.

얘기가 여기까지 흘러 이제 돌을 구하는 문제로 넘어갔다. 그런데 이 돌값이 상당히 비싸다. 국장도 재미있는 것이 내가 돌값 얘기를 하니까 예산 부족으로 돌값은 지원할 수 없다고 딱 잘라 말한다. 그래서 돈을 안내고 하는 방법이 있다고 하니까 눈을 번쩍이지 않겠는가. 내가 예루살렘에 있을 때 보니까 큰 석재공장이 있었다. 그러니까 국장이 석재공장 사장한테 전화 한 통만 해놓으면 내가 가서 이야기하겠다고 했더니 국장이 바로 전화를 넣어서 내가 석재공장을 찾아갔다. 석재공장의 사장을 찾아가서 국장에게 얘기한 것처럼 내가 온 이유를 설명하니까 사장이 예루살렘에서 제일 좋은 돌로 골라서 해주겠다고 한다. 이제 돌은 구하게 된 것이다.

그 다음은 운송에 대한 문제가 남았다. 돌을 예루살렘에서 홍해바다까지 가져오고 홍해바다에서 인천바다까지, 인천바다에서 건대까지 운반해야 되는데, 이 운반비용이 또 막대하다. 그때 국장이 나보고 뭐라고 했는지 아는가? "그럼 그것도 돈 안내고 하는 방법이 있는가"라고 묻는다. 그래서 내가 있다고 얘기했다. 이스라엘 살 때 보니까 해운회사가 있는데 그 회장한테 전화 한통만 걸면 내가 가서 얘기하겠다고, 그러니까 비서한테 전화 걸라고 했더니 내가 시키지도 않은 말을 한다. 비서가 전화를 걸더니 "외무부 장관께서 특별히 관심 갖고 계신 한국의 류태영 박사가 가니 얘기를 들어보고 협력해주시기를 바랍니다"라고 한다. 그래서 그 해운회사를 가서 회장을 만나 같은 설명을 했다. 그리고 만약 이 해운회사가 이 돌을 건국대학교까지 무료로 운반해주면 돌 뒤에다 당신네 회사의 공적을 써주겠다고 했더니 수락했다.

여기서 끝이 아니다. 돌에 새길 문구도 디자인해야 했다. 그냥 마음대로 하는 게 아니다. 문구를 선정해야 된다. 그래서 문화부에 전화해서 문화국장을 만났더니 당신이 말한 대로 가로 세로 크기를 맞춰 그 문자를 보내준다고 하고 결국 약속대로 전부 디자인해서 보내왔다. 그 다음에 한국에 약 한 달 후에 왔다. 그러면 이제 상식적으로 기념비석을 학교에 세우는 값은 학교에서 내야할 것 아닌가. 그런데 학교가 그 돈도 안낸다. 예루살렘에서부터 여기까지 가져왔으면 비석 세우는 돈은 학교에서 내야 할 텐데 그 돈도 내가 알아서 하라는 거다. 어떻게 하겠는가. 다시 고민해보니까 동문회 회장들이 돈을 잘 내는 게 생각났다. 어느 날 중소기업 사장이 마침 와서 비석 세우는 값이 한 3백만 원 되는데 당신이 비석값을 내주면 당신이 비석 세우는 값을 냈다는 것을 새겨주겠다고 했다. 그러자 그 분이 즉시 수표를 건네줬다. 그렇게 우여곡절을 겪어서 80개 국을 다 했다.

여러분, 처음에 이 이야기를 들었을 때를 다시 떠올려보라. 처음 부탁 받았을 때는 어땠는가. 말도 안되는 일이 아니었나.

나는 가난한 집에 태어나서 학교를 못 다녔다. 여러분과 비교하면 정말로 말도 안된다. 우리 집안은 8남매가 있어서 너무 가난했다. 할아버지 때 보증을 잘못 서서 집안이 다 망해 버렸다. 그래서 아버지가 남의 집에서 머슴살이를 했다. 얼마나 가난했는지 내 위에 형님 2분과 누님 2분 중 한 명도 초등학교에 입학한 일이 없다. 나도 당연히 못 들어간다. 중학교, 고등학교 얘기가 아니라 지금 초등학교 얘기다. 가난하니까 온 집안과 친척들 모두 못 다니고 그냥 놀았다. 여러분 초등학교 못 다녀서 고생해본 사람 있는가?

9살이 되니까 아버지가 큰 맘 먹고 나를 초등학교에 입학시켜 주셨는데, 우리 집안에서 내가 초등학교 입학이 1호였다. 그나마 초등학교도 겨우 졸업했고 중학교는 꿈에도 못 갔다. 여러분들 중 이만큼 가난한 사람이 있는가. 난 중학교에도 못 들어가고 머슴살이를 몇 년 했다. 지게 지고 산에 들어가서 일하고 남의 집, 남의 논, 남의 밭에서 일하며 살았다. 마음속에는 초등학교 5학년 때부터 '왜 이 나라가 이렇게 못 살고 농촌이 이리 처참한가? 나는 커서 어떤 한이 있더라도 이 나라가 잘 사는 사회가 되도록 노력하겠다'고 다짐했다. 그렇게 생각해보니 공부를 해야 하는 거다. 그런데 공부를 어떻게 하는가. 새벽에 일어나서 새벽기도 갔다 오고 토란 재배하고 일하니까 시간이 없었다. 그래도 지금 내게 주어진 상황에서 최선을 다하자고 다짐했다. 그래서 토끼를 몇 마리 잡아 망태기에 넣어서 팔아가지고 『중학강의록』이라고 하는 책을 사서 혼자 독학을 했다. 지금으로 치면 방송통신학교 교재 같은 거다. 그렇게 공부를 몇 년을 했다. 그리고 18살이 되던 해에 읍내에 중학교가 생기게 되는데 내가 하도 지게 지고 다니면서 공부만 하니깐 소문이 나서 읍내에 잘 사는 장로님 댁에서 나를 불러다가 테스트를 한 끝에 그 집에서 먹고 자면서 중학교를 다니게 해줬다.

내가 살던 고향은 앉아서 보나 서서 보나 산만 있는 동네다. 깊은 산골에 있는 중학교를 18살 때 들어간 거다. 여러분은 18살 때 어떻게 다녔는가. 앉아서 보나 서서 보나 깊은 산골에 있는 중학교를 다닌 소년이 있는데 본인하고 비교하면 누가 나은가. 그런데 그 소년이 나이 40대에 대학교 다녔다면 여러분들은 20대에 총장을 해야 된다. 못할 것 뭐 있는가. 초등학교 제대로 다니고 중학교 제대로 다니고 고등학교 재대로 다녔는데, 여러분은 전부 그럴 수 있는 능력을 갖고 있다. 딱 하나, 오뚝이처럼 중심을 가지게 되면, 그 믿음을 가지고 용기를 내서 노력하면 여러분은 나보다 월등히 낫다.

촌에는 또 고등학교가 없었다. 그래서 어머니에게 서울 올라가는 차비만 달라고 해서 어머니가 간신히 빚을 내서 6·25 직후에 서울에 올라왔다. 그런데 차비는 서울 가는 차비만 있고 오갈 데도 없었다. 어떻게 하겠는가. 기차역에서 자고 다리 밑에서 자고 나무 밑에서 자고 했다. 그게 내가 21, 22살 때이다. 대학생 나이 때 잘 데가 없어서 길가에서 자고, 고등학교도 못 다니고 했다. 먹고 살려고 길가에서 구두닦이 하고 신문팔이를 얼마나 했는지 모른다. 그래도 마음속에는 계속 공부를 생각했다. 공부하고 능력을 키워서 가난한 농촌을 살리겠다고 계속 생각했다. 그래서 신문배달 하고 구두닦이 하는 동안에 나중에 들으니까 미군부대에서 구두닦이 하면 그곳의 천막에서 재워준다고 하는 얘기를 들었다. 그때 영등포, 대방역 앞에 미군부대가 있었는데 거기 가서 얘기했더니 나보고 구두 닦고 콘센트라는 부대의 목침대에서 자라고 했다. 그래서 잘 곳이 있으니까 이제 학교 갈 생각을 했다. 가려고 생각하니까 고등학교 입학시험 끝난 지가 이미 3개월 반, 개학한 지가 두 달 반이 넘었다. 게다가 등록금도 없었다. 그래도 그냥 학교에 갔다. 시험도 안 보고 돈도 없는 놈이 학교를 어떻게 가는가. 그때 그 부대에서 야간학교 다니는 애를 따라 노량진 산꼭대기의 동양공업고등학교에 들어갔다. 그리고 교장실로 가서 무릎 꿇고 애원했다. 내가 서울에 구두닦이 하러 온 게 아니라 공부하러 왔다, 우리 아버지가 남의 집 머슴살이 하는데 식구들 밥을 못 먹인다, 그러나 이것은 우리 아버지 책임이 아니라 농촌이 잘못된 것이고 나라가 잘못된 거다, 교장 선생님이 나를 입학시켜주면 내가 성장을 해서 반드시 이 문제를 풀겠다 … 그러니까 교장 선생님이 감동해서 특별입학을 시켜주셨다. 그 동안에 뒤떨어진 진도는 내가 따라가겠다고 했다. 여러분 생각해보라. 고등학교 입학시험 안 보고 개학한 지 석 달 반 뒤에 1학기가 거의 끝날 때다. 시험도 안 봤을 뿐만 아니라 입학금도 수업료도 없이 들어갔다는 말 들어 봤는가. 아마 여러분이라면 생각부터도 안 하고 안된다 할 것이다. 그런데 된다. 마음먹어 보라는 것이다. 대학도 야간대학을 갔다. 그때는 야간대학에 장학금 제도가 없었다. 그래서 1년 공부하고 휴학하고 하루종일 돈 벌어서 또 등록금 내고 1년 다니고 휴학하고 돈 부지런히 벌어서 내가 입는 돈, 먹는 돈, 모든 생활비를 마련했다.

그런 동안에도 나는 멀리 내다봤다. 어떻게 하면 이 나라가 잘살까. 그래서 도서관에 가서 책을 읽으면서 약소민족국가에서 부유한 나라가 된 사례는 없는지 찾아보았다. 네덜란드, 오스트리아, 스위스, 룩셈부르크, 덴마크 등등. 그 중에 덴마크라는 나라가 눈에 띄어서 집중적으로 공부했다. 이 나라에 대해서 공부하고 유학을 가겠다는 생각이었다. 구두닦이 하면서 길거리에서 자는 아이가 유학을 간다는 게 말이 되는가. 그러나 나는 13년 만에 유학을 떠났다. 내가 어떻게 했을까?

어느 날 영어로 편지를 썼다. 누구한테 붙일지도 몰라서 누구한테 보낼지 모르는 바에는 나라에서 제일 높은 사람한테 보내는 게 좋지 않겠느냐고 생각하면서 편지를 썼다. 그리고 도서관에 가서 대백과사전에 들여다보니, 프레드릭 9세가 덴마크의 국왕이라 쓰여 있었다. 국왕이면 제일 높을 것 아닌가. 그래서 편지 서두에 '프레드릭 9세 임금님 귀하'라고 썼는데 주소를 알 수가 있어야지 말이다. 백과사전엔 프레드릭 9세가 어디에 몇 번지 산다는 이야기가 없었다. 결국 편지는 다 써놓았는데 부치질 못했다. 그러다가 주소도 모르고 아무것도 모르지만 그 나라 편지 배달부가 임금님 사는 데가 어딘지 모를 리가 없다고 생각했다. 아무리 편지 배달부라도 임금님이 어디 사는지 모르는 사람이 어디 있겠는가. '덴마크 우체국에 보내면 배달이 되겠지, 아마 그 나라 수도 코펜하겐에 살겠지'라고 생각했다. 그래서 '프레드릭 국왕 귀하, 코펜하겐, 덴마크' 이렇게 해서 붙였다. 편지가 들어갔을까? 상식적으로 한 나라의 수장을 면회하는 것은 우리나라의 수장이 외교를 통해서 가는 것이지 구두닦이가 쓴 편지가 과연 국왕에게 가겠는가?

그런데 한 달 가까이 되니까 편지가 왔다. 보니까 "Office of Royal Danish King"이라고 써있고 주소도 있고 전화번호도 있는 편지가 나한테 왔다. 열어보니까 A4용지 절반만한 용지에 "Assistant to the

Royal Danish King"이라고 적혀 있었다. 영어로 임금님 보좌관이다. 편지 내용은 간단하게 딱 세줄 반이었는데, "임금님이 당신의 편지를 읽으시고 감동하셔서 행정부에 이첩을 했습니다"라고 적혀있었다. 다시 열흘 남짓 지나서 편지가 또 왔다. 이번엔 외무성에서 왔는데 A4용지를 꽉 채워서 편지가 왔다. 그 내용을 읽어보니 "당신이 원하는 기간 동안 당신이 원하는 학교에서 당신이 원하는 분야를 공부할 수 있도록 덴마크가 책임을 지기로 했습니다"였다. 여러분은 이런 장학제도를 들어본 적 있는가? 내가 원하는 기간 동안 원하는 장소에서 원하는 분야를 마음대로 공부하라는 거다. 내가 뭐라고 회답을 했겠는가. 나는 덴마크의 대학은 하나도 몰랐다. 그러니 어디 가서 공부한다고 쓰겠는가. 그래서 생각하기를 그 나라 가서 말을 먼저 배워야 하니까 'Intensive Language Course'라고 썼다. 그리고 편지에 "덴마크어를 가르치는 언어 과정에 나를 넣어주면 덴마크어를 배우는 동안에 모든 걸 계획해서 몇 년 동안 어디서 무엇을 배울 건지 말씀드리겠습니다"라고 회답했다. 그랬더니 임금님 특명이기 때문에 왕복 비행기 표와 정식 초청장이 왔다. 가는 도중에 일본에서 하룻밤을 자야 되는데 일본에서 묶을 호텔 값도 나왔다.

그렇게 해서 나는 덴마크를 갔다. 덴마크를 알지도 못하고 덴마크 사람 본 적도 없고 덴마크 갔다 온 사람도 본 적 없는 내가 그렇게 유학 갔다 온 것이다.

덴마크 공항에 내리니까 저녁에 외무성에서 직원이 나와 학교로 인계해줘서 기숙사 특실에 나를 데려다줬다. 그날 밤 자기 전에 기도

하는데 갑자기 겁이 확 났다. 임금님 특별 초청으로 외무성 월급을 받고 다 해결이 됐는데 문제는 언어를 배우는 일이었다. 한국에서 유학 온 사람도 없었다. 나는 덴마크로 유학 가고 1년 다 돼서 한국사람을 처음 만났다. 물어볼 사람도 없는 것이다. 그래도 일반회화는 3개월 만에 익혔다. 다시 3개월 동안 전문용어를 익혔다. 그리고 대학원 가서 공부했다. 여러분이 생각할 때 '저 사람은 천재인가보다' 할수 있겠지만 아니다. 어쨌든 덴마크 말을 잘 하니까 내가 거기 있는 동안에 고등학교 교장선생이 날 찾아와서 자기 학교에 와서 강의를 좀 해달라고 한다. 무엇이든 좋으니 한국에 대해서 소개 좀 해달라는 것이다. 그래서 90분 동안 덴마크어로 강의하고 나서 박수도 받았는데, 교장선생님이 제일 앞에 앉았다가 다시 강단에 올라와서 내 손을 잡더니 "덴마크에 온지 몇 년이나 되셨습니까?"라고 질문한다. 그래서 "정확하게 9개월하고 2주일 되었습니다"라고 대답하자 깜짝 놀라더니 "덴마크 오기 전에 덴마크 말은 몇 년이나 공부했습니까"라고 묻길래 "덴마크 오기 전에 덴마크 갔다 온 사람을 만난 일도 없고, 덴마크 사람 본 일도 없고, 덴마크 말이 무엇인지 알지 못하는 상태로 왔다"고 대답했다. 그러니까 교장 선생이 "당신은 한국에서 천재로 꼽힌 사람이냐"길래 "나는 한국에서 멍텅구리로 내놓은 사람이오"라고 대답했다. 그게 무슨 소리냐고 물어 내가 우리나라에서 최하위인 야간학교에서도 성적이 중간 정도였다고 대답했다. 그리고 그게 사실이기도 하다. 교장선생이 뭐라는 줄 아는가? "여러분, 오늘 한국에 대한 강연을 들었죠? 한국은 천재의 나라입니다." 거기서는 멍

텅구리가 이 정도라는 거다.

내가 이스라엘에 갔을 때도 그랬다. 이스라엘 대통령한테도 내가 편지를 썼다. 그래서 대통령이 특별초청을 해줬다. 마찬가지로 왕복 비행기 표, 생활비, 용돈 등 모든 비용을 다 대줬다. 여기서도 외무성에서 월급을 받았다. 그리고 덴마크에서 배운 지혜대로 히브리어 일반회화를 3개월에 익히고 다시 3개월 동안 전문용어를 익혔다. 배우기 시작한 날로부터 6개월 만에 히브리대학교 입학시험을 봤다. 이스라엘에서는 내가 신화적인 존재로 알려져 있다. 여러분이 히브리대학교에 대해 들어봤는지 모르겠지만, 히브리대학에서 박사학위 따고 미국에서 교수하는 사람들이 굉장히 많다. 그래서 유대인들은 자기 조국에 있는 학교를 세계 10대 대학이라고 자랑한다.

그런데 히브리대학교에 다닐 당시 이스라엘 사회구조론을 가르치던 교수가 한 분 계셨다. 그 교수 밑에서 석박사를 했는데 내가 그때 결심을 했다. 가만히 보니 집이 부유하거나 머리가 좋아 국비장학생에 선발되어서 유학 온 사람이 많았다. 그런데 나는 우리 아버지가 돈 많아서 여기 온 것도 아니고 머리가 좋아서 온 것도 아니었다. 히브리어를 한 글자도 모르는 상태에서 왔으니까 말이다. 그러니까 뭔가 나 자신을 차별화해야겠다는 생각을 했다. 그래서 석사 학위 받는데 대개 2년 내지 3년, 박사 학위 받는데 5년 정도 걸린다. 외국 유학생이 와서 언어를 학습하는 기간을 빼놓고도 8년 만에 하면 그래도 빨리 끝내는 거다. 하지만 내가 4년에 끝내겠다고 그렇게 결심하고 믿었다.

결심하고 보니까 내 지도교수가 이 학교에서 강의를 한 20여 년 정도 한 것 같은데 그 선생님이 소문이 나기를 '캄짜'란다. 이스라엘 말로 '캄짜'란 짠돌이라는 뜻이다. 교수님의 제자면서 그 당시 교수가 된 분도 교수님에게 84점을 받았는데 그게 최고점이었다. 그래서 내가 지금까지 학생들이 받은 점수보다 더 높은 점수를 받자, 바꿔 말하면 지금부터 10년 후까지 아무도 못 받을 점수를 받자고 결심했다. 그러고 막 달려들었다. 그리고 내가 97점을 받았다. 그 교수님에게 97점을 받으니까 학교 전체에 소문이 나버렸다. 히브리어를 6개월 만에 익히고 석사학위를 1년 반 만에 전교 수석으로 받았다. 그래서 히브리대학에서 이스라엘말로 '빅 히트따에'누트', 영어로는 "With Distinction"이라고 학위증에 새겨줬다. 지도교수가 나보고 하는 말이 이 문구를 학위증에 받아낸 사람이 내가 처음이란다. 결국 결심한대로 4년 만에 석박사학위 수석으로 끝마쳤다. 이런 일은 여러분 전부가 가능하다. 나만 되는 게 아니다.

나는 내 책에 긍정을 선택한다고 썼다. 여기 있는 여러분 전부 가능성이 있다. 미국에 한 경제학자 중에 1950년대에 미국의 대외 원조정책을 좌지우지하고 노벨 경제학상을 받은 사람이 있는데, 그가 쓴 책을 예전에 읽을 때 내가 감동 받은 기억이 있다. 선진국가가 후진국가의 자원을 착취하는 얘기를 쓴 책인데, 예를 들어 아프리카 같은 가난한 지역에 미국 사람이 상륙하고 보니 애들이 공기 줍기하고 놀더라는 것이다. 그런데 가만히 가서 보니까 공깃돌들이 다 다이아

몬드였다. 콩알의 절반만한 것을 갖고 미국에서 5백만 원, 천만 원하는 판국인데, 애들이 그보다 큰, 2억 원은 족히 할 만한 공깃돌들을 갖고 놀고 있다는 것이다. 몇 개만 가지고 가도 부자가 되지 않겠는가. 그런데 그 장면을 본 사람들이 아무것도 안 하고 그냥 배를 타러 갔다. 그리고 가서 깡통을 가지고 왔다는 것이다. 깡통을 여니까 공깃돌하고 똑같은 크기의 눈깔사탕이 들어 있었다. 그리고 보라색, 노란색, 흰색의 눈깔사탕을 애들 보는 앞에서 하나 먹고 애들 입에다가 넣어줬다고 한다. 애들이 눈깔사탕을 먹고는 엄마한테 가서는 엄마 입에다가 넣어주고 엄마는 남편 입에다가 넣어주고 그렇게 온 식구들이 돌아가면서 먹게 되었다. 그래서 이 눈깔사탕을 어디서 갖고 왔는지 물어보니까 배 타고 온 사람들이 준거라고 해서 너나 할 것 없이 와서 달라고 손을 벌린다. 이 선진국 사람들이 처음에는 무상원조로 나눠주었다. 한참 주다가 그 다음날에 다시 와서 지금부터는 돈을 내고 사먹으라고 얘기한다. 그런데 그들에게 돈이 어디 있겠는가. 그냥 주다가 사먹으라니까 원주민들이 화를 낸다. 그때 선진국 사람들이 그러면 너희들이 가지고 노는 공깃돌과 바꾸자고 하니까 원주민들이 만세를 부른다. 공깃돌 하나에 2억 원하는 것을 갖다 주고 10원짜리 하는 눈깔사탕이랑 맞바꾸고는 기분 좋다고 춤을 춘다는 것이다. 그 책을 보고 내가 엄청 충격 받았다.

여러분도 마찬가지다. 달콤한 맛과 향에 미쳐서 몇 억이나 되는 가치를 몰라서는 안된다. 여러분이 그들을 봤다면 '애들아, 이거 하나면 눈깔사탕 한 트럭을 산다'라고 얘기해 줬을 것이다. 그런데 애들은 그 가치를 모른다. 내가 이 책을 보고 나서 내 자신에게 뭐라고 했는 줄 아는가? 나는 "너는 너의 공깃돌하고 뭘 바꿔 먹냐"고 내게 묻는다. 여러분도 마찬가지다. 여러분 한 명 한 명에겐 엄청난 가능성이 있다. 뭐든지 마음먹고 노력하면 풀 수 있는 큰 능력이 있는데 그걸 모른다. 10억, 20억도 비교할 수 없을 만한 엄청난 재능들을 다 가지고 있다. 그걸 모르고 오늘은 누구하고 놀까, 내일은 어떤 여학생하고 손 한 번 잡을까, 어디 가서 차 한잔하고 어디 가서 노래를 부를까, 이렇게 쫓아다니는 것은 인생을 버리는 것이다. 1억짜리 다이아몬드와 10원짜리 눈깔사탕과 바꿔먹는 아이들과 다를 게 뭐가 있는가. 여러분도 그런 생각을 가지고 한번 스스로를 돌아보라. 그리고 자신에게 주어진 능력을 깨닫고 발휘하기를 바란다.

결심하고 달려들면 능력 없고, 돈 없고, 재능 없는 건 관계없다. 뭐든지 이루어진다. 걱정하지 마라. 믿음, 용기, 노력, 이것들을 가슴속에 담게 되면 가는 길이 반드시 열린다. 깊은 산골에 살고 18살에 중학교 간 사람이 하는데 여러분이 왜 못하는가. 여러분 모두 할 수 있다.

여러분이 류태영 교수는 특별한 사람이라고 생각할 수 있는데, 아니다. 터놓고 말하면 여러분보다 훨씬 못한 사람이다. 내가 대학을 몇 살에 졸업한지 아는가? 33살 때 졸업했다. 이스라엘 가서 히브리어 익힐 때가 37살이다. 37살에 가서 '가나다라' 이러고 앉아 있었다. 주위 사람이 나보고 미쳤냐고 했었다. 나이 먹어가지고 이제야 언어를 배운다고 말이다. 그러나 얼마나 빨리 끝냈는가.

이번에 덴마크 왕세자가 왔을 때 나를 특별히 만나서 덴마크 기자 20~30명과 함께 신라호텔에서 기자회견을 했다. 덴마크에 어떻게 갔고 무얼 배워서 한국에서 어떻게 했는지, 덴마크와 한국과의 관계에 무엇을 기여했는지를 20분 동안 얘기했고, 이것이 덴마크 신문에 대서특필됐다. 사흘 전에는 우리나라 국무총리가 덴마크 왕세자를 초청하는 자리에 내가 있으면 좋겠다고 해서 총리 본관에 가서 같은 테이블에서 식사하면서 여러 가지 이야기를 했다. 한 달 전에는 베트남 하노이대학에서 초청을 해서 베트남의 정책 개발을 주제로 강연을 했다.

나는 지금도 세계 각국을 방문한다. 오란 데가 많다. 여러분도 그러지 말라는 법 어디 있는가. 꿈을 가지고 멀리 내다보라. 원대한 꿈을 가져라. 할 수 있다는 자신감을 가져라. 그리고 노력하라. 오뚝이가 되어라. 오뚝이 인형 안의 묵직한 납을 넣은 것처럼 신념과 믿음과 용기로 아무리 눌러도 일어나라. 믿음과 용기가 있으면 1,000번 넘어져도 1,001번째 일어난다. 그래서 꿈과 믿음을 가지고 미래를 개척하는 여러분이 되기를 바란다.

(2012.06.01.)

시와 젊음

신달자

여러분과 함께 문학과 우리가 살아가는데 어떤 것이 필요한지에 대해 이야기하려 한다. 한 시간 내에 나의 50년 문학인생과 시에 대한 이야기를 전부 할 수는 없지만, 어떻게 시작(詩作)을 했고, 나의 인생에 이것은 무엇인지를 여러분에게 얘기하면 도움이 되지 않을까 생각한다.

내가 대학생이 되었을 때 노트를 한 권 사서 첫 페이지에 이렇게 썼다. 대학 4년 동안 첫째, 연애를 잘할 것, 둘째, 영어를 잘할 것, 셋째, 수영을 잘할 것, 넷째, 자동차 운전을 잘할 것, 마지막으로 반드시 좋은 사람을 만날 것. 이것들 중에 영어와 수영만 이루지 못하고 나머지는 다 했다. 사람들이 때때로 이렇게 물어 본다. '당신이 지금 젊어진다면 무엇을 하겠습니까?' 그러면 나는 서슴없이 외국어를 잘하고 싶다고 대답한다. 나는 외국어에 콤플렉스가 있다. 왜냐하면 지금이 국제사회인데, 미국이고 영국이고 일본이고 중국이고 다 옆집에 있는데, 외국어를 제대로 하지 못하면 일단 내가 가지고 있는 나의 생각을 전달할 수 없기 때문이다. 그러니 내가 50년 전에 생각했던 것을 여러분이 오늘날 행하지 못한다면 안된다. 나는 국문과, 문예창작학과 교수인데 학생들이 나보고 영어 선생이란다. 시(詩)는 안 가르치고 외국어를 하라고 계속 강조를 하니 나에게 붙인 이름이다.

내가 이 이야기부터 하는 것은 내가 왜 그렇게 하지 못했는가를 말하고 싶어서다. 나는 한 가지만 선택했다. 인생은 한 번인데 이 길을 가겠다고 다짐했다. 그러나 일생에 모든 힘을 합쳐서 했는데도 나는 아직 일류가 되지 못했다. 50년을 다른 것 아무것도 생각하지 않고 다른 아무것도 하지 않고 영어도 수영도 연애도 제대로 못했음에도 불구하고 좋은 시인이 되지 못했다. 그렇게 50년을 했는데도 나는 국제사회가 아니라 한국사회에서조차도 1등을 하지 못하고 있다. 내 생각에 여러분은 10년, 20년만 해도 대한민국뿐만 아니라 세계적인 인물이 될 수 있을 것이다. 지금 목표를 정하는 것이 중요하다. '나는 내 인생에서 여기에 시간을 제일 많이 쓰겠다'라는 목표를 세워야 한다. 이 한 가지 목표를 달성하기에도 바쁜 시간이다. 여러분 나이가 20살이고 인생은 100세 인생까지라면 앞으로 80년 남아 있다. 이 80년을 길다고 느끼는가? 내가 살아보니 시간은 너무나 정확하게 간다. 그렇기에 80년은 하나를 정해서 충실하게 힘을 보태는 시간으로써는 그렇게 긴 시간이 아니다.

그러면 나는 왜 내 인생에 주어진 시간을 시(詩)에 바치기로 했을까? 나는 중학교 2학년 때 무용을 했다. 시골에서 자랐지만 어머니가 교육열이 강하셨고 무용하는 딸을 하나 가지고 싶다 해서 어머니가 나에게 무용을 가르쳤다. 그래서 한국무용과 발레를 50년 전에 그것도 시골에서 배웠다. 그런데 중학교 3학년에 올라갈 무렵 나는 한 남학생 앞에서 멈추었다. 시골에서 함께 초등학교를 다니던 남학생이 아니라 서울에서 전학생이 우리 동네에 온 거다. 그 아이에게 너무나 반해서 다른 일은 아무것도 못했다. 그러면 어떻게 해야 되는가? 나는 저 아이가 문둥병을 앓아도 따라갈 것 같은데, 그러면 제일 먼저 해야 할 일이 뭐겠는가? 저 아이에게 가서 내가 너를 좋아한다고 말해야 되겠다고 생각했다. 내가 잘하는 것은 무용인데, 그 애를 데려다 놓고 무용을 할 수도 없고 해서 나는 고민을 하기 시작했다. 나의 마음을 어떻게 저 학생에게 전할 수 있을까? 그러다 편지를 써야겠다는 결론을 얻었다. 나는 그때 편지를 딱 한 번 써봤다. 국군 아저씨에게 말이다. 그 당시 학교에서는 국군들에게 편지를 쓰게 했다. 그런데 편지를 아무리 쓰려고 해도 잘 안되었다. 그래서 국문과를 다녔던 내 친구의 오빠에게 있던 시집을 친구에게 부탁하여 어머니가 사준 예쁜 꽃그림이 그려진 고무신을 주고 몰래 가져왔다. 그것이 내가 일생 태어나서 첫 번째로 본 시집이었는데, 김소월 시집이었다.

그래서 나는 그 시집을 밤을 세면서 연필로 베껴 썼다. 다 베껴 쓴 뒤엔 시집을 돌려주고 시집을 전부 인용해서 남학생에게 줄 편지를 500통 썼다. 500통이 넘으면 넘었지 적지는 않았다. 매일 공부는 안하고 편지만 썼다. 그때는 김소월의 시를 줄줄 외웠다. 그냥 외우기만 했다. 그러나 그 500통의 편지를 그 남학생에게 전달했는가 하면,

단 1통도 전달하지 못했다. 너무 가슴이 떨리고, 편지 1통을 들고 그 남학생 집에 갔다가는 다시 돌아오고, 계속 그러다가 그 편지를 1통도 전달하지 못한 채 나는 부산의 고등학교로 가고, 그 남학생은 서울의 고등학교로 가고, 이렇게 우리는 헤어졌다. 그것으로 그 남학생과 나의 이야기는 끝이었다.

그런데 여러분 여기에서 중요한 게 있다. 내가 그 남학생에게 편지를 쭉 적고, 그 남학생이 '나도 네가 좋아'라고 대답해서 둘이서 연애했었다면 나는 아마도 시인은 되지 못했을 것이다. 잃어버렸고, 패배했고, 멀어졌고, 그래서 그리움만 가득한 그 어린 날의 비교할 수 없는 그리움이야말로 글을 쓰게 만드는 동기였다. 그 연애의 감정이 풍족하고 완벽하게 충족되었더라면 글은 안 써도 괜찮았을 것이다. 우리가 인생에서 첫 번째 배우는 것은 잘 안되는 일이 그만큼 내 인생을 잘되는 쪽으로 가게 만든다는 것이다. 나는 그렇게 믿는다. 그렇게 나는 한쪽 가슴이 도려낸 것 같고 뭔가 세상이 텅 빈 것 같은 세월을 고등학교에서도 보냈다. 그리고 계속 부산에 살면서 고등학교 3학년 때 경남 백일장에서 1등을 하면서 나의 문학은 더 성장하기 시작했다. 그때 내가 좋아하던 한 남자에게 내 마음을 전달하지 못했다는 패배감 때문에 더 책을 읽게 되고, 더 모든 것에 노력하게 되었던 것이다.

그리고 두 번째로 나는 부산에서 하숙을 했다. 아버지가 부산으로 보내시면서 이렇게 약속을 하셨다. "자, 이제 네가 부산으로 가면 너에게 용돈을 보내야 하는데, 용돈의 액수는 너에게 달렸다. 네가 일주일에 한 번씩 편지를 써서 보내면 그 편지 내용에 따라 용돈 액수를 정하겠다." 우리 아버지는 문학에 대해서 굉장히 관심이 있으신 분이었다. 나는 늘 우리 아버지를 '등단하지 못한 시인'이라고 표현했다. 그런데 아버지는 멀리 떠나보내는 딸에게 편지라도 잘 쓰게 해서 글씨도 늘고 문장력도 기르게 하려고 했던 것이다. 그래서 아버지는 내 편지를 읽고 용돈 액수를 매달 정하셨다.

그래서 그 말을 듣고 처음에 부산으로 가서 첫 달에 제일 우선 첫째 편지를 쓸 궁리를 했다. 어떻게 하면 편지를 잘 쓸까? 그래서 지금도 생각이 나지만, '아버지 전상서'라고 쓰고 '기체일양만강하옵시고' 등 나도 모르는 말을 있는 대로 가지고 와서 써서 아버지에게 보냈다. 그랬더니 그 첫 번째 달에 용돈이 오지 않았다. 아버지는 내게 '편지는 이런 게 아니다. 네가 나한테 첫 번째 보낸 편지를 다 풀어써라. 그리고 나는 네가 사는 곳을 잘 모르고 너희 학교도 가본 적이 없다. 나는 바다도 많이 본 적이 없다. 그러니 네가 편지로 바다가 어떤 곳인지, 집을 떠나서 간 네 마음은 어떤지, 이런 식으로 그냥 내가 편지를 보면 너를 보듯 그렇게 한 번 써보라'고 말씀하셨다.

그래도 편지를 쓴다는 게 나는 어려웠다. 그래서 학교 앞에 있던 서점에 가서 파스칼의 명언, 성경 구절, 아리스토텔레스의 명언 등을 모아놓은 명언집을 세 권이나 샀다. 그런데 편지에 너무 많이 쓰면 아버지가 아시니까 편지 하나에 명언을 두 개씩 가져다가 썼다. 그렇게 점점 편지는 늘어서 나는 베껴 쓰는데 명수가 되었다. 그리고 아버지가 보내주시는 용돈 액수는 달마다 높아져만 갔다. 나는 아주 그럴 듯하게 편지를 쓰게 되었다. 이 말을 여기서 가져오고, 저 말을 저기서 가져오고, 요즘 식으로 말하면 남의 것을 표절해서 내내 베껴 쓰기만 했다. 그런데 아버지는 감동하셨다. 내가 이렇게 생각이 깊은 줄을 몰랐다고 말이다. 그래서 나는 용돈이 남아돌았다. 그리고 나는 기고만장해졌다. 아버지 속여먹는 것은 아주 쉬운 일이라고 생각했다. 그렇게 나는 경남 백일장에 1등을 해서 숙명여대 국문과로 들어갔다. 그런데 거기서부터 나는 막히기 시작했다.

베껴 쓰기만 했기 때문에 정말 자신의 창의력을 가지고 쓰는 것에 대해서는 아주 서툴렀다. 선생님께서 글을 하나 써오라 하시면 남의 것을 안 보기 위해서 굉장히 노력했다. 그리고 1학년이 되고, 2학년이 되면서 나는 서서히 시(詩)라는 것은 베껴 쓰는 게 아니라 자기 마음에서 정직하게 우러나오는 심상을 문자로 그려내야 한다는 것을 배우기 시작했다. 어떤 의미에서 숙대 국문과는 내게 초등학교 같은 곳이었다. 정직하게 쓰는 것, 나의 마음을 어떻게 표현하는 것이 좋은 건지를 고민하고 고민하던 그런 정신적인 초등학교이자 문학의 초등학교가 내게는 숙명여대였다. 그때부터 나는 남의 글을 가져오는 게 아니라 내 안에서 뭔가 가져와야 된다고 생각하고 밤을 새가며 정말 많이 노력했다. 그래서 나는 시보다는 외국어로 번역된 문학전집을 굉장히 많이 읽었다. 초등학생마냥 문학전집을 읽고, 선생님들의 저서를 읽고 질문했다. 그래서 적어도 우리 과에서 질문 잘하는 아이로 선생님들도 기억했고, 김남조 선생님을 뵙고, 박목월 선생님을 뵙고, 서정주 선생님을 뵙고, 이렇게 당대 최고의 시인들을 만나면서 그들처럼 될 수 있다는 꿈을 키웠다.

그래서 나는 처음에 말했듯이 아무것도 보지 않고 오직 문학과 시만 보고 달려왔는데, 19세부터 시작해서 70이 훨씬 넘도록 오직 그것 하나만 보고 왔는데도 불구하고 부끄럽게도 대한민국에서조차 1등이 아니라는 이야기를 지금 여러분들에게 하고 있는 것이다. 그만큼 창작한다는 것은 어려운 일이다. 그러나 나는 정말 최선을 다했기 때문에 적어도 문학에 대해서만큼은 성실했다고 자부한다. 그런데 문학은 나를 보고 아마 '너는 그렇게 성실하지 않았다'라고 비판할지도 모른다.

2000년에 대구매일신문 신춘문예에 김성용 시인의 시가 당선되었다. 당선된 시의 제목은 「의자」였다. 그런데 「의자」라는 시를 보고 많은 평론가들이 깜짝 놀랐다. 왜냐하면 지금까지 우리들이 지닌 정서와 시각을 완전 바꿨기 때문이다. 여러분은 의자라고 하면 어떤 생각이 드는가? 의자는 우리를 편안하게 한다. 만약 내가 여러분 모두를 한 시간 동안 전부 일어서게 하면 여러분은 다리가 아플 것이다. 다리가 아프고 머리에 내 말도 잘 안 들어올 것이다. 여러분이 의자에 편안하게 앉는 것이 내가 강의하는데도 훨씬 편할 것이다. 의자는 편안하고 우리는 의자에 앉아 쉰다고도 말한다. 그런데 공원에 있는 의자를 우리는 뭐라고 하는가? 벤치라고 한다. 굉장히 낭만적으로도 의자를 표현한다. 그런데 「의자」라는 시의 첫 문구는 이렇게 시작한다.

극장에 사무실에 학교에 어디에 어디에 있는 의자란 의자는

모두 네 발 달린 짐승이다 얼굴은 없고 아가리에 발만 달린 의자는

흉측한 짐승이다 어둠에 몸을 숨길 줄 아는 감각과

햇빛을 두려워하지도 않는 용맹을 지니고 온종일을

숨소리도 내지 않고 먹이가 앉기만을 기다리는

의자는 필시 맹수의 조건을 두루 갖춘 네 발 달린 짐승이다

이 짐승에게는 권태도 없고 죽음도 없다 아니 죽음은 있다

안락한 죽음 편안한 죽음만 있다

먹이들은 자신들의 엉덩이가 깨물린 줄도 모르고

편안히 앉았다가 툭툭 엉덩이를 털고 일어서려 한다

그러나 한 번 붙잡은 먹이는 좀체 놓아주려 하지 않는 근성을 먹이들은

잘 모른다

이빨자국이 아무리 선명해도 살이 짓이겨져도 알 수 없다

이 짐승은 혼자 있다고 해서 절대로 외로워하는 법도 없다

떼를 지어 있어도 절대 떠들지 않는다 오직 먹이가 앉기만을 기다린다

그리곤 편안히 마비된다 서서히 안락사한다

제발 앉아 달라고 제발 혼자 앉아 달라고 호소하지도 않는 의자는

누구보다 안락한 죽음만을 사랑하는 네 발 달린 짐승이다

'의자는 네 발 달린 흉측한 짐승이다' 그리고 '의자는 인간의 엉덩
이를 뜯어 먹으면서 더 앉으라고 유혹하고, 인간을 무능하게 만들고,
인간을 편리 위주에 빠지게 만들고, 의자를 마약처럼 의존하게 하고,

그렇게 인간을 조금씩 무능하고 모든 의식이 흐릿하게 만든다'는 이야기를 썼다. 놀라운 일이었다. 오늘날의 모든 문명은 인간을 편안하게 하기 위해 생겨났다. 의자가 생기고, 냉장고가 생기고, 세탁소가 생기는 등, 이런 발명품들이 생기기 시작한다. 인간은 조금씩 편안해져 왔다. 내가 갓 결혼했을 때는 우리나라에 쌀이 딱 두 종류 있었다. '아끼바리'라는 쌀과 '정부미'라는 쌀밖에 없었다. 나는 물론 가난했기 때문에 '정부미'를 먹었다. 그런데 요즘 백화점에 쌀 파는 곳에 가 세어보니 38가지가 있었다. 게다가 최근에는 또 씻어놓은 쌀이 생겼다. 밥통에 넣고 물만 붓고 스위치만 누르면 밥이 되는 편안한 씻어놓은 쌀이 있다. 그런데 이렇게 편리하고 편안해졌는데, 사람들은 그래도 불평한다. 이마저도 귀찮아서 나온 것이 바로 '햇반' 같은 쌀이다. 전자레인지에 넣고 그냥 돌리면 따뜻한 밥 한 그릇이 나온다. 여기에서 얼마나 더 편리 위주를 탐하게 될까?

여러분 『어린 왕자』를 읽어보았는가? 생텍쥐페리의 작품이다. 나는 생텍쥐페리를 좋아해서 그가 살았던 프랑스의 리옹에서 생텍쥐페리와 어린 왕자의 동상이 있는 곳까지 가서 사진 찍고 왔던 적도 있다. 『어린 왕자』는 읽으면 언제나 행복해진다. 그리고 이 소설은 이상하게도 읽을 때마다 늘 다르다. 오늘 읽은 것과 이틀 후에 읽는 것이 다르다. 서른 살에 읽은 것과 오십에 읽은 게 전부 다 다르다. 『어린 왕자』에 보면 어린 왕자가 별들을 찾아다닌다. 어느 별에 내렸는데 그 별에는 약장수가 있다. 약장수가 있는데, 이 약장수가 파는 물건이 요상한 물건이다. 『어린 왕자』는 1942년에 써서 1943년에 발표한 작품이다. 1943년에 미국에서 처음 발표되었고, 지금 전 세계 200여 개의 나라에서 번역 출판되었다. 1942년에 썼는데도 거기에는 오늘의 현실이 들어있다. 이 약장수는 먹으면 일주일 동안 목마르지 않는 약을 판다. 기묘한 약이다. 명동 같은 데서 팔면 사먹을 사람이 많을 것이다. 귀찮은데 일주일 동안 목이 마르지 않으면 얼마나 좋겠는가. 소설에서도 많은 사람들이 약을 사먹는다. 일주일 동안 목이 마르지 않고 목마름을 없애주는 약이 있다는 것은 소설에서도 신비한 일이다. 그때 어린 왕자가 약장수에게 다가가서 '아저씨, 만약 이 약을 먹고 물을 먹지 않으면 몇 분이나 절약이 됩니까'라며 시간을 묻는다. 자기가 만약 일주일 동안 목이 마르지 않아서 얻는 시간은 얼마나 되냐는 거다. 참 기묘한 질문이다. 그러자 이 약장수가 '그럼 그렇지, 앞으로는 시간이 돈이지. 이 약을 먹고 일주일 동안 목이 마르지 않으면 53분이 절약된다'고 대답하는 대목이 나온다. 나는 이 대목을 보고 굉장히 감탄했다. 1942년에, 그것도 앞으로의 70년, 80년 후에 또 100년, 200년 후의 변화를 이미 생텍쥐페리는 읽은 것이다. 그때 어린 왕자는 약장수에게 '나에게 만약 53분이 주어진다면 나는 그 약을 먹지 않고 저 샘을 향하여 천천히 걸어가겠다'고 대답한다.

지금 여러분들에게 가장 중요한 말이다. 저 샘을 향하여 천천히 걸어가겠다. 이것이 바로 21세기 모든 인간이 반드시 생각해야 될 말이다. '저 샘을 향하여'라는 것은 샘이 저기에 있다는 것이다. 저곳에 샘이, 그러니까 내가 살아가야 될 길이, 혹은 내가 사랑할 사람이 있다고 믿는 것이다. 어린 왕자는 저 샘의 존재를 믿는 것이다. 샘이 있다는 것, 그것이 존재한다는 믿음의 가치는 그 어떤 것하고도 바꿀 수 없는 가치다. 그래서 이 어린 왕자는 샘을 향하여 천천히 나아간다. 여기에는 느림의 미학에 대한 모든 철학들이 담겨 있다. 인간은 너무 빠르다. 어차피 우리 앞에 죽음이 있는데 너무도 빠르게 산다. 특히 한국인들은 더 빠르게 산다. 천천히 저 샘을 향하여 가야 한다. 예를 들어 여기서 인천까지를 천천히 걸어간다고 하자. 그러면 아마 우리는 많은 것을 볼 수 있을 것이다. 남들이 볼 수 없는 것, 지금 한참 새싹이 나서 눈물겹게 꽃봉오리 하나도 겨울 혹한을 이기고 돋아나는 것을 우리는 자연에서 배울 수 있다. 그런데 막 달려가기만 하면 우리는 그러한 생명력을 볼 수 없을 것이다. 우리가 가족들하고도 다정하게 가기만 하면 밥을 먹으면서도 이야기도 하고 얼굴을 보고, 친구들하고도 밥을 먹으면서 서로 얼굴을 보고 할 때 서로의 고민과 아픔과 문제를 읽을 수 있는 것처럼, 천천히 가야 한다는 것을 생텍쥐페리가 강조한 것이다. 그러면 생텍쥐페리는 천천히 어떻게 걸어가겠다는 것이었을까? 여기서 걸어가겠다는 말은 인간의 문명이 발달하더라도 걸어가는 노동의 가치가 있는 한 어떤 것도 두려워하지 않고 가겠다는 뜻이다. 말하자면 작가는 자신의 연필로 천천히 걸어가겠다는 것이다. 저 샘을 향해서 말이다.

70이 넘은 나도 '저 샘'을 향하여 가고 있다. 저 샘에는 뭐가 있을까? 우선 확신이 있다. 내가 죽기 전에 반드시 해야 할 일들, 내가 반드시 남을 위해서 기도해야 할 것들, 이런 것들이 저 샘에 있다. 우리

는 저 샘으로 가야하지만, 천천히 옆의 사람들 하고 함께 하며 주위
에 관심을 기울이면서 인간의 가치와 삶의 가치와 생명의 가치를 우
리가 이끌어 가야된다는 것을 여러분에게 말하고 싶다. 그렇게 생텍
쥐페리는 모든 노동을 다 제거하고 그냥 약만 먹으면 뭐든지 다 된
다고 생각하는 사고의 위험성을 지적했다. 내 손으로 노력하고 땀 흘
리고 고통을 알고, 잊어버리기도 하고, 이별도 해보고, 이러면서 결국
우리가 헐거워진 우리들의 정신을 다잡아 가면서 사는 게 아니겠는
가. 생텍쥐페리는 바로 그걸 말하고 있는 것이다.

　그러면 다시 「의자」로 돌아와보자. 2000년에 김성용이 쓴 「의자」
는 네 발 달린 짐승이었지만, 반대로 이정록 시인이 쓴 똑같은 제목의
「의자」가 있는데, 이정록의 의자는 굉장히 친근하고 인간에게 따뜻하
게 말한다.

　　병원에 갈 채비를 하며
　　어머니께서
　　한 소식 던지신다

　　허리가 아프니까
　　세상이 다 의자로 보여야
　　꽃도 열매도, 그게 다
　　의자에 앉아 있는 것이여

주말엔

아버지 산소 좀 다녀와라

그래도 큰애 네가

아버지한테는 좋은 의자 아녔냐

이따가 침 맞고 와서는

참외밭에 지푸라기도 깔고

호박에 똬리도 받쳐야겠다

그것들도 식군데 의자를 내줘야지

싸우지 말고 살아라

결혼하고 애 낳고 사는 게 별거냐

그늘 좋고 풍경 좋은 데다가

의자 몇 개 내놓는 거여

    이처럼 어머니가 화자로 나와 충청도 말투로 얘기하는 「의자」라
는 시도 있다. 꽃도 열매도 다 의자에 앉아 있는 것이고, 내 딸도 내
아들도 내 사위도 그리고 내 선생님도 서로서로가 의자가 되어 준
다는 관점, 그러니까 의자라는 것을 자연 친화적이고 인간 친화적으
로 그린 폭넓은 시도 있다는 것이다. 그러면 우리가 이런 걸 보고 무
엇을 느낄 수 있는가? 시는 결국 내가 보는 시각으로만 그리면 된다.
많이 보는 것이 아니라 내 마음에서 울렁거리고 있는 것을 쓰면 된다.

그래서 나는 늘 학생들에게 '네 마음에 할 말이 있느냐. 할 말이 있는 사람은 다 시를 쓸 수 있다. 단지 할 말을 좀 줄이고 다듬고 해서 쓰면 그것이 시가 되지 않겠느냐'고 말했다. 세상에 시인이 아닌 사람은 없다. 사춘기 때 쓰는 연애편지도 다 시다. 우리는 모두 태어날 때부터 시인의 감수성을 가지고 태어났다. 그런데 어디에 우리가 목적을 두고 방향을 뒀나에 따라서 그것이 달라지기는 한다. 그러나 나는 특별히 시인으로 태어나는 사람은 없다고 생각한다. 누군가 자신은 시하고는 관계없다고 말하는 사람이 있다면 그는 이미 시인이다. 배가 고플 때 괴로운가? 멀리 가려면 벌써부터 다리가 아픈가? 누군가를 그리워해 본 적이 있는가? 마음이 아파 본 적이 있는가? 엄마 아빠를 볼 때 뭔가 가슴이 찌릿 아팠는가? 만약에 그런 일이 있었다면 당신은 시인이 될 수 있을 것이다. 시인은 달리 뭔가를 가지고 태어나는 사람은 아니라는 이야기다. 누구나 다 시인의 가능성이 있는데 단지 자신이 시인이 되기 위해 모든 것을 걸었느냐의 차이다. 어디에 걸었는가, 즉 목표가 중요하다. 나처럼 되던 안되던 한번 써보는 거다.

옛날에 내가 평택대학교에 국문과 교수로 갔던 적이 있었는데, 당시 처음으로 내가 아버지의 일기장을 손에 넣고 떨리는 손으로 그 일기장을 읽기 시작했다. 그걸 다 읽고 나는 집에 돌아와서 이불을 뒤집어쓰고 울었다. 왜 그랬을까? 아버지는 그때만 해도 남부라는 곳에서 살았다. 부족한 것이 아무것도 없었다. 최근에 갤럽에서 한국인이 생각하는 행복에 대해서 조사를 했더니 한국인은 행복해지기 위해서 조건이 첫째는 건강, 둘째는 경제력, 셋째는 사회적인 지위가 필요하다고 말했다. 이런 기준에서 볼 때 우리 아버지는 모든 것을 가진 사람이었다. 더 이상 가질 것이 없는 사람이었다. 그런데 우리 아버지의 일기장에 첫 줄을 보면 어떻게 되어있는가 하면, "나는 오늘도 홀로 울었다" 이렇게 적혀 있었다. 깜짝 놀라지 않겠는가? 아버지가 왜 울까? 나는 아버지의 일기장을 발견하고 나서 처음에 든 생각이 '여기는 파라다이스가 있다. 아버지의 천국이 여기에 있다. 아버지의 행복한 것밖에 없다'였다. 나는 그렇게 썼을 줄 알았다. 그런데 아버지는 일기장에 전부 '울었다', '홀로 어떻게 했다', '외롭다' 이런 말들밖에 없었다. 지금도 기억나는 구절은 '왜 사람에게는 날개가 없나, 날개가 있다면 멀리멀리 날아가고 싶다'이다. 아버지는 그렇게 살면서도 늘 어딘가로 떠나고 싶은 마음을 가지고 있었던 것이다. 그러면서 밖으로는 말하지 못해도 혼자는 늘 외롭게 울고 가슴앓이를 하고 그렇게 사신 분이다. 나는 그 일기장을 보고 사실은 더 시인의 길을 향해 가기 시작했는지 모른다. 왜냐하면 내가 시인이 된다면 남의 마음을 아는 사람이 되지 않겠느냐고 그렇게 생각했기 때문이다. 그럼 내가 지금 남의 마음을 알아주는 사람이 되었는가 하면 잘 모르겠다. 자신도 없지만, 그러나 시인이야말로 남의 마음을 알아주는 사람이지 않겠느냐고 나는 지금도 생각한다. 위로해주고 토닥거려주고 부족한 점을 가져다가 조금이나마 채워주는 것이 시인이 할 수 있는 가장 큰 위로가 아닐까 생각한다.

미국에서 철강왕이라 불리던 앤드류 카네기라는 사람을 아는가? 앤드류 카네기는 어릴 때 아주 가난한 집 아들이었다. 그는 초등학교

3학년 때 친구로부터 토끼 두 마리를 선물 받은 적이 있다. 그런데 이 앤드류 카네기가 살았던 지방에는 토끼에게도 반드시 이름을 지어주는 풍습이 있었다. 그래서 앤드류 카네기는 두 마리 토끼를 받아서 하나는 존, 하나는 조니, 이렇게 이름을 지었다. 그런데 이 토끼 한 쌍이 왕성하게 번식하여 카네기가 중학교 3학년이 되었을 무렵, 그러니까 토끼를 받고 5, 6년이 지났을 때 그의 집 앞마당은 전부 토끼로 가득 차게 되었다. 중학교 3학년의 앤드류 카네기는 그 많은 토끼에게 풀을 주는 것도 감당하기 힘들었지만, 더 어려웠던 것은 토끼들에게 전부 이름을 지어주는 것이었다. 그래서 어느 날 앤드류 카네기는 담임선생님을 찾아가서, "선생님, 저는 토끼에게 이름을 지어줘야 하는데 몇 마리만 지어놓고 아직도 손을 놓고 있습니다. 학교 전체 학생의 출석부를 좀 주십시오. 그러면 제가 출석부의 이름을 사용하겠습니다"라고 말했다. 그래서 담임선생님이 출석부를 카네기에게 주자 그는 하루 종일 앉아서 출석부의 이름을 종이에 쓰고 오려서 전부 토끼의 목에다가 걸어주었다. 그렇게 카네기는 모든 토끼에게 이름을 지어주었다. 그런데 어느 날 앤드류 카네기가 학교에 지각을 해서 학교로 달려가는데 자기처럼 지각한 학생들이 토끼 안부를 묻는 거다. '얘, 철수 잘 있니?' 하는 식으로 말이다. 그래서 카네기도 신이 나서 그 다음날 친구들에게 전부 '너 이름도 있어'라고 말했다. 그리고 어느 날 앤드류 카네기는 학교에 또 지각을 하게 되어 일부 토끼들에게 풀을 주고 나머지는 전부 다 풀을 못 주고 가게 되었다. 그런데 학교를 갔다 오니까 모든 토끼에게 풀이 많은 것이다. 그래서 카네기는

'이상하다, 누가 풀을 줬을까?' 하고 궁금해서 그 다음날 숨어서 누가 토끼에게 풀을 주는지 보려고 했다. 그런데 보니까 자기 학교에 있는 철수는 철수에게, 민철이는 민철이에게, 이런 식으로 자기 이름을 가진 토끼에게 학생들이 전부 풀을 주고 학교를 가는 모습을 보게 된 것이다. 이때 중학교 3학년인 카네기가 깨달음을 얻어 전 학생들의 이름을 외우자고 각오를 한다. 학생 이름을 전부 외워서 카네기는 학교에서도 누구를 만나면 '철수야, 철수 잘 있어. 민철아, 민철이 잘 있어.' 이렇게 인사를 했다. 그렇게 카네기는 사람들의 이름을 잘 아는 사람으로 유명해지기 시작했다.

결국 카네기는 토끼 사업으로 대학을 졸업하고 조그만 철공소를 차린다. 철공소를 차릴 때 자기 이름을 붙이지 않고 '로봇 철공소'라고 이름을 붙였다. 로봇은 그가 살던 동네의 제일 큰 철공소를 하고 있는 사장의 이름이었다. 그런데 앤드류 카네기는 항상 제일 먼저 철공소에 와서 청소를 하고 문 앞에 서서 직원들이 출근하면 그들의 이름을 부르고 '자네, 오늘 고생하겠네'라고 말하고, 퇴근할 때도 문 앞에 서서 직원이 나가면 이름을 부르고 악수를 하면서 '자네, 오늘 너무 힘들었겠네. 수고했어'라고 말했다. 작은 철공소지만 카네기는 이런 가족적인 분위기를 통해 또다시 이름을 알리게 된다. 그래서 마침내 로봇이라는 사람한테까지 그의 이름이 귀에 들어가게 되고, 결국 로봇이 그를 찾아온다. 그런데 로봇이 보니까 철공소가 자기 이름을 따고 있어서, "왜 이 철공소에 내 이름을 붙였느냐?"라고 물었더니 카네기는 "나는 당신을 존경합니다. 당신 같은 철공소를 만들기 위해서 그렇게 했습니다"라고 대답했다. 이후 로봇은 카네기의 철공소를 많이 도와준다. 그렇게 카네기는 사람 이름을 외우는 데서부터 시작해서 미국의 철강왕까지 이르게 된 것이다. 이 사람은 철강왕이 되어도 신입사원이 백 명이건 이백 명이건 이름을 전부 외워서 다 이름으로 부르고 인사를 했다. 그리고 직원들의 생일과 기념일을 전부 외워서 기억해주었다.

세월이 지나 앤드류 카네기가 죽었을 때 사람들은 카네기의 묘비명을 정했는데, 그 묘비명이 정말 앤드류 카네기답다. 앤드류 카네기의 묘비명에 적혀있는 말은 아주 간단하다. "남의 마음을 잘 알아주는 이 여기 잠들다." 그의 묘비명이 이렇게 되어있다. 한때 나는 이 말에 굉장히 감동해서 남의 마음을 잘 알아주는 사람이 되자고 다짐했었다. 우리가 한 사회에서 자기 이름을 달고 살면서 한 공간에서 다른 사람들과 살면서 나만 잘난 일은 이 세상에 없다. 남을 배려하고 남에게 의자를 양보하고 남의 마음을 알아주는 사람이야말로 남에게 베푸는 게 돌아와 결국은 자기가 자기를 베풀게 된다는 것을 앤드류 카네기는 보여주었던 것이고, 그래서 사람들은 그에게 "남의 마음을 잘 알아주는 이 여기 잠들다"라는 묘비명을 바친 것이다.

처음에 내가 대학교 들어가서 노트에 다섯 가지를 썼다고 했는데, 제일 마지막이 '좋은 사람들을 만나자'였다. 여러분들은 그 말이 아직 가슴에 닿지 않을지 모르겠다. 그러나 정말 우리가 일생을 살아가면서 가장 큰 재산은 내가 만난 사람들이랑 그들과 함께 한 추억이다. 앤드류 카네기는 그런 점에서 자신만 아는 게 아니라 상대방의 마음을 알아주는 그런 사람이었고, 결국은 이 세상과 스스로를 이끌어갔던 것이다. 그것이 나는 굉장히 감동적이었다. 그리고 앤드류 카네기의 자서전에 보면 또 하나 굉장히 감동적인 구절이 있다. 그가 말하길, 자신이 일생 가장 많이 썼던 말은 딱 한마디라고 한다. 여러분들은 한번 자기를 생각해보라. 내가 하루 종일 가장 많이 한 말이 뭘까? 한번 생각해보라. 일기장에 한번 써보라. 내가 하루 동안 가장 많이 한 말은 뭘까? 그러면 아마 자기를 발견하는데 좀 도움이 될 것이다. 앤드류 카네기는 이렇게 쓴다. "내가 일생동안 가장 많이 했던 말은 바로 '당신 오늘 너무 힘들었지요?'이다."

당신 오늘 너무 힘들었지? 그 말을 하루도 아니고 일생 가장 많이 했다. 이것은 어떤 의미를 가지고 있을까? 결국은 우리가 나보다는 상대방을 더 배려해야 한다는 것이다. 예수님도 자신의 병이 아니라 남의 병을 고치시지 않았는가? 나만 위하는 게 아니라 상대방을 위할 때 내가 다시 태어난다는 것, 그것을 우리가 한번 생각해보면 어떨까. '내 옆에 있는 친구에게 한마디 따뜻한 말을 하는 것이 오늘 내가 하루를 산 힘이 되겠구나'라고 여러분들이 생각해준다면 내가 오늘 다녀간 보람이 있지 않을까 하는 생각이 든다.

나는 조금 손해 보는 사람이다. 나는 어릴 때는 어머니와 아버지 덕에 참 복된 삶을 살았다. 외지에 가서 공부도 하고 결혼해서 아이를 셋 낳았다. 그런데 결혼하고 셋째 딸을 낳고 몇 달 있다가 남편이 쓰러졌다. 그때 내가 서른다섯 살이었다. 당시는 환자들 치료비가 하루에 백만 원 이상 나왔다. 산소호흡기가 비쌌기 때문이다. 우리는 몇 달 만에 집도 팔아야 할 위기에 처했다. 그래서 내가 안 한 장사가 없다. 바로 그 때 자식도 먹여 살려야 하고 시어머니도 보살펴 드려야 하고 제일 어려운 순간에 내가 신앙을 가지게 되었다. 신앙 없이는 일어날 수가 없었다. 그리고 나는 이런 것은 나한테 안 어울린다고 결심을 했다. 내 자식을 위해서라도 내가 뭔가 일을 해야 되겠다고 생각했다. 그렇게 해서 나는 석사과정을 거쳐 박사학위를 취득했다. 믿기지 않겠지만 그 어려운 시기에 나는 공부할 때 일주일 간 잠을 한 숨도 안 잔 적도 있다. 그때는 그렇게 하나의 목적을 위해서 계속 달려갔고 그러다가 결국 시어머니도 쓰러져서 내 옆방에서 9년을 누워있다가 돌아가시고, 남편은 24년을 앓다가 하늘나라로 떠났다. 그리고 나는 뭘 배웠을까? 인생은 아름답다는 것을 배웠다. 왜냐하면 내가 자만심도 버리게 되고, 나 혼자만 잘났다는 것도 버리게 되고, 여럿이 함께 사는 것이 나에게 주어진 것이라는 걸 느끼게 된 것이다. 자기를 낮출 줄을 알게 되었다. 그것이 나는 감사하다. 이렇게 살아오게 했다는 것이 말이다. 결국 우리는 혼자 사는 삶이 아니라 다 함께 사는 것이다. 나로 인해 주위 사람들이 조금 더 편하고 행복하면 좋겠다는 생각을 하면서 인생을 산다면, 여러분들은 아마 대한민국에서 가장 우월하도고 아름다운 길을 걷게 될 것이라 생각한다.

(2016.03.24.)

글로벌 시대의 바람직한 인재상

이기수

오늘 여러분들에게 글로벌 시대의 바람직한 인재상이라는 주제로 얘기하려 한다.

요즘 내 머리를 맴돌고 있는 생각의 화두는 가치에 대한 것이다. 우리가 살고 있는 대한민국의 가치, 대학생활의 가치 그리고 마지막으로 나의 가치를 고민한다.

내가 총장하면서 남미, 아프리카 할 것 없이 세계를 13바퀴를 돌았다. 그런데 어딜 가도 우리 대한민국 같은 삼천리금수강산이 없다. 우리나라처럼 밝은 태양, 맑은 물, 신선한 공기를 마음껏 향유할 수 있는 나라는 많지 않다. 여러분들도 어학연수라든지 봉사활동을 통해 해외로 나갈 기회가 많이 있을 텐데, 아마 다녀보면 대한민국이 살기 좋은 나라라는 생각들을 한 번씩 하게 될 것이다.

그런데 내가 교수로 30년간 공직을 했지만 교육을 잘못한 것 같다. 요즘 젊은이들은 아마 대한민국이 어떤 나라이고 세계에서 얼마나 빛나고 소중한 나라인지 별로 생각 안 하고 지낼 거다. 나도 생각안 했다. 정년하고 좀 철이 들어서 이제야 대한민국을 생각하기 시작한다.

대한민국의 역사를 약 백 년 전으로 거슬러 올라가서 생각해보자. 오늘 아침 어느 신문에 실린 사설을 봤는데 현재 대한민국의 상황이 백 년 전의 동아시아 정세하고 비슷하다고 한다. 금년 12월 19일에 있는 대선의 세 주자는 동북아 정세가 이렇게 험난하고 어려운데 어느 누구도 한국의 국제정세에 대해서 일언반구한 사람이 없다고 한다. 국제적으로 상황이 어렵게 돌아가는데 그걸 나 몰라라 하는 것이 백 년 전의 대한민국 같다는 사설을 읽었다. 나도 그렇게 느끼고 있다. 어떤 점에서인지, 백 년 전으로 한번 거슬러 올라가보자.

백 년 전에 이씨 왕조의 조선이 1800년대 말까지 이어져왔다. 그후 대한제국이라는 국가를 잠시 설립했지만 1900년도 들어서면서 국권을 상실하게 된다. 그렇게 우리 조상들은 36년 동안 일본의 피지배 민족으로 살았다. 나라가 없는 우리 조상들이 어떤 삶을 살았을지 한번 생각해보라. 그리고 우리는 제2차 세계대전의 종전 후 대한민국이라는 국가를 건설했다. 그런데 1945년 8월 15일부터 1948년 8월 15일까지 3년이라는 기간 동안 대한민국을 건설하는 과정이 얼마나 치열했는지 한번 생각해봐야 한다. 왜냐하면 지금 이렇게 부유하고 풍족한 대한민국에 살고 있는 국민으로서 대한민국이 어떻게 생겨났는지 한번은 고민해봐야 하기 때문이다.

나는 어제 저녁에도 몇 분하고 얘기했는데 초중고 역사교과서가 잘못 기술되어 있어서 대한민국에 대해 정확하게 인식하지 못하도록 교육시키고 있단 말을 들었다. 솔직히 나는 교과서를 보지 않았기 때문에 평가를 못하겠지만, 어쨌든 말씀해주신 분의 이야기를 들어보면 지금 대한민국은 생겨나지 말아야 할 나라이자 없어야 할 나라라고 인식하도록 교과서가 기술되어 있다고 한다.

1945년 8월 15일에 우리나라는 해방되었지만, 그때 김일성 주도의 북한은 이미 스탈린과 모택동의 공산정권을 수용했었다. 그리고 우리 남한도 공산화시키려고 무수히 공작을 했는데, 그래도 우리는 위대한 지도자들이 계셔서 자유민주주의와 시장경제에 바탕을 둔 대한민국을 건설하게 된다. 그 3년 동안의 치열한 과정은 상상할 수 없을 정도였다. 해방된 지 얼마 되지도 않아 공산정권이 위협하는 가운데 국민이 주권을 갖는 국가를 건설하기 위해 얼마나 많은 노력을 했겠는가. 대한민국이 건국되고 2년도 채 지나기 전, 그러니까 1950년 6월 25일에 북한이 남한의 공산화를 목적으로 쳐들어와 한국은 내전을 치르게 된다.

6·25전쟁을 기억하는 사람 있는가? 여러분은 당연히 기억하지 못하겠지만, 한번 생각해보라. 부산만 제외하고 전 국토가 공산당의 손아귀에 있었다. 인천상륙작전을 통해 다시 수복해서 지금 그어져 있는 휴전선이 생겼다. 현재 대한민국은 법적으로 휴전상태이다. 전쟁이 끝난 게 아니다. 언제든지 전쟁이 일어날 수 있는 상태의 나라란 것이다. 그 동안 북한이 얼마나 많은 도발을 했는가. 이 이야기를 꺼

내는 이유는 대한민국이 현재 1948년 8월 15일에 건국되고 65년이 지난 시점에서 엄청난 성취를 이루었는데, 그 성취는 어떻게 이루어졌는지 한번 고민해보자는 것이다.

대한민국 민주주의의 역사가 이제 60년이 되었다. 대한민국을 건국한 지도자들은 자유민주주의와 시장경제에 바탕을 둔 국가를 건설했다. 지금 대한민국처럼 자유민주주의를 만끽하는 나라는 어디에도 없다. 허위사실을 SNS에 유포해도 괜찮은 나라는 대한민국밖에 없다. 어떻게 허위사실을 공표해서 다른 사람 명예를 훼손하는데 그런 것을 마음대로 할 수 있는가. 그만큼 우리나라는 자유를 만끽하고 있다는 것이다.

오늘 아침에 외국에서 손님이 와서 조찬을 하고 대법원 양형위원장실 16층 건물 앞을 지나고 있었다. 마침 오늘은 서울 교육감 대법원 판결이 있는 날이다. 그런데 '무죄로 하급심으로 내려보내든지 재판을 연기하든지 하라'는 플랜카드를 내걸고 많은 사람들이 대법원 앞에 서있는 걸 목격했다. 이런 나라 세계에 없다. 어떻게 대법원이 판결을 하는데 사람들이 세력을 이루어서 대법원 앞에서 그와 같은 플랜카드를 내걸고 언론들이 와서 취재하고 인터뷰를 하는가. 자유민주주의의 기본 토대는 삼권분립, 그러니까 법을 지정하는 입법부인 국회와 입안된 법을 집행하는 행정부와 그 과정에 생겨난 잘잘못을 판결하는 사법부로 권력을 삼분하는 것이다. 그래서 사법부는 정치적으로 독립해 있어야 하고 그 독립성을 국민이 보장해줘야 한다. 그런데 국민이 편을 갈라서 이렇게 저렇게 판결하라는 이야기를 어떻게 할 수 있겠는가. 이것은 민주주의의 기본토대를 몰라도 너무나 모르는 거다. 어떻게 판결을 이렇게 하라는 얘기를 하는가. 그럼 그 판결은 뭔가. 대다수 국민의 요구에 의해서 또는 큰소리치는 사람에 의해서 판결이 되어서야 되겠는가. 아무리 민주주의가 발전한다고 하더라도 그렇게 가서 되겠는가. 그건 우리의 자존을 짓밟는 행위다.

내가 가치를 생각하라는 이유가 바로 여기 있다. 우리 조상들이 이렇게 물려준 대한민국에서 일부의 과격한 인사들에 의해 헌법의 기본가치를 훼손하는 일이 생겨나서야 되겠냐는 거다.

다시 얘기로 돌아와서, 자유민주주의는 경제가 발전하지 않으면 따라가지 못한다. 민주주의는 경제가 발전해서 산업화되어 있어야 가능하다. 먹고살기 힘들어서 밥 먹는 것도 힘든데 무슨 민주주의가 있겠는가.

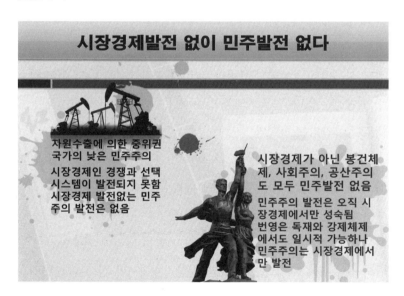

"시장경제발전 없이 민주발전 없다." 어느 정도 배가 차야지만 의식적으로 민주주의나 권리 같은 이야기를 할 수 있다.

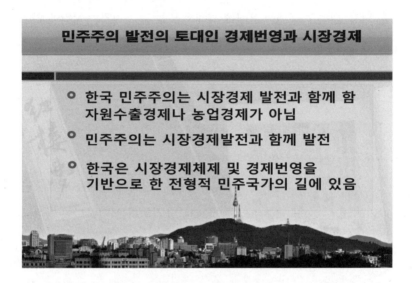

대한민국은 지금까지 자원수출에 의한 중위권 국가의 낮은 민주주의를 취하고 있었다. 60~70년대 넘어 오면서 시장경제인 경쟁과 선택 시스템이 발전되지 못했다. 그러나 시장경제의 발전 없이 민주주의 발전은 없다. 자본주의와 민주주의는 반드시 함께 발전해야 제대로 돌아간다는 말이다.

시장경제가 아닌 봉건제도, 사회주의, 공산주의는 모두 민주발전이 없다. 인류가 고안한 봉건제도, 사회주의, 공산주의 중 지금 세계에서 취하는 제도가 한두 개 밖에 없지 않은가. 공산주의 제도를 취하고 있거나 북한처럼 왕권을 세습하고 있는 나라에 민주발전은 당연히 없다. 민주주의 발전은 오직 시장경제에서만 성숙된다. 번영은

독재와 강제체제에서도 일시적으로 가능하나 민주주의는 오직 시장 경제에서 발전하는 것이다.

그런데 64년 된 대한민국은 요즘 어떤가? 금년 봄에 2050 클럽에 들어서는 나라가 되었다. 현재 국민소득은 2만5천불 가까이 되고 인구수는 5천만 명 이상이다. 우리보다 앞선 여섯 개 나라는 다 선진국이라고 얘기하는 나라들이다. 바로 전의 여섯 번째가 영국이다. 우리가 그 뒤를 이어 일곱 번째로 2050 society에 가입하게 되었다. 지난해는 어땠는가. 수출·수입 합계 1조 달러를 달성하는 아홉 번째 나라가 되었다. 지식경제부 장관에게 얼마 전 조찬회에서 들었는데, 앞으로 2029년을 전후로 해서 대한민국은 3조 달러를 달성하는 나라가 될 것이라고 한다.

올림픽은 또 어땠는가. 우리가 5등 했다. 이 조그마한 영토를 가지고 있는 인구 5천만의 나라, 그것도 남북이 분단되어 있는 나라에서 올림픽 5위를 했다. 내가 예전에 캐나다 밴쿠버에 가있었는데 거기서 영어 학원을 다녔다. 그런데 가니깐 한국 학생들이 내 반에 3명이 있었다. 다른 반에도 한국 학생이 많았다. 그래서 하루는 한국 학생들을 불러서 점심을 사주면서 이야기를 들었다. 캐나다에 왜 왔는지 등 그들의 이력을 쭉 들었는데, 중학교 때부터 와있는 학생도 있었다. 그런데 학생들이 밴쿠버에 있는 가장 좋은 대학이라고 알려진 UBC에 입학하고 싶다고 해서 내가 올림픽에서 13위하는 캐나다의 대학에 가지 말고 올림픽에서 5등하는 대한민국에 와서 다니라고 했다.

내가 이런 말을 한 것은 대한민국 국민임을 자랑스럽게 생각해야 한다는 뜻이다. 그리고 그러기 위해선 대한민국의 가치를 한 번 더 생각하고 대한민국이 이런 나라라는 것을 알아야 한다.

여러분들 모두 자기가 속해 있는 과에 들어갈 적에 앞으로 뭐가 되겠다, 뭘 했으면 좋겠다는 희망을 품었을 거다. 그 꿈을 이루기 위한 기초 실력을 쌓는 시간이 대학생활 4년이다. 대학생활 4년을 어떻게 보내느냐에 따라서 여러분들의 앞날이 결정된다고 말해도 그렇게 지나친 이야기가 아닐 것이다.

나는 고등학교 2학년인 친손녀와 중학교 3학년인 친손자와 식당에서 식사를 하면 이렇게 이야기한다. '너 다음에 커서 주말에 가족들하고 와서 같이 식사를 하는 사람이 될래? 그렇지 않으면 다른 직업을 가지는 사람이 될래? 그것은 네가 지금 어떤 태도를 가지고 어떻게 노력하느냐에 따라 결과가 자연적으로 이어지는 거다.' 공부하라는 소리는 절대 안하고 그렇게만 얘기한다. 여러분도 대학에 입학할 적에 어떤 목표와 꿈을 가지고 대학교에 들어왔을 것이다. 그 꿈을 이룰 수 있는 4년의 기간이 여러분 앞에 놓여있다. 이 시간을 여러분들이 뜻 깊게 쓰면 여러분들의 꿈이 성취될 것이고 그렇지 않으면 어려울 것이다.

물론 이렇게 반문할 수도 있다. 오바마 대통령은 어렸을 때 마약도 하고 그랬다던데 그래도 지금은 대통령이지 않느냐고 말이다. 오바마 대통령은 가정이 어려웠다. 아버지는 결혼 후 오바마 대통령을 낳고 도망가 버렸다. 그래서 어머니와 할머니, 할아버지 밑에서 교육

받으면서 대학 나오고 하버드 로스쿨까지 가게 되었다. 어렸을 때 방황하다가 나중에 정신을 차렸으니깐 대학도 갔고 하버드 로스쿨까지 가서 법과대학에서 가장 유능한 인재라는 공인을 받았기 때문에 그는 대통령이 될 수 있었다. 그러니까 여러분들도 정말 대학생활 4년 잘 보내길 바란다.

'지금 글로벌 시대의 세계는 팽팽하다'고 말한다. 누가 한번 히트를 치면 전 세계가 요동친다. 싸이의 '강남스타일'이 이를 너무나 잘 보여준다. 그동안 우리나라의 많고 많은 팝스타라든지 무비스타 같은 사람들이 아직까지 세계를 감동시키거나 그러지는 못했다. 물론 요즘에는 K-pop이 세계를 열광시키고 있지만 미국의 유수한 언론기관과 방송사가 직접 초대해서 인터뷰한 예는 싸이가 처음이었다. 그리고 그가 세계적으로 뜬 이유도 세계가 팽팽하고 하나가 되었기 때문에 그렇다. 세계화되어 있는 데서 우리의 존재 가치를 드높이는 것은 우리의 것을 알리는 것이다. 그래서 우리는 globalization(세계화)하고 localization(지역화)라는 단어를 합해서 glocalization(세방화)라고 한다. Glocalization이 세계를 지배하고 있다. 세계에서 가장 뛰어난 것은 우리의 독자적인 발명을 널리 알릴 때에만 빛이 난다. 싸이가 외국의 어떤 풍을 따라했다면 이렇게 빛나지 않았을 거다.

우리나라 왕들의 무덤도 세계 문화유산이 되었고 제주도는 세계 7대 자연 경관으로 지정되어서 세계적으로 알려졌다. 나는 일요일마다 등산을 꼭 하는데 요즘에는 아차산 옆에 살아서 아차산을 보통 두 시간 반에서 세 시간 정도 등산을 한다. 그런데 아차산 정상에 올라가서 양쪽으로 쳐다보면 그야말로 첩첩산중이다. 첩첩산중으로 둘러싸여 있는 이런 산야를 가지고 있는 나라는 대한민국 말고 어디가 있을까. 밴쿠버 같은 경우는 물론 30억 년 전에 바다가 돌출해서 생긴 것과 같은 산맥이 계속 이어져가지만, 우리나라 같이 첩첩산중으로 돼 있는 곳은 없다. 이러한 입지조건을 가지고 있는 나라는 많지 않다.

처음에 말했다시피 아침에 일어나서 밝은 태양, 맑은 공기, 신선한 물을 마음대로 향유할 수 있는 천연 자원을 우리는 조상님으로부터 물려받았고, 또 우리는 후손들에게 물려주게 될 것이다. 우리나라에 오는 외국 관광객들을 위해 북한산에 케이블카 놓는 것에 대해서 환경단체들이 반대하는데, 아마 케이블카 한 대 정도는 놔서 주위의 산들하고 연결해 놓으면 그러한 경관은 세계에서 있을 수가 없을 것이다. 이처럼 관광자원을 개발하는 것도 우리에게 맡겨진 과제라 생각한다. 요즘은 중국 사람들이 일본을 가지 않고 한국을 방문해서 제주도는 난리라 그런다. 그러한 자원들이 몰려올 적에 대비하는 것도 필요하다고 생각한다. 여러분들이 하고 있는 분야 중에 여러분 나름대로 한국을 빛낼 수 있는 그러한 창작활동을 하면 그것이 세계를 빛내줄 것이라 생각한다.

미국은 건국된 지 100년 만에 세계 1위 국가가 되었다. 대한민국은 1948년에 건국되었다. 2048년 되면 건국 100주년이 된다. 그때

쯤이면 대한민국은 세계에서 1등 국가가 되어 있을 것이다. 정말 국가를 생각하는 지도자가 나와서 우리나라를 잘 이끌고 간다면, 100년보다도 더 전에 세계 1등 국가가 된다고 나는 확신한다. 여러분들이 스스로의 가치를 드높이면 그렇게 된다.

나는 1945년에 시골의 농가에서 태어났다. 그런데 내 나이 9살 때 아버지가 돌아가셨다. 그래서 어머니가 나를 키워주셨는데, 일찍 돌아가신 아버지에게 대단히 송구스러운 이야기이지만, 아버지가 살아 계셨으면 나는 아마 13살에 장가가서 시골에서 농사짓고 살았을 것이다. 오늘 여러분 앞에 서는 이기수는 없었을 거란 말이다. 우리 아버지가 삼형제 중에 막내셨는데 둘째 형님이 조금 일찍 돌아가셨다. 그래서 그 조카를 대학교 2학년인데 장가보내서 시골에서 농사짓게 했다. 농토가 좀 많아서 경영을 해야 했기 때문이다. 그러니까 나도 틀림없이 13살에 장가가서 시골에서 농사짓고 살았을 것이다.

아마 시골에 안 사는 사람은 상상하기 어려울 것이다. 당시 나는 아침에 새벽 4시가 되면 일어났다. 새벽 4시가 되면 어머니께서 나를 깨워서 막걸리를 빚었다. 그러면 청주를 딱 떠서 소주잔 정도에 대주님께서 먼저 드셔야 한다며 나에게 술을 먼저 주셨다. 농사일을 하게 되면 하루 세 번 식사하고 세 번 새참을 준다. 그러면 새참 줄 때도 막걸리를 떠서 우리 대주님께서 먼저 드셔야 한다 해서 내게 줬다. 옛날에 삼종지의(三從之義)라고 출가하기 전에는 아버지를 따르고 출가하면 남편을 따르고 남편이 죽으면 자식을 따른다는 유교의 법칙이 아직까지도 있던 그런 시대에 내가 태어났다. 그래서 어머니께서는 나를 그렇게 키우신 거다.

내가 이 이야기에서 하고 싶은 말은 내가 모든 결정을 했다는 거다. 나는 행촌초등학교를 5학년까지 다니고 6학년 때 진주로 전학을 가서 진주배행초등학교라는 데를 나왔다. 그리고 진주중학교를 다니고 부산에 있는 동아고등학교, 고대 법대, 서울대 대학원, 독일 유학을 갔다. 내가 초등학교 5학년, 중학교, 고등학교 다 이렇게 객지에 가서 다니면서 생활했는데 이때 어머니의 역할이 중요했다고 생각한다. 위에서도 얘기했지만 우리 어머님은 항상 자식인 나에게 용기를 주셨다. '네가 우리 집 대들보다. 네가 우리 집을 키워나가야지' 하고 말이다.

내가 이렇게 객지에 나가 있으면서 매우 외로웠다. 그래서 주말에 특별히 할 일 없으면 영화를 자주 봤다. 그렇게 해서 외로움을 달래는데, 가끔 담배나 술에 대한 유혹이 들 때도 있었다. 그러나 그럴 때마다 어머니를 생각했다. 어머니께서 나를 이렇게 존경하고 키워줬는데 내가 어떻게 나쁜 짓을 하겠느냐. 거기서 자꾸 제어가 되어서 이제 오늘 이기수가 이 자리에 서게 됐다. 그래서 여러분들도 여러분들의 가치를 드높이는 것은 바로 이런 데 있지 않을까 생각한다. 자기 가치를 높이는 것은 자기 자신이 스스로를 제어하고 통제하는 그러한 힘이 있으면 된다고 생각한다.

글로버 리더는 다음과 같은 세 가지 모습을 지니고 있어야 한다.

첫째는 꿈꾸는 미래인이어야 한다. 미래는 꿈꾸는 자의 것이다. 꿈을 꿔야 그것을 실현하고 싶은 욕구가 있고 실현하는 과정이 있고 그렇게 해서 성취가 있게 되는 거다. 나는 철학교수가 되고 싶었다. 그런데 고등학교 3학년 때 담임선생님이 서울대 철학과를 나오셨는데, 철학과 가면 고등학교 선생밖에 안 되니까 제발 다른 데로 가라하셔서 법대를 가게 됐다. 그래도 교수가 되고 싶어서 교수의 길을 쭉 걸어왔다. 그렇게 해서 내가 분야를 정해서 그쪽 분야를 계속했다. 중간에 사법시험도 떨어지고 바둑에 빠지기도 하고 연애도 하고 공부를 열심히 못할 때도 있었지만, 교수가 되고자 하는 꿈을 나는 철저하게 뒤따랐고 그래서 교수가 됐다. 여러분들도 꿈꾸는 미래인이 되어 그 꿈을 실현한 미래에 사는 사람이 되기를 바란다.

글로벌 인재의 두 번째 덕목은 바로 소통이다. 내가 말하는 소통은 우리가 일반적으로 뜻하는 것을 포함하지만 또한 세계화 시대에 살아가면서 그 나라 말로 그 나라 사람하고 직접 소통할 수 있는 능력을 얘기하는 것이다. 제2외국어를 반드시 하나 더 해라. 어느 나라 언어이든지 좋다. 외국어를 반드시 해라. 의사소통을 통해서 직접 대화하는 능력은 글로벌 시대를 살아가는 여러분들이 반드시 갖춰야 하는 덕목이다. 영어는 물론 필수다. 특히 인터넷이 생기고 난 뒤 영어가 국제어가 되었고 학문용어가 되었다. 어디 가서든지 발표할 때 거의 영어로 할 수 밖에 없는 그런 실정이다. 영어는 반드시 필수이고 그 이외에 언어를 배우도록 하라.

마지막으로 여러분들은 함께하는 지도자가 되어야 한다. 함께한다는 것은 노블리스 오블리주를 말한다. 봉사는 아주 중요한 덕목이다. 나도 세계봉사단체 중 가장 많은 사람들이 참여하고 크게 봉사하는 단체인 라이온스 클럽에 소속되어 있다. 내가 관여하는 지역은 서울 강북인데, 내가 총장이 되었을 당시 처음 한 일이 바로 고려대학교 사회봉사단을 만들어서 학생들이 기획과 행정을 맡아 국내외 봉사를 많이 하게 한 것이다. 광양에 가서 집도 지어주고 피지섬에 가서 도서관 컴퓨터 보급도 하고 수학 교육도 했다. 무슨 얘기를 하고 싶냐면 이 세상은 자기 혼자만 사는 세상이 아니라는 것이다.

우리 세대가 학생들에게 노동의 즐거움과 보람을 충분히 전달해 주지 못한 것 같다. 나는 정년퇴임하고 난 뒤에 그런 생각을 더 갖게 되었다. 학교에 있을 적에 인성 이야기를 많이 했지만 좀 더 학생들에게 봉사에 대한 얘기를 많이 해서 대학생 때부터 자기가 세계를 빛내는 한국인이 되고 또 이웃과 함께하는 사람이 되는 기회를 제공했어야 했다는 후회를 많이 한다. 그러한 과거를 생각하면서 좀 더 국가의 가치나 우리가 속해 있는 조직과 단체의 가치, 나 자신의 가치를 좀 더 돌아보는 시간을 제공했으면 싶었는데 그렇게 못하고 나와서 아쉽다.

여러분들은 대학생활에서 자신의 가치를 드높일 수 있는 생활을 영위하고 건강하기 바란다. 무엇보다 여러분의 꿈을 이루고 우리나라의 위상을 높여서 대한민국이 건국 100주년이 되기 전에 세계 1등 국가가 되는 것을 보았으면 한다.

(2012.09.27.)

청년의 꿈이 나라의 미래를 바꾼다

정의화

뇌수술을 하는 사람이 있고 척추수술을 하는 사람이 있는데 나는 둘 다 했다. 특히 국회의원이 되기 전 한 10년 정도는 뇌수술을 했다. 그런데 나는 뇌수술에 들어가기 전 약 10초 정도 마음속으로 '이 수술이 끝나기까지 제가 실수하지 않게끔 하나님 도와주십시오'라고 기도하곤 했다. 그래서 그런지 몰라도 세계 곳곳의 은사들이 수술한 것과 비교해서 내 수술의 결과는 나쁘지 않았다. 그래서 나는 살아가는 데 있어서 무엇보다 마음자세가 중요하다고 생각하며, 아침에 일어나 하루를 보람과 가치가 있게 보내달라는 기도를 마음속으로 10초 정도만 해도 여러분들의 하루가 기도의 응답을 받는 날이 될 것이라고 생각한다. 그리고 그것은 1주일, 1달, 1년으로 이어질 수 있다. 나는 요즘 나라 걱정을 많이 한다. 오는 4월 23일날 20대 국회 총선거가 있어서 이제 총선거를 앞두고 오늘부터 본격적으로 선거운동을 들어가는데, 이 지역에는 내가 아주 아끼는 후배 차 모 후보가 출마를 하는 것으로 알고 있다. 기회가 있다면 격려를 하고 싶지만 나는 지금 소속 당이 없다. 무소속이기 때문에 이번 선거 기간 동안에는 중립을 지키고 가만히 서울에 있을 생각이다.

어쨌든 이번에 신문 등 보도를 통해서 봤겠지만, 공천이 아주 실망스러웠다. 내가 20년 전 국회의원으로 출마할 때, 김영삼 대통령께서 대한민국의 군사독재의 그릇된 역사를 바로잡겠다고 '역사 바로 세우기 운동'을 하셨다. 그래서 정치군인들을 다 몰아내는 작업을 했다. 역사가 바로 선다는 것은 대단히 중요하다고 생각한다. 대한민국의 역사는 지금까지 매우 슬픈 역사였다. 우리는 지금 절반의 성공을 거둔 역사를 지니고 있다. 유석성 총장님이 늘 주장하시는 한반도의 평화통일이 마무리 되는 순간에 우리는 역사가 제대로 서는 기틀을 마련할 수 있을 것이다.

평화통일의 역사를 이루려고 한다면 정치가 바로 서야 한다. 정치가 바로 서기 위해서는 몇 가지 요소들이 갖추어져야 한다. 먼저 여러분을 포함한 젊은이들, 대한민국 국민들이 정치에 관심을 가져야 하며 총선이건 대선이건 꼭 투표에 참여를 해야 한다. 이번 선거에 걱정되는 것이 투표율이 낮을까 하는 것인데, 여러분들이 투표하지 않아도 어차피 당선자는 누군가로 결정될 것이다. 나중에 또 얘기하겠지만, 여러분들이 꼭 투표를 해서, 여러분들이 바라는 후보가 없으면 후보들 중에서 그래도 조금이나마 나은 사람을 선택해서 투표를 하기 바란다. 왜냐하면 정치가 바로 서기 위해서는 결국 국민들이 정치에 관심을 가지고 투표에 참여하고 국민들 모두가 갖고 있는 마음이 표를 통해서 전달이 되어서 국회의원이 뽑히고 국회가 구성되어야 하기 때문이다. 다르게 말하면 정치가 바로 서기 위해서는 정치를 하는 사람들, 특히 내가 지금 국회의원 뱃지를 달고 있지만, 이 뱃지를 달고 있는 사람들이 올바른 사람들이 되어야 한다는 것이다. 그 올바른 사람들을 국회의원으로 뽑기 위해서는 공천이 올바라야 한다. 공천이란 이름으로 사천을 하거나 공천이란 이름으로 특정인이 마음대로 후보를 결정하거나, 공정성도 없고 합리성도 없고 투명성도 없는 과정을 거친다면 정치는 바로 설 수가 없고, 우리가 바라는 역사는 바로 설 수가 없고, 여러분들이 바라는 평화통일도 없다고 생각한다.

내가 오늘 중앙일보를 보니까 서울신대에 대한 기사가 있는 것을 봤다. 서울신대에 대한 기사들 중 몇 가지 단어를 보면 '평화통일', '하나님 사랑', '이웃 사랑', '나라 사랑', '예의범절' 등이 칼럼에 얘기되었다. 평소에 내가 생각하는 것도 거의 유사하다.

1997년 가을에 IMF, 즉 외환위기를 맞은 것을 기억할 것이다. 그해 3월 1일, 그러니까 외환위기를 맞기 8개월 전, 내 지역구는 동구와 중구인데, 이 동구가 부산 항구의 한복판에 있는데, 거기에 구봉산이 있다. 거기에 올라가면 날씨 좋은 날엔 대마도도 보인다. 그래서 왜구가 침범하면 거기서 봉화를 올리면 그 봉화불이 한양까지 전달되었던 곳이다. 내가 96년에 국회의원이 됐는데 국회의원이 되고 나서 사색을 해보니까 정말 나라가 이대로 가선 안되겠다 싶었다. 내가 그때 가장 중요하게 생각했던 것 중 하나는 우리 사회가 너무 물질중

심으로 가고 있다는 것이고, 또 하나는 예(禮)가 무너지고 있다는 것
이었다. 어른도 없고 아이도 없고, 우리가 상식적으로 생각하는 어른
은 후배나 아이들을 사랑하고, 후배나 아이들은 어른이나 선배를 존
경하는 그런 사회가 되어야 하는데, 그것이 점차 무너지는 것을 그때
깨달았다. 그래서 내가 3제3사 운동을 하자고 했다. 그래서 1997년
3월 1일날 봉수도에 올라가서 당원들과 주민들 3,400명 모두 같이
올라가서 봉화 의식을 치른 적이 있다. 3제3사에서 3제의 첫 번째는
'제 할 일을 제대로 하자'이다. 대한민국 국민 각자가 자기 할 일을
제대로 하면 우리 사회는 바른 길로 가고 발전할 것이라는 게 내 생
각이다. 그 다음에는 '제 탓하자'이다. 잘 되면 자기 탓이고 잘못되면
조상 탓이라는 우스갯소리를 하지만, 늘 어떤 일이 생기면 이것은 내
탓이라는 마인드를 가져야 한다. 내가 생각을 잘못하고 행동을 잘못
해서 일어난 일이라고 반성하면서 남 탓을 하지 말자는 것이다. 마지
막으로는 '제 몫을 함께 나누자'이다. 내가 부잣집 아들로 태어나서
잘 살아왔고 좋은 학교 가서 부자가 되었기 때문에 내가 얻은 것은
다 내 것이라는 생각은 크게 잘못된 생각이다.

예를 들면 내가 부산의과대학을 나왔는데, 내가 다닐 때는 내가
공부를 좀 잘해서 한 학기에 한 20만원 정도 낸 것 같다. 국립대학은
국민의 세금으로 나라가 만든 대학인데, 그 대학을 내가 졸업했으니,
내가 의사가 되고 나면 최소한 내가 가지는 어떤 물질이건 무엇이건
간에 반은 사회로 환원해야겠다는 것을 여러분만할 때 내가 생각했
다. 대개 죽을 때 자기 재산을 자기 자식에게 다 넘기는 경우를 보는

데 그것도 크게 잘못된 것이라 생각한다. 제 몫을 함께 나누는 그런 나라가 되어야겠다 해서 3제를 제시한 것이다.

3사는 '가족 사랑, 이웃 사랑, 나라 사랑'을 말한다. 나중에는 '가족 사랑, 이웃 사랑, 나라 사랑'에 '환경 사랑'을 더했다. 그런데 유석성 총장님이 '하나님 사랑, 이웃 사랑, 나라 사랑'이라 하신 것을 보고 든 생각이지만, '하나님 사랑'은 특정 종교에 관계될 수 있기 때문에 나는 '하나님'을 '하느님'이라고 하는데 '하느님'은 각 종교에 따라서 다를 수 있다. 불교에서는 우주의 신이라고 할 수 있겠고 기독교에서는 '하나님'이겠지만, 어쨌든 우리 인간이 살아가는데 우리를 관장하고 선도해주는 무엇인가가 있다고 난 느낀다. 나는 의사로서 과학을 연구했지만 내가 잘 모르는 무엇인가가 살아가는 데 인간을 관장하고 향도해 준다고 믿는다. 나도 67년을 살아왔지만 인생이 자력으로만 이뤄지지 않고 어떤 슈퍼 파워에 의해 인도된다고 생각한다. 나는 지금 국회의장이지만 국회의장까지 온 것도 내가 잘나서 온 것이라고 생각하지 않는다. 물론 내가 할 수 있는 최선은 다 해왔지만 말이다. 여러분도 각자의 꿈이 있을 것이다. 아주 소박한 꿈일 수도 있고 큰 꿈일 수도 있을 것이다. 나는 그 꿈들이 모두 이루어질 것이라 믿는다. 그러나 꿈이 이루어지기 위해서는 스스로 노력해야 한다. 자기가 노력하지 않고 운에 기대려는 생각을 한다면 그 꿈은 이루어질 수가 없을 것이다. 내가 오늘 여러분들에게 꿈을 얘기하고 싶은데, 사실 꿈이라는 단어에 이것저것 말을 하면 할수록 더 설명이 안되는 것 같다. 그냥 여러분 눈을 감고 내 꿈이 무엇이고 내가 꿈을 이루기 위해선 어떤 노력을 해야하는지 물어본다면 답이 다 있을 것이라 생각한다. 나와 같은 선배가 하는 얘기는 그냥 참고하는 정도로만 생각하고 들으면 될 거 같다. 한 가지만 부탁을 하자면 젊은 시절의 꿈은 결코 물질이 되지 않기를 바란다.

우리가 세상을 살다보면 갈수록 상황이 악화되어서 물질중심사회로 가는 것을 느끼게 된다. 우리가 누구에게 선물을 할 때도, 선물을 줄 때 선물이 얼마짜리인지 주는 사람과 받는 사람 모두 그것만 생각하는 것 같다. 지금 이 지구상에서 만들어지는 명품이 가장 많이 팔리는 곳이 대한민국이다. 이상하지 않은가? 중요한 것은 내가 선물을 주고 싶은 마음과 생각이다. 이것은 돈으로 환산할 수 없는 가치이다. 그런데 우리가 물질중심적으로 바뀌어 가고 있는 것 같다. 물질이 인간을 행복하게 해줄 것이라고 생각하고 꿈을 꾸고 있다면 그 꿈을 깨는게 좋다.

여러분들을 행복하게 해주고 성공하게 해줄 것은 정신이다. 정신적 가치에 꿈을 두어야 한다는 말이다. 내가 항상 그렇게 살았다는 것은 아니지만, 나는 그러려고 굉장히 노력해왔다. 그리고 내가 가난을 이겨낼 수 있었던 유일한 이유는 독서에 있다. 책을 많이 읽는 사람이 성공한다. 독서를 많이 하지 않는 사람은 성공할 수 없다. 나는 큰 종합병원의 원장도 해봤고 1년에 뇌수술과 척추수술을 최소한 300명 이상 매년 해왔다. 그러니까 나는 신경외과 전문의 시절 도합 5,000건의 수술을 했지만, 밤새 응급환자들로 인해 수면을 이루지 못한 경우를 제외하고는 아무리 피곤해도 자기 전에 30분 이상 책을 읽고 잠들 정도로 독서에 많은 시간을 할애해 왔다.

나는 불면증 있는 사람들이 이해가 안된다. 잠이 안 온다고, 머리가 복잡하고 고민스럽다고 하는 사람들 이해가 안된다. 책을 읽다보면 잠이 스스로 오니까 말이다. 책이 너무 재미있어서 하룻밤 세워도 괜찮다. 하룻밤 책 읽는다고 죽지 않는다. 그래서 난 불면증 있는 사람이 이해가 안된다. 아무튼 여러분들은 독서를 많이 하기 바란다. 좋은 책을 읽으면 향기로운 사람이 된다. 얼굴은 각자 다 다르지만, 향기는 다 똑같이 향기로운 사람이 될 수 있다고 생각한다.

내가 오늘 여러분들에게 드리고 싶은 말 중 하나는 결과보다 과정을 중요시하라는 것이다. 내가 그렇게 살아왔다고 해서 여러분도 그렇게 살라는 뜻은 아니지만, 우리 사회가 결과중심으로만 돌아가다보니까 물질중심이 되고, 물질중심이 되다보니까 이기주의 사회로 바뀌게 되었다. 개인도 그렇고, 공동체도 그렇고, 조직도 그렇다. 그래서 나는 우리 사회가 병들어가고 있다고 생각한다.

진인사대천명(盡人事待天命)이라는 말이 있다. 사람이 할 일을 최선을 다해서, 즉 온몸에 있는 에너지를 다 써서 노력을 하고 나면 하늘의 뜻에 맡긴다는 의미다. 아마 여러분들 나이 즈음에 그 글을 좋아하는 사람이 많이 있을 것이다. 나는 이 말을 좋아해 삶의 바탕으로 두고 늘 최선을 다해 왔다. 최선을 다하니 결과도 좋고 결국 성공할 수 있었던 것이다. 최선을 다하지 않았는데도 결과가 좋다면 그것은 미래에 큰 실패를 가져올 수도 있다. 우리가 과정에서 최선을 다하느냐가 중요한 것이지, 내가 최선을 다 안 했는데도 잘됐다고 좋은 것이 아니다.

대학에 들어가기 위해 고등학교 시절을 어떻게 보냈는지의 과정이 중요한 것처럼 인생도 마찬가지이다. 지금 4월 13일날 선거가 있지만, 그 후보자들이 오늘부터 시작하는 선거기간 동안 국민들을 만나서 '내가 여러분의 대변자가 되어서 정직하고 양심적으로 부정을 저지르지 않고 여러분들의 의견을 잘 수렴해서 국정에 반영하고 우리 지역에 조금이라도 더 기여를 하겠다'라는 마음을, 진정성을 갖고 악수를 하고 인사를 드리는 사람은 당선이 되든 낙선이 되든 나중에 훌륭한 정치인이 될 수가 있다고 본다. 그런데 그렇지 않고 사람을 그저 표로 생각해서 표를 얻기 위해 앞에서 가식적으로 허리 숙이고 얘기하고 웃고 해서 당선된 사람은 나라를 오히려 어지럽힐 뿐이라고 본다.

인생이라는 것은 소가 외나무다리를 건너가듯이 굉장히 외롭고 힘들다. 그래서 우리 인생의 생 자가 소 우자 밑에 줄을 하나 그어놓은 것이다. 소가 네 다리로 외나무다리를 건너가니까 여차 잘못하면 물에 빠질 수도 있는 것 아닌가. 인생이란 그런 것이다. 그러니까 커피나 마시고 자판기나 두드리고 스마트폰이나 보면서 인생을 살겠다고 인생은 그런 것이라고 생각하면 결코 성공할 수 없다. 인생을 결코 쉽게 보아선 안되며 단순한 일상생활의 반복과 즐거움에서 벗어나 최선을 다해야만 성공을 꿈꿀 수 있다. 그리고 꿈을 달성하는 것이 대한민국과 나아가 인류의 미래까지도 결정할 수 있다.

사람 인(人)자도 매우 재미있다. 사람 인자를 보면 획이 두 개다.

요즘 3포, 5포, 7포라고 해서 연애도 포기하고 결혼도 포기하고 결혼한 사람들은 자식도 포기하는 실정이다. 현재 대한민국의 출생률이 얼마인지 아는가. 두 사람이 결혼하니까 자식을 둘 낳으면 인구가 완만하게 증가한다. 이게 평균적으로 볼 때 1가정 당 2자식을 낳는 게 가장 이상적인 인구증가율이라고 한다. 많은 나라가 대개 1:1.8 정도를 유지하는데, 우리 대한민국은 1:1.2다. 대한민국의 출생률이 현재 지구상에서 가장 낮다. 정부에서는 1996년부터 7년 동안 출생률을 높이기 위해 약 70조 원을 보육 지원 등에 썼다. 70조면 엄청난 돈이다. 1년 예산이 350조 원이니 상당한 비용을 투자했는데 그 결과 1997년 44만 명 출생에서 2004년 43만 명으로 오히려 1만 명이 감소해버렸다. 2004년에 태어난 아이들이 2020년대 초반에 대학에 들어가게 되는데 현재 대학 정원이 출생인구 75만 명 시절에 맞춘 것이니 앞으로는 약 40%를 줄여야 할 판이다. 2020년이 되면 대학도 경쟁력이 떨어질 수 있어 특화 등 대비를 해야만 생존할 수 있을 것이다.

아무튼 우리나라 사람들은 결혼을 하지 않는다. 그런데 한자를 가지고 보면 결혼을 하지 않으면 인간은 인간인데 완전한 사람이 아니다. 사람은 짝을 이루어서 부부가 사람 인자가 돼야 사람인데 혼자니까 획이 하나밖에 없어서 인간은 인간인데 사람이 아니라고 나는 생각한다.

우리 세대도 '결혼은 해도 후회하고 안 하면 더 후회한다'라는 말을 들었다. 그런데 나도 오늘 아침 아내와 한 침대에서 자고 일어났지만, 아내와 한 침대에서 자고 일어났다는 사실이 얼마나 행복한지 모른다. 그래서 가끔 생각을 한다. 아내가 만약 없었으면 내가 나이 68세에 얼마나 외로울까. 여러분들도 언젠가 그렇게 나이가 들게 되어 있다. 아무튼 결혼을 빨리 하기 바란다. 내가 빨리 하라는 것은 반드시 20대에 하라는 것은 아니지만 의사 출신으로서 여학생들에게 한마디 하자면, 의학적으로 볼 때 첫 출산은 20대에 하는 것이 좋다. 그러기 위해서는 가급적 결혼을 빨리 하는 것이 바람직하다. 물론 이것은 의사로서의 지식과 내 인생의 경험에 비추어 젊은 학생들에게 권하는 것이다. 요즘 하도 우리 출생율이 낮아서 이대로 가면, 한 200년 지나면 젊은 사람 한 사람이 벌어서 65세 이상의 노인 두 명을 먹여 살려야 되고, 800년 지나면 대한민국 사람이 없어진다는 실정이다. 매우 심각한 상황인 것이다. 인구가 늘어나지 않고 출생이 제대로 되지 않으면 이 사회는 망가질 수밖에 없다. 돌아갈 수가 없다. 그래서 젊은 여러분들 보니까 노파심에서 잠시 출생에 대해 얘기해보았다.

다시 본 얘기로 돌아와서, 우리가 태어날 때 땀 흘려 일하고 노력하기 위해 태어난 것이지 흥청망청 놀려고 태어난 것이 아니다. 이것은 7년 전에 돌아가신 내 아버님이 내게 해주신 말씀인데, 살아보니까 아버님 말씀이 맞는 거 같고, 그래서 지금 여러분들에게 이 말씀을 전한다.

여러분들 다 성공하길 바란다. 성공에 대한 생각은 개개인마다 다 다르겠지만 말이다. 나는 나라를 위해서 96년도에 국회의원이 되었는데, 그때 마침 양상 통도사에 갈 일이 있어서 거기에 갔다. 그런데 월화스님이란 분이 계셔서 내가 병원 원장이었다가 나라를 위해서 국회의원이 되었으니까 내가 마음에 담고 살아야 될 한 가지만 말씀 해달라고 부탁했었다. 그러니까 스님께서는 다른 말은 안하시고 정직하라고 한 마디만 하셨다. 그리고 성철 스님도 그렇게 얘기했다. 또한 천태종의 중종 스님을 뵙는데 같은 얘기를 했다.

독서와 더불어 또 중요한 것은 바로 정직이다. 정직이란 것이 세 살 먹은 아이도 알 정도로 무척 간단한 것인데 여든 살 된 어른이 행하지 않기도 한다. 살다보면 이것이 굉장히 어렵다. 그래서 나는 지행(知行)을 굉장히 중요하게 여긴다. 지행이란 아는 것을 실천해 행동에 옮긴다는 뜻으로 말로는 쉽지만 수행하기가 어렵다. 우리는 정직이 중요한 가치란 것을 알면서도 지행하기가 어려워 정작 말하는 당사자인 나도 100% 정직하진 못하다. 순금도 99.9%인 것을 보면 완벽하다는 것이 얼마나 어려운지 알 수 있다. 신 말고는 100%가 없다고 나는 생각한다. 하지만 확실한 점은 정직하려고 늘 최선을 다하며 살아야 한다는 것이다. 매사에 어떤 일이 있을 때마다 자신이 늘 정직한지 잣대를 가지고 자기를 바로 세워가야 한다. 이것이 성공하는데 가장 기본이다. 예를 들어 여러분이 직장에서 같이 일하는 사람이 정직하지 않는다고 하면 같이 일할 수 있겠는가? 정직해야 같이 노력해서 나아갈 수 있는 것이다.

다음으로는 성실함이다. 여러분은 이순신 장군하면 임진왜란을 승리로 이끈 훌륭한 영웅으로만 생각할지 모르겠지만, 이순신 장군은 그 긴박한 상황에서도 말을 타고 가다 피난민을 만나면 말에서 내려서 일일이 위로해주고 할 만큼 국민에 대한 그리고 나라에 대한 성심이 있었다.

그리고 말 나온 김에, 이순신 장군은 대단한 효자였다. 정직과 함께 성공하는 데 가장 기본이 되는 점은 어른께 예를 갖추고 부모에게 효를 갖춰야 한다는 것이다. 성공한 사람치고 효도를 실천 안 한 사람은 없다. 부모님과 함께 사는 학생들이 매일 등하교할 때 안아드리는 것도 효를 실천하는 방법이다. 만약 부모님과 따로 산다면 매일 전화해 걱정하지 않으시게 하는 것이 중요하다. 요즘 스마트폰 사용하는 데 많은 시간을 들이는 것에 비하면 부모님께 전화하는 것은 짧으면 30초, 길게는 1분이면 충분하다. 낳아주고 길러준 부모에게 효를 다하지 않고 성공해서 훌륭한 사람이 되겠다는 것은 의미가 없다. 나는 부모님을 만나면 안아주고 안다 보면 뽀뽀도 하게 되는데, 부친이 돌아가시고 나서 이틀을 국회본회의장에서 가만히 생각해보니 당시 48시간 동안 어머니의 '어' 자도 생각하지 않았다는 것을 깨닫고 충격을 받았다. 나라를 위해 일한다는 핑계로 아버지 돌아가시고 형님도 돌아가셔서 자식이라고는 나 하나밖에 안 남은 어머니에게 전화 한 통 하지 않고 어머니를 생각해 보지도 않았던 것이다. 그리고 과연 내가 이러고도 대한민국의 국회의원을 할 수 있는지 자각이 들었다. 어머니와 안으며 찍은 사진을 들여다보고서 그분의 표정이 그렇게 만족스럽고 기뻐하시는 모습을 처음 봤다.

나는 학생들에게도 효도할 것을 권한다. 그리고 그대로 한다면 미래의 자녀들도 학생들에게 똑같이 효도할 것이다. 사람이 서로 마주 보고 있다가 팔짱을 끼면 상대방도 자기도 모르게 팔짱을 낀다고 하는데 이것을 정신의학적으로 '이코프록시아'라고 한다. 부모가 효도하는 모습을 보고 자라면 자녀들도 효도를 할 것이라는 얘기다.

마지막으로 사색이 굉장히 중요하다. 컴퓨터로도 글을 읽고 스마트폰으로도 읽지만, 독서를 하게 되면 사색을 하게 된다. 인간에게는 의식 세계가 있고 무의식 세계가 있다. 의식 세계라는 것은 빙산의 일각과 같아서 극히 일부에 불과하다. 그런데 우리의 지식은 대개의 경우 무의식의 세계에 저장되어 있다가 누가 질문을 하면 그때서야 의식에 들어오게 된다. 독서를 하면 단어와 문장을 통해서 사색을 하게 된다. 검색만 하지 말고 사색을 하기 바란다.

(2016.03.31.)

시대와 평화

한반도 주변 정세의 이해

이태식

한반도 정세가 지금 상당히 착잡하고 어렵다. 여러분이 잘 알다시피 우선 미국의 아시아 정책이 있다. 그에 대해 중국이 자기의 독자적인 목소리를 내면서 여러 가지 제동을 걸고 있고 또 일본이 '보통국가'가 되어가면서 나름대로 방어하는 정책을 취하고 있다. 그렇지 않아도 한반도 주변 정세가 복잡한데 거기에 더해 북한이 핵미사일 발사 등으로 불장난을 심하게 하고 있기 때문에 그야말로 한반도 주변의 동북아 정세가 매우 복잡하고 착잡하다. 그래서 요즘 가장 큰 화두가 북한 문제를 어떻게 다뤄나가야 하며 북한의 핵문제와 미사일문제에 대해서는 어떤 해법이 있느냐는 것이다. 이 질문에 대한 답을 찾아내는 것이 오늘날 국제사회가 당면하고 있는 큰 문제이다.

한마디로 얘기하면 한반도, 특히 북한의 핵문제와 미사일문제는 방정식에 비유하면 3차 방정식 정도가 될 것 같다. 처음에는 그것이 1차 방정식이었지만 어쩌다 보니까 이게 3차 방정식이 되어서 해결을 하는데 있어서 매우 어렵고 복잡한 맥락이 형성되어 왔다. 그러면 어떻게 하는 것이 가장 옳은 방법인가 하는 답을 찾기 이전에, 왜 북한의 핵문제가 오늘 이 시점까지 와서 처음의 1, 2차 방정식이 3차 방정식까지 되었는지 그 원인을 우리가 좀 알아보아야 한다고 생각한다. 북한의 핵문제는 어제 오늘의 일이 아니다. 92년도, 본격적으로 문제화된 것은 93년도인데, 햇수로 따지면 그때부터 시작해서 24년이다. 이 24년 동안 북한의 핵문제를 해결하기 위해서 처음에 미국이, 그리고 국제 강대국 5개 국과 여러 나라가 지금까지도 노력을 해왔지만 해결하지 못하고 있다. 해결은커녕 문제가 더 복잡해지고 어려워지고 있다. 한번 생각해봐야 될 것은 어째서 미국, 러시아, 중국, 일본, 한국 등 국제사회를 대변하는 막강한 나라들이 모여서 24년 동안 노력을 해왔는데 북한의 핵문제 하나를 해결하지 못했느냐는 것이다. 이 간단한 질문에 대해 우리가 답을 찾아내야 하지 않겠나 생각한다.

역사에서 제대로 배우지 않으면 똑같은 실수를 반복한다는 말이 있다. 역사로부터 올바른 교훈과 올바른 해답을 찾지 않으면 더 큰 실수를 하게 될 가능성이 있기 때문에, 과거의 역사라는 것은 중요하다고 생각한다.

북한 핵문제는 80년도부터 대두되기 시작하였고, 본격적으로 그것이 큰 이슈가 된 것은 92년, 93년인데 그 당시에 북한 대표가 남북한 간에 핵문제에 대한 이야기를 했는데 "서울은 거리도 멀지 않은데 발사하면 불바다가 된다"고 한 적이 있다. 그러자 한국사회 전체가 놀라서 시민들이 라면을 사고 난리가 났었다. 그게 93년이다. 그렇게 해서 미국으로 하여금 적극적으로 핵문제를 해결하도록 우리 정부가 요청했고, 그 결과 문제를 해결하기 위한 하나의 틀이 만들어졌고, 그 틀이 만들어진 것이 94년이다. 그 당시 미국의 대통령은 클린턴 대통령이다. 이때 북한의 핵문제를 해결하기 위해서 고안해낸 해법은 원래 미국이 원했던 방법은 아니다. 요즘 북한의 핵문제를 두고 국제사회가 일심단결해서 취하고 있는 입장이 제재다. 그러니까 제재를 해서 북한의 생각을 바꾸어 핵무기를 포기하게 만든다는 것이다. 하지만 제재를 해서 문제 해결이 안될 경우 큰 충돌이 벌어진다. 당시 충돌이 벌어지면 어떻게 할 것이냐가 문제였다. 이론적인 것뿐만 아니고 실제적으로도 그럴 가능성을 염두에 두고 생각해야 된다. 결론적으로 말씀드리면 그처럼 막다른 골목에서 큰 충돌이 일어난다고 하면 23년 전에 일어났어야 한다. 당시 정부는 만약 클린턴 대통령이 북한에 대해서 제재를 가하고, 그 다음에 제재를 통해서도 해결이 안되면 큰 무력충돌이 일어나는데 그것까지 감수를 해야 한다고 생각했다. 북한은 당시 '제재를 가하면 곧 전쟁이다'라고 이야기했다. 그런데 미국은 그럼에도 불구하고 끝까지 가더라도 북한의 기를 꺾고 핵문제를 해결하겠다는 생각을 가지고 있었다. 그런데 그때 이 문제를 미국과 북한만의 문제로 고착화시키지 않고 국제적 국면으로 전환시킨 사람이 바로 미국의 카터 대통령이다. 카터 대통령은 자의로 북한을 방문해서 김일성을 만나서 해법을 찾아내었고, 그것이 계기가 되어서 일촉즉발의 위기에 있었던 한반도 정세가 일단 안정되기 시작했다. 그래서 미국과 북한이 그동안 많은 접촉을 해왔지만, 카터 대통령은 새롭게 북한 핵문제 해결을 위한 제재와 합의를 만들어냈다. 그 제재와 합의의 내용은 곧 북한이 국제 원자력 기구원이 책임을 맡고 있는 모든 핵무기 개발 노력을 공전하는 것으로 합의를 하고, 그 대신 그때까지 북한이 연구하고 있는 여러 핵시설을 정지 및 동결 조치할 것, 그러니까 북한이 핵무기 시설을 더 이상 가동하지 않는 대가로 국제사회가 북한에 대해서 원자력 발전소를 지어주기로 했다. 왜냐하면 북한은 당시 에너지가 부족해서 전력을 공급하기 위해 원자력 발전소를 유지해 왔는데, 핵 소비시설을 모두 동결하는 대신 발전소를 지어달라고 요구했던 거고, 거기에 국제사회가 동의해서 한국과 미국과 일본이 경수로 발전소를 지어주기로 했던 것이다. 경수로 발전소는 우리 한국에서 울주 발전소를 비롯해서 운영되고 있는 발전소 형태다. 바로 그러한 발전소를 지어주기로 했던 것이고, 그때 들어가는 총 예상 비용이 46억불이었다. 그리고 46억불 중에서 70%를 우리 한국이 담당하기로 했었다. 46억불의 70%를 한국 정부가 부담하고 나머지 10억불을 일본이 부담하고 그렇게 해서 북한의 핵문제를 저지하려고 애썼던 것이다.

국제사회가 이것을 좋아서 했겠는가? 북한이 핵무기를 개발할 가능성이 있었고, 또 국제사회가 바로 그것을 염려했었기 때문에, 싫어도 할 수 없이 북한하고 미국이 직접 협상해서 94년 10월에 제네바 협의를 이루어냈던 것이다. 그 직전에 아쉽게도 우리 남북한 간에 정상회담을 하기로 약속했지만 김일성이 죽었다. 94년 7월에 김일성이 죽었다. 카터 대통령을 만나고 얼마 뒤에 갑자기 심장마비로 죽었다. 그러다 보니까 소위 한반도 문제에 대해서 가장 큰 해결능력을 가지고 있는 김일성이 죽어버린 거다. 카터 대통령 입장에선 제네바 합의가 제대로 이루어지느냐가 큰 문제였다. 제네바 합의는 북한이 핵원자로를 다 포기하고 그 대신 국제사회는 한국과 미국과 일본이 중심이 되어서 경수로 발전소를 지어주고 북한이 가장 관심을 가지고 있었던 미국과의 관계 정상화, 그러니까 미국이 북한을 정상적인 국가로 대하기로 합의한 것이었다.

이때 미국이 중요시했던 것은 핵무기 개발을 저지하는 것이었고, 북한의 입장에서는 그것을 담보로 해서 미국과의 관계 형성에 더 주안점을 두었던 것이다. 그리고 94년의 제네바 협의가 2002년까지 이어진다. 그러니까 클린턴 대통령 임기 8년, 2000년까지 큰 탈 없이 진행이 되었다. 물론 한두 번 사건이 생기긴 하지만 제네바 협의는 유지되었고 북한의 핵무기 개발 계획은 동결되었다.

이미 말했다시피 북한의 주안점은 미국과의 관계 개선이었다. 그런데 제네바 합의로 인해 미국 내에서는 굉장히 부정적인 시각이 생겨났다. 당시 94년부터 미국 의회는 공화당 주도의 국회였다. 상원과 하원이 다 공화당 주도의 국회였는데, 공화당은 북한을 비롯해서 소련 등 이웃나라들에 대한 정책이 굉장히 강경했다. 행정부보다 더 강경정책을 가지고 있던 사람들이 공화당이다. 제네바 협의가 이루어지고 나서 8년간 시간이 흘러가지만, 항상 이 협정은 잘못되었으니까 취소해야 된다고 주장했던 사람들이 공화당이었다. 그러니까 이

제네바 협약과 관련해 북한의 입장에서 보면 관계 개선은 잘 안되고 미국 의회에서는 계속 강경하게 하니까 조금씩 딴 마음을 가지게 되었다. 그래서 북한은 98년도에 대포동 미사일을 쏘게 된다. 98년도에 북한이 처음으로 대포동 미사일을 일본을 향해 발사했다. 미사일은 일본을 넘어서 태평양으로 날아갔다.

이로 인해 일본 전체가 들썩였다. 그들의 안보에 문제가 생겼기 때문이다. 그래서 일본은 미국에게 불만을 품게 된다. 국제 정세 안정을 위해 감당해야 할 일들을 잘하지 않는다고 생각하며 불만을 가지게 된 것이다.

그리고 나서 북한의 군부 실세였던 조명록이 계급장을 달고 완전 군복을 입고 방미(訪美)하여 백악관에서 클린턴 대통령을 만났다. 2000년 10월에 제네바 협의를 보완하기 위해 간 것이다. 그때 북한에 핵은 없었지만 미사일이 있었다. 그걸 담보로 해서 미국에게 상호 존중을 요구하기 위해 방미한 거다. 백악관에서의 회담은 잘 이루어졌고, 다음 단계로 올백 국무장관이 평양에 방문해서 김정일을 만나 또 대화를 잘 풀어나가자 북한은 그 다음 단계로 이 모든 문제를 해결하기 위해 클린턴 대통령이 평양으로 와서 해결할 수 있는 길을 마련해보자고 제안했었다. 그래서 2002년 12월에 우리의 가장 큰 관심사는 클린턴 대통령의 방북(訪北) 여부였다. 그러나 불행히도 클린턴 대통령이 평양을 가지 않았다. 그 당시 남북의 가장 큰 문제가 미사일 문제였다. 북한은 이미 98년에 장거리 미사일을 개발해서 이것을 담보로 클린턴 대통령과 북한에서 대화하길 원했는데 클린턴 대통령이 안 갔다. 그는 임기가 끝나고 중동 문제를 해결하기 위해 중동으로 갔다. 그리하여 2000년에 해결되지 못한 북핵문제가 오늘날까지 이어져 온 것이다.

클린턴의 임기가 그렇게 끝나고 조지 부시 정권이 들어섰다. 그러니까 클린턴 정부 때 8년 동안 어느 정도 틀은 만들었는데 마무리가 안되고 마지막 정상회담이 이루어지지 않아서 기회를 놓쳐버리게 되었다. 그 이후 부시가 8년 동안 미국의 대통령으로 집권한다. 부시는 클린턴보다 훨씬 더 강경했고, 북한을 비롯해 문제의 국가들을 악의 축이라고 얘기했다. 악의 축이라는 것은 곧 징벌의 대상이라는 뜻이다. 공격의 대상이고 진멸의 대상이라는 거다. 그 당시 미국은 소위 미국이 주도하고 미국의 의사가 적극적으로 반영된 국제 질서를 만들길 원했다. 그래서 문제를 일으키는 국가들을 악의 축이라 말하고 강경한 조취를 취했다. 그래서 북한에게는 핵을 포기하지 않으면 손해를 볼 것이라고 경고한다. 이렇게 2002년부터 북한의 핵문제는 해결 국면에서 부시 때부터 악화된다. 6자 회담을 다시 만들어 2005년까지 북한과의 대화가 어렵게 이어졌다. 그런데 그 사이에 미국에서 9·11테러가 일어났다. 그리고 부시 대통령이 사담 후세인을 잡았다. 부시 대통령이 사담 후세인을 잡으며 북한에게 던져준 메시지는 간단하다. 악의 축 중 하나인 사담 후세인을 잡았으니 다음 차례는 너희라는 것이다. 그러니 북한 입장에서는 '다음 차례는 우리가 되는 모양이다. 우리는 미국의 공격 대상이 되지 않기 위해서 어떻게 해야겠는가? 제네바 협의에 의해서 우리가 하지 않기로 했던 핵무기 개발

계획을 가속화시켜서 빨리 핵무기를 만들어야 되겠다'라고 생각을 하게 된 것이다. 그래서 2003년부터 급속도로 방사선 시설을 가동하고, 거기에서 핵물질을 추출했다. 2004년은 6자 회담의 틀이 만들어져서 소위 북한의 핵문제를 해결하려고 하던 시기였다. 그런데 북한이 뭐라고 하냐면 이제 자기들이 그동안 보관해놓았던 핵연료 폐기물을 재처리해서 핵무기를 다 만들었으니 국제사회가 자신들을 더 이상 공격 못한다고 한 것이다.

그런데 북한이 핵무기를 만들었던 이유가 굉장히 설득력이 있는 이야기가 되어버렸다. 왜냐하면 이라크를 보니까 사담 후세인이 하루아침에 소탕되는 걸 보고 다음 차례는 북한이라는 걸 공식화했으니까, 북한은 생존하기 위해서 핵무기를 개발하게 된 것이기 때문이다. 6자 회담은 중국이 나서서 만들었다. 중국의 주도하에 6자 회담이라는 다자간의 결의체제를 만들었는데, 간단히 말하면 모든 나라가 동참해서 십시일반으로 책임을 묻고 설득하는 과정을 위한 회담이었다. 그래서 6자 회담이 2003년 8월에 시작되었다. 그리고 그 과정에서 새로운 실패의 씨앗이 뿌려지게 된다. 북한에서 지금까지 핵무기 개발했던 모든 것을 포기한다면 그들의 안전, 체제, 경제를 모두 보장하겠다고 했는데 북한 측은 택도 없다는 입장이었다. '내가 가지고 있는 무기는 이거뿐인데, 이걸 먼저 포기하고 나오라는 건 손들고 나오라는 거다. 못한다.' 이것이 북한의 입장이었다. 그래서 서로 갑론을박하면서 6자 회담이 성과를 보지 못하고 2005년 5월까지 시간이 흐른다. 그래서 부시 대통령이 임기 4년을 마칠 때까지는 마무리 짓지 못하고, 다시 당선되어 2005년부터 태도를 바꾸었다. 이미 핵무기를 만들어냈는데 잘못하면 더 많은 핵무기를 만들어낼 수도 있다고 생각한 것이다. 그래서 핵탄두를 포기하라고 강요하는 건 그만두고 다 같이 이야기를 하자고 했다. 국제사회에서는 북한이 원하는 것을 제공하고, 북한은 국제사회가 원하는 대로 하기로 합의한 게 2005년 6월에 있었던 공동성명이다.

이 합의가 그대로 지켜지고 진행이 되었다면 오늘날 북한의 핵문제가 없었을 것이다. 그러나 이 합의가 제대로 지켜지지 못했다. 가장 큰 이유는 부시 대통령이 마음을 바꾸었기 때문이다. 당시 라이스가 미국의 안보장관이었는데, 부시정권 2기 때 국무장관이 되었다. 그래서 현실적으로 문제를 바라보면서 부시를 설득해서 합의의 틀을 만들어냈는데 재무성에서 북한에 대해 제재를 가한 것이다. 미국의 재무성은 보수적인 조직이다. 이 재무부는 국제적으로 모든 나쁜 행동을 규제하고 응징하고 대처를 간구하는 조직이다. 바로 이 재무성에서 2005년 6.15 공동선언을 만들어냈을 당시 북한에 대해서 제재조치를 취했다. 9·11테러로 만들어진 애국법에 북한이 접촉되는 행위를 한다는 이유였다. 그러니까 미국이 한편으로는 합의했지만 한편으로는 제재한 것이다. 그래서 북한의 입장에서는 합의를 했는데도 합의 이행을 못하도록 제재를 가하는 상황이 되어버렸다. 이런 상황에서 북한이 '제재는 제재고 합의는 합의다'라고 생각할 리가 없다. 오히려 '미국이 합의를 이행할 의사가 없다. 그러면 맛 좀 봐라'고 생각하게 되었다. 그래서 북한이 핵무기 개발을 가속화한 것이다. 그러면서 미국에게 공식적으로는 동결된 자금을 풀라는 것이었다. 마카오에 PDA라는 은행에 북한 지도층의 돈이 약 2,500만 달러 정도 있었는데 미국이 그걸 잡아서 동결시켰다. 당시 미국은 이 돈을 동결시키면 북한이 손들고 나오겠다고 생각한 것이다. 손들고 나올 때까지 제재를 가하겠다는 의도였다. 그러면 북한은 핵실험을 하면서 이 2,500만 달러를 한 푼도 빠짐없이 돌려주지 않으면 더 이상 핵문제의 진전은 없다고 위협한다. 미국이 어떻게 하겠는가? 그러면 해봐 했겠는가? 결국 부시 대통령이 마음을 바꾼다. 그래서 2,500만 달러를 한 푼도 빠짐없이 다 풀어준다. 제재를 다 풀어주고 합의가 진행이 되도록 틀을 만들어준다. 그런데 그것이 2007년 초기다. 그러니까 2005년 5월부터 2007년까지 1년 반을 아무것도 하지 않고 허송세월 해버린 것이다. 결국 실질적으로 도움이 되는 핵합의는 진행을 못한 것이다. 그러니까 북한의 자금에 대한 압박을 푼 이후, 2007년 여름부터 시작해서 미국과 북한 간의 양자 협의를 통해서 더 이상 핵실험이 진행되지 않도록 합의를 했다.

이제 상황을 한번 보자. 대선까지 1년이 남지 않은 국면이다. 그러니까 2008년 1년 동안 미국이 북한 핵문제를 해결했어야 했는데 그러지 못하고 부시의 임기가 끝나면서 핵 위협은 클린턴 때보다 더 커진 상태로 다음 정부에 넘겨주게 된 것이다. 지금 우리는 북한의 4차 핵실험을 봤고 북한이 5차 핵실험을 하느냐 마느냐 하고 있다. 그 다음 대통령은 알다시피 오바마이다. 그런데 지금 7년 동안 오바마가 대통령직을 맡으면서 북한 핵문제를 위해서 6차 회담을 한 번도 가진 적이 없다. 오바마 대통령이 대선 과정에서 '나는 이란과 북한의 지도자들을 만나서 대화로 문제를 풀 용의가 있다'고 얘기했다. 상당히 긍정적인 시그널을 대선 과정 중에 보인 것이다. 그런데 대통령이 된 다음에 입장이 바뀐다. 그래서 자신이 그들과 만나서 대화하는 게 중요한 것이 아니고 그들이 핵을 포기할 수 있다는 약속을 먼저 해야 한다고 했다. 그런데 북한은 당시 오바마가 대선 과정 중에 긍정적인 얘기를 했으니 자신들과 이야기가 되겠다고 준비하고 있다가 오바마의 태도가 바뀌는 걸 보고 다시 제2차 핵실험을 한다. 그것이 2009년 4월이고, 2009년 10월에는 또 미사일시험을 한다. 핵실험을 반복하면 핵무기 개발 능력이 선진화된다. 그만큼 기술적인 노하우가 축적되어서 더 많은 양의 개발된 핵무기를 만들 수 있는 능력에 다가가는 것이다. 북한은 바로 이 때문에 핵실험을 하는 거다. 미사일도 마찬가지다. 더 고도의 기술을 개발하기 위해서 하는 거다.

그런데 오바마 대통령은 움직이지 않았다. 그가 움직이지 않은 이유는 북한이 어떤 위협을 가하든 핵무기를 포기하겠다고 하지 않는 이상 자신은 그들을 만나지 않는다는 입장을 보여주기 위해서다. 그런데 그게 논리적으로는 좋은데 문제는 그러한 태도로부터 파생되는 결과다. 북한이 다시 핵실험을 한다. 2010년에 다시 미사일을 쏘고 금년 2월에 핵실험을 하고 장거리 미사일을 발사했다. 북한이 핵실험을 처음한 때가 2006년 10월이다. 미사일을 처음 쏜 거는 클린턴 대통령 때, 그러니까 98년도다. 그런데 오바마 대통령 7년 동안에 핵실험을 몇 번 했는가? 3번 했다. 장거리 미사일 발사는 몇 번 했는가?

3번 했다. 이건 보나마나 북한의 핵개발 능력이 예전보다 훨씬 선진화되었다는 의미다. 지금 이게 북한의 위험성이다. 지난번 4차 핵실험 때 보니까 수소 폭탄을 개발하는 수준까지는 가지 못했지만, 시간이 갈수록 북한은 그러한 무기도 개발할 수 있는 수준까지 다가간다.

클린턴 대통령이 북한을 대한 태도는 실용적이었다. 싫어도 핵위협을 봉쇄하기 위해서 북한하고 손잡고 제네바 협의를 만들었던 것이다. 그런데 그것이 결국 진행이 안됐다. 부시 대통령은 반면에 이념적인 접근을 했다. '북한은 나쁜 집단이다, 그리고 나쁜 집단은 응징을 해야 한다.' 이런 입장에서 북한 문제를 바라보다가 가만두면 큰일 나겠다 싶어서 뒤늦게 입장을 바꾸어서 공동성명을 만들어냈는데, 재무부에서 제재를 가해서 북한이 또 핵실험을 했다. 뒤늦게 안되겠구나 싶어서 제재를 다 풀어주고 합의를 이행하도록 나아가다가 부시의 임기가 끝났다. 가장 큰 모순을 보인 사람은 오바마 대통령이다. 오바마 대통령은 북한이 완전히 태도를 바꾸어서 핵무기를 포기하겠다고 입장을 보이지 않는다면 미국이 북한하고 먼저 만날 생각이 없다는 전략적인 입장을 유지하다가 마지막에 마음을 바꿨다.

2012년 2월 29일에 미국하고 북한이 다시 합의를 했다. 그 합의에 의하면 미국은 북한 어린이의 영양실조를 돕기 위해서 식량 원조를 하고 그 대가로 북한은 핵 활동을 중단한다. 이건 굉장히 중요한 것이다. 그런데 합의에는 미사일도 동결한다고 되어있는데 합의를 한 이후에 북한이 자신들이 쏘려고 하는 위성은 미사일에 해당되지 않는다고 이야기를 했다. 그러니까 김일성 탄생 100주년에 위성을 발사하겠다는 것이다. 그러나 미국의 입장에서는 위성과 장거리 미사일을 따로 봐줄 수 없는 것이다. 그래서 그 합의가 다시 깨지고 만다. 그리고 우리나라의 상황이 현재까지 와 있게 되었다.

지금 북한의 핵개발 능력은 어느 수준까지 와있을까. 전문가들은 북한이 현재 15개 내지 16개의 핵무기를 가지고 있다고 평가하고 있다. 얼마 전에는 북한이 잠수함에서 미사일을 발사했다. 지금은 초동 단계이지만 그 실험을 계속하면 또 능력이 향상된다. 현재까지 북한은 위성도 발사했고 단거리, 중거리, 장거리 미사일도 다 발사했다. 그러니까 미사일 능력과 핵개발 능력이 미국의 수준까지 도달했다는 것이다. 우리가 그 동안의 역사를 통해 반성해봐야 될 것은 제재 만능주의가 일정수준까지는 가능하지만 목표를 달성하는 데는 한계가 있다는 점이다. 그래서 제재는 하되 제재와 병행해서 또 어떤 긍정적인 인센티브를 같이 제공하면서 대화를 통해서 핵문제를 풀어내야 되는 것이 아닌가라고 생각한다. 아마 그렇게 나아가야 할 것이다. 물론 지금은 제재 국면이다. 다만 우리가 제재만 믿고 제재를 통해 우리가 원하는 목적을 달성할 수 있다고 과신하는 것은 조금 문제가 있다는 얘기다.

여기에는 또 교훈이 있다. 북한의 핵문제가 3차 방정식이 될 때까지 우리가 실패한 것에서 제대로 된 교훈을 배웠냐는 것이다. 우리가 역사로부터 교훈을 배웠다면 클린턴 정부 따로, 오바마 정부 따로, 부시 정부 따로 갈 것이 아니고 앞으로 나아갈 바른 길을 모색해야 되는 것이 아니겠는가. 그런데 과거의 교훈 중에 가장 큰 교훈이 뭐냐면 바로 북한이 대화를 통해서 틀을 만들어 내었을 당시에는 핵개발 능력을 잠시 동안이라도 중단했다는 사실이다. 대화를 통해서 합의가 만들어지지 않을 때는 핵개발을 가속화했다는 것, 이게 북핵문제의 현실이다. 그럼 이 현실과 과거의 경험에서 우리가 무언가 배울 점이 있는지를 생각해야 된다. 그리고 북한의 핵개발 능력이 이미 이 정도면 앞으로는 어떻게 되는 것인지 생각해보아야 한다. 지금 우리가 얘기하는 북핵은 플루토늄으로 생산하는 핵무기다. 이 핵무기 개발은 우라늄을 통해서도 만들 수 있다. 그래서 세계 각국에서는 우라늄을 통해서 핵무기를 개발할 수 있는 능력이 상당히 많이 개발되어 있다. 여러분들 놀라지 마라, 앞으로 얼마 있지 않으면 북한이 우라늄을 통해서 핵무기 개발을 하고 있다는 것이 뉴스를 탈 것이다. 그러면 그때 국제사회가 뭘 했기에 이런 지경까지 왔는가라고 물으면 안된다. 이건 예측 가능한 얘기다. 지금 북한이 열심히 핵무기를 개발하고 있다. 연변에 우라늄 기반의 핵무기 시설을 확충하고 있다. 그래서 얼마 후면 그것이 잠재적인 개발 능력이 아니고 현실적인 개발 능력으로 우리에게 다가올 수가 있다.

그러면 어떻게 해야 되는가. 아무 행동도 취하지 않는 것은 좋은 정책이 아니다. 어떤 조치든지 취해서 더 이상의 핵 위협이 나타나지 않게 해야 한다. 싫든 좋든 핵무기는 유혹이 큰 무기다. 그런데 이 핵무기가 김일성이나 김정일의 손에 있었으면 상대적으로 덜 걱정이 된다. 그 사람들은 나이도 많고 산전수전 다 겪었다. 자기네들의 정권

안보를 위해서 조치를 취할 수 있는 성숙된 생각을 어느 정도 가지고 있다. 그런데 30대의 젊은 김정은은 자기 권력욕을 어떻게 하는지 여러분도 뉴스에서 보았을 것이다. 그러니까 그 사람 손에 위험한 무기가 쥐어졌을 때, 어떤 예측하지 못하는 우발적인 사고가 생겼을 때, 과연 김정은이 어떻게 반응할 것이냐는 김정은 본인을 포함해서 아무도 알 수 없다. 그래서 이 위험한 상태를 이대로 끌고 가서는 안되고, 무슨 방법을 통해서라도 일단 북한의 핵 능력이 더 이상 확대되지 않는 중간조치를 취해야 한다. 원천적인 해결 조치는 지금 당장은 어렵다. 중간 조치라도 행해 놓고 앞으로 시간을 벌어서 근본적인 해결을 해야 되지 않느냐, 지금 이 시점에 원천적으로 북한을 비핵화하는 것은 이미 시간이 늦었다. 그러니까 우리가 차선책으로 과거 미국 3대 정부의 실패를 거울삼아서 앞으로는 더 이상 실패가 반복되지 않도록, 그리고 북한의 핵무기화 능력이 더 이상 발전하지 않도록 해야 되는 것이 아닌가 생각한다.

북한이 갑자기 무너져서 통일이 되면 얼마나 좋겠는가. 그런데 지금 정세로 봐서 북한이 갑자기 손들고 통일하자고 할 일은 없고 평화적인 가능성도 만무하다. 나는 현재 정부 인사도 아니고 정부에 비판적인 소리를 하는 것도 아니다. 다만 과거의 북한 관련 정세를 보고 어느 정도 과거에 관련된 일을 해본 사람으로서, 과거의 실패를 내 눈으로 봐왔고 앞으로의 상황이 더 위험하고 어렵고, 그러니까 국민의 한 사람으로서 이제는 더 이상 미국을 믿고 미국에 모든 것을 의존하는 시기는 지났다는 얘기를 하는 것이다. 이제는 우리가 적극적으로 주도하면서 그림을 그려내고 그 그림으로 미국을 설득하고 북한하고 이야기해야 될 때가 되지 않았나 생각한다. 우리 안보를 누가 지키겠는가. 한미동맹관계, 안보전략, 이것을 가지고 북한에 대한 억제는 충분하다. 그 다음에는 우리의 자발적인 외교와 주도적인 방법을 통해, 즉 우리가 중심을 잡고 나아가자는 취지다. 그런 관점에서 여러분들도 북한의 핵문제를 바라볼 때 단순히 '김정은이 불장난 했구나'라고 보지 말고 '잘못하다간 더 큰 위협을 내포하는 그런 문제구나, 그러니까 더 이상 확대되지 않도록 막아야겠구나' 하는 인식을 가져주기 바란다.

(2016.05.04.)

안중근의 동양평화론 재조명
-칸트 철학의 평화사상과의 만남-

이태진

1. 서론 : 자료 간행과 연구 현황

안중근의 하얼빈 의거는 한국 근대 항일독립운동사에서 가장 큰 의미를 가지는 대사건이다. 그런데 한국 역사학계가 과연 그동안 이에 걸맞는 연구 성과를 냈는지에 대해서는 적이 의심이 간다. 의거 100주년을 맞이하면서 이에 대한 반성적 성찰이 절실하게 요망된다.

안중근에 대한 국가적 추장(推獎)은 1959년 3월에 남산에 동상을 건립한 것이 처음이었던 것 같다. 광복 후 10여 년을 지난 시점이다. 이어 1962년 3·1절에 대한민국 건국공로훈장이 수여되고, 1970년에 안중근의사숭모회가 발족하여 안중근의사기념관을 세웠다.[1] 그러나 이때까지도 학계에서는 자료 부재로 거의 연구에 착수하지 못

---

1) 사단법인 안중근의사 숭모회, 『민족의 얼, 안중근 의사 사진첩』, 1979

하는 실정이었다. 옥중 저술인 「안응칠역사」 그리고 동아시아 3국이
나아갈 방향을 제시한 「동양평화론」 등이 세상에 모습을 드러낸 것
은 이 무렵이었다. 1970년에 최서면이 일본 동경 간다(神田)의 고서
점에서 「안응칠역사」의 일본어 번역본을 찾아내고, 1979년에 김정
명이 일본 국회도서관 헌정자료실 소장의 시찌죠(七條淸美) 문서에서
한문본 「안응칠역사」와 「동양평화론」의 사본 합책을 발견하였다.[2]
안중근에 대한 연구는 이로써 겨우 단서를 얻게 되었던 것이다.

    1976년 국사편찬위원회가 통감부 소관 아래 이루어진 취조 및
공판 관련 기록들을 모아 『한국독립운동사자료』 제6권, 제7권을 출
간하였다. 이를 계기로 비로소 깊이 있는 실증적 연구가 이루어질
수 있게 되었다. 이 위원회가 1988~1994년 사이에 『주한일공사관
기록』을 영인본으로 간행한 것도 연구에 큰 보탬이 되었다. 그리고
1995년에 국가보훈처가 일본 외교사료관이 소장한 관련 자료들(이
등공작(伊藤公爵)의 만주사찰(滿洲視察) 1건, 이등공작조난(伊藤公爵遭難)에 관하
여 명국(名國)으로부터 조사신출(弔詞申出)의 건)을 입수하여 『아시아 제일의
협 안중근』(亞洲 第一義俠 安重根)이란 제목의 자료집을 출간하면서 연
구에 박차가 가해질 수 있었다.

    '안중근 사건'에 대한 일본 측의 수사는 네 갈래로 이루어졌다. (1)
여순 지방법원의 검찰관(溝淵孝雄)이 십여 차 신문한 것. (2) 외무성이

---

2) 김연갑, 「의사 안중근 '옥중수기'와 '동양평화론'의 행방」, 『광장』 128, 1984

관련지역의 영사관 망을 이용하여 정보를 수집한 것. (3) 통감부가 경시청의 경시(境喜明)를 여순에 파견하여 관련자들을 취조한 것. (4) 육군참모부의 지휘 아래 한국주차군 헌병사령부가 헌병 2명을 승려로 가장해서 블라디보스톡 등 관련 지역에 투입하여 현지 상황을 탐문한 것 등이다. 이 중 (1)은 법원이 사건에 대한 공판을 목적으로 사건의 실체적 파악에 역점을 둔 취조였고 나머지 (2)(3)(4)는 배후 규명에 목적을 둔 것이었다.[3] 이중 통감부는 (1)을 등사본으로 소장하여 국사편찬위원회가 낸 『한국 독립운동사 자료』에 이것이 포함되었다. 다시 말하면 취조와 공판에 관한 기록은 이 간행 자료를 대체로 확보되는 셈이다.

당시 일본정부는 러시아 정부와의 교섭을 통해 '범인' 안중근의 신병을 하얼빈에서 바로 인도받는 데 성공하여 사건의 처리를 관동도독부에서 이루어지도록 하고 외무성 대신(小村壽太郎)을 사건 처리의 총책임자로 정하였다. 외무성만이 관동도독부를 통할할 수 있는 위치이기도 하지만, 여기에는 사법성(司法省)이 공판에 대해 독립권을 주장할 여지를 없애기 위한 목적이 따로 있었다. 이 사건은 정치적, 군사적인 성격이 강하여 사법성이 개입할 경우 국제법을 적용하여 '범인'을 극형으로 몰아갈 수 없는 상황이 생길 수도 있었다. 그 때문에 일본정부는 이 사건을 외무성 관할 아래 두어 정치적으로 처리

---

3) 김현영, 「안중근 공판기록 관련 자료」, 『시대와 인물, 그리고 사회의식』 문화로 보는 한국 3, 태학사 2009

한다는 방침을 세우고 관동도독부를 통할하는 외무성 주관으로 하여 10월 28일에 외무성 정무국장(倉知鐵吉)을 여순 현지에 보내어 진두 지휘하게 하였다.[4]

'안중근 사건'에 대한 일본 측의 기록은 이렇게 법원의 취조와 공판, 외무성의 영사관 망을 통한 정보 수집, 경시청의 취조, 육군 측의 별도 정보 수집과 의견 교환 등에 관한 문서들로 크게 나누어진다. 주관 부처인 외무성 소장의 관련 기록들, 즉 외교사료관 소장의 「이등공작(伊藤公爵)의 만주사찰(滿洲視察) 1건」, 「이등공작조난(伊藤公爵遭難)에 관하여 명국(名國)으로부터 조사신출(弔詞申出)의 건」을 담은 『아시아 제일의협 안중근』(1995)은 연구 자료로서 중요성이 매우 크다. 이상과 같은 자료 간행에 힘입어 2000년에 접어들어 안중근 관련 연구는 양적으로 크게 늘어나는 추세였다.

이상과 같이 그간 관련 기관에서 자료 간행을 꾸준히 해온 것은 사실이다. 그러나 현재까지의 결과를 놓고 만족할 만한 상태라고 말하기 어려운 점도 있다. 무엇보다도 일본 육군참모부나 한국주차군 사령부가 생산한 자료는 따로 확보되지 않은 실정이다. 그리고 『아시아 제일의협 안중근』의 경우, 외교사료관의 수장 사태와 일치하지 않는 편집상의 착오 및 교란이 적지 않게 발견되어 이에 대한 시정 작업이 요망된다. 그리고 연구의 활성화를 위해서는 각 자료들 간의 관

---

4) 외무성 구라치 정무장관은 12월 중순에 임무를 도독부 민정장관에게 넘기고 귀국하였다.

계에 대한 설명과 이용 지침 같은 것이 작성될 필요가 있다.[5] 또한 연구에 필수적인 내용 색인 작업이 전혀 이루어지지 않은 점도 보완되어야 할 것이다. 이 사건은 일본정부가 안중근을 단독 살인범으로 몰아 극형에 처하면서 치밀한 배후 조사를 통해 드러난 항일독립운동 조직에 대해 별도로 강력한 보복 및 탄압(105인 사건, 안명근 사건 등)을 가하였던 만큼 배후 조사 문건들은 그만큼 중요하다. 다시 말하면 이 사건에 대한 일본 측 조사 자료는 1910년대의 항일 독립운동 전선에 대한 연구와 이해에서 필수적인 것이므로 이에 대한 획기적 정리 작업이 요망된다.[6]

자료의 발굴 및 간행에 힘입어 1980년 이래 개척적인 연구가 많이 나온 것은 경하할 일이지만, 한편 그동안 쏟아진 사료 더미 앞에서 손쉽게 처리할 수 있는 것에 매달리는 경향이 없지 않았던 점은 반성할 필요가 있다. 냉정하게 돌아보면 지금까지의 연구는 아직 사건사, 인물사 차원에서도 미흡함이 많은 것 같다. 바꾸어 말하면 하얼빈 의거와 안중근의 동양평화론이 한국 근현대사의 도도한 흐름에서 차지하는 위상은 아직 제대로 규명되었다고 할 수 없다. 이러한 한계를 타개하기 위해서는 무엇보다도 앞에서 지적한 대로 관련 자료에 대한 통합적 재정리 작업이 요망된다. 이 글에서는 그의 「동양평화론」

---

5) 일본 외교사료관의 안중근 관련 자료에 대해서는 최서면 편 『일본외무성외교사료관소장 한국관계사료목록 - 1875~1945 -』(200?, 국사편찬위원회)을 이용하면 내용 색인이 되어 있어 크게 도움이 된다.
6) 위 최서면 편의 목록을 살피면 일본정부는 '안중근 사건'의 수사 탐문에서 드러난 조직, 인물에 대한 사찰을 계속하여 추적한 사실이 제4문의 3류 1~2항을 통해 확인할 수 있다.

하나를 중심으로 연구에 대한 반성의 기회를 가져보고자 한다.

2. 「동양평화론」에 대한 문헌적 검토

안중근은 1909년 10월 26일에 거사한 후 러시아 헌병대에 의해
체포되었다가 곧 일본 측의 교섭으로 신병이 하얼빈 일본영사관으로
인도되었다. 그리고 여순지방법원의 미조부찌(溝淵孝雄) 검찰관이 하
얼빈 현지로 가서 초동 신문을 마친 뒤 11월 1일에 하얼빈을 출발하
여 장춘에서 1박한 다음 3일에 여순 감옥으로 옮겨졌다. 여기서 검
찰관의 신문이 계속된 뒤 통감부 경시청에서 파견된 사카이(境) 경시
의 취조가 11월 26일부터 12월 27일까지 12회에 걸쳐 이루어졌다.[7]
일본 측은 해를 넘겨 1910년 1월에는 표면적으로 참고인 신문과 변
호인 선정 문제만 취급하고 주로 관련 지역에서의 한국인들의 동향
에 대한 첩보를 강화하고, 공판과 형량을 어떻게 할 것인지에 대한 정
부 수뇌부의 협의로 이어졌다. 그리하여 안중근을 러시아 법정으로
되돌려 구출하기 위한 한국 측의 움직임을 차단하기 위해 여순 법원
에 대해 외국인은 변호사로 선정하지 않는다는 방침을 발표하게 한
가운데 2월 7일 공판을 시작하여 4차의 개정으로 14일에 사형을 선

---

7) 11월 27일 제2회, 11월 29일 제3회, 12월 1일 제4회, 12월 3일 제6회, 12월 4일 제7회,
12월 5일 제8회, 12월 9일 제10회, 12월 11일 제11회, 12월 27일 제12회, 市村正明, 『安
重根と日韓關係史』, 1984, 原書房

고하였다. 그리고 거사일로부터 5개월만인 3월 26일에 사형을 집행하였다.

안중근은 잘 알려진 대로 여순 감옥생활 근 5개월의 기간에 3가지의 글을 써서 남겼다. 즉, 11월 6일에 제출한 「이토 히로부미 죄악」 15개조를 비롯해 자서전으로써 「안응칠역사」, 마지막으로 미완고 「동양평화론」을 썼다. 15개조는 검찰의 취조에 대비한 것으로 일찍 작성되었지만, 그후 12월 말까지 신문, 취조가 계속되어 집필 시간을 거의 가지지 못했다. 한문 3만자에 달하는 「안응칠역사」는 신문이 끝난 1910년 1월 초 언젠가부터 집필하기 시작하여 3월 18일 경에 탈고 상태가 되었고, 바로 뒤이어 「동양평화론」 집필에 들어갔지만 10일 남짓하여 집행일(26일)이 다가와 미완고로 남았다. 그가 옥중에서 남긴 유묵들도 대부분 쓴 시기가 '경술'(1910) 2월, 3월로 되어 있다.

「안응칠역사」에도 동양평화 또는 동양평화론이 언급된 부분이 있다. 공판 제4일(2월 14일)에 마나베(眞鍋十藏) 재판관이 사형을 선고한 뒤, 방으로 돌아와 혼자 있으면서 가지게 된 생각을 다음과 같이 적었다.

"(형량이) 내가 생각한 것에서 벗어나지 않았다. 예부터 허다한 충의로운 지사들이 죽음으로써 한(恨)하고 충간하고 정략을 세운 것이 뒷날의 역사에 맞지 않은 것이 없다. 이제 내가 동양의 대세를 걱정하여 정성을 다하고 몸을 바쳐 방책을 세우다가 끝내 허사로 돌아가니 통탄한들 어찌하랴. 그러나 일본국 4천만 민족이 '안중근의 날'을 크게 외칠 날이 멀지 않을 것이다. 동양의 평화가 이렇게 깨어지니 백년 풍운이 어느 때에 그치리. 이제 일본 당국자가 조금이라도 지식이 있다면 반드시 이 같은 정책을 쓰지 않을 것이다. 더구나 만일 염치와 공정한 마음이 있었던들 어찌 능히 이 같은 행동을 할 수 있을 것인가."

그리고 이어서 전옥(典獄) 구리하라(栗原)의 특별 소개로 고등법원장 히라이시(平石) 씨를 면담하면서 자신이 사형판결에 대하여 불복하는 이유를 대강 설명한 뒤에 동양 대세의 관계와 평화정략의 의견을 말하였다고 하였다. 그리고 "만일 허가될 수 있다면 「동양평화론」 1권을 저술하고 싶으니 사형 집행 날짜를 한 달 남짓 늦추어 줄 수 있겠는가"라고 물었더니 고등법원장이 "어찌 한달 뿐이겠는가, 설사 몇 달이 걸리더라도 특별히 허가하겠으니 걱정하지 말라"고 하였다고 적었다. 그래서 「동양평화론」을 저술하기 시작했다고 적고 있다.

「안응칠역사」 중의 이 대목은 「동양평화론」의 존재를 알려주는 중요한 기록이었다. 그러나 이것으로 「동양평화론」의 내용을 구체적으로 알 수 있는 것은 아니다. 안중근은 「안응칠역사」의 중반에서 러일전쟁 때 일본 천황이 내린 선전조칙(宣戰詔勅)에 "동양평화를 유지하고 한국 독립을 군건히 한다"고 한 것의 허위를 지탄하였다. 「안응칠역사」만으로는 안중근의 동양평화론은 곧 일본의 동양평화론과는 다른 것이라는 점 외에는 알기 어렵다. 적어도 1970년에 일본어 번역본 「안응칠역사」가 발견된 후에도 안중근의 「동양평화론」의 내용은 제대로 알 수 없는 형편이었다.

안중근의 「동양평화론」은 1979년에 일본 국회도서관 시찌쬬 문서에서 한문본 「안응칠역사」와 「동양평화론」의 사본 합책이 나옴으로써 비로소 그 진면목을 알 수 있게 되었다. 그러나 이 「동양평화론」은 서(序)와 전감(前鑑)에 그친 미완고였으므로 이의 출현으로서도 「동양평화론」의 실체는 드러나지 않았다. 서, 전감은 청일전쟁, 러일전쟁의 실황을 중심으로 동아시아의 평화는 동아시아 3국이 협력하여 지켜야 하는 문제라는 것을 설파하는 내용이다. 즉, 백인국가인 러시아가 하얼빈을 거점으로 철도 보호를 명목으로 11만 군을 만주 경계선에 주둔하고 있는 실정은 곧 일본이 청국을 침략한 것이 빌미가 되어 일어난 것이란 점, 러일전쟁에서 미국이 서둘러 강화를 중재하여 일본을 승전국으로 만들었지만 배상금을 못 받는 처지가 된 것은 결국 같은 백인종으로서 두둔함이 있을 것이란 점, 그리고 그 싸움을 정리하는 자리에서 한국에 대한 우월권 확보를 넣은 것은 근거도 없고 합당함을 잃은 처사라는 것 등을 지적했다. 일본의 침략으로 빚어진 동양의 불행한 사태는 곧 일본이 생각을 고쳐먹는 데서 풀 수 있다는 도론(導論)의 글이다. 계획대로 집필이 계속되었다면 후술하는 「청취서」(聽取書)를 통해 알려지는 한중일 3국의 연합 군단 편성에 관한 내용으로 이어졌을 것이다. 결론적으로 1979년에 미완고 「동양평화론」이 나온 뒤에도 안중근의 「동양평화론」을 언급하는 논고들은 아직 그의 의거가 동양평화를 지향하는 것이란 점을 지적하는 것에 그칠 수밖에 없었다.

안중근은 「안응칠역사」에서 고등법원장 히라이시를 만나 자신이 공판의 판결에 대하여 불복하는 이유를 대강 설명한 뒤에 동양 대세의 관계와 평화정략의 의견을 말하였다고 하였다. 그 면담이 이루어진 날은 2월 17일이었다. 2월 14일에 사형 선고를 받은 3일 뒤였다. 이 면담 때 안중근이 법원장에게 한 얘기는 「청취서, 살인범피고인 안중근」이란 제목 아래 관동도독부용(用)의 푸른 선 괘지 26면에 걸쳐 적혀 있다. 말미에는 "메이지 43년 2월 17일, 관동도독부 고등법원 서기 죽내정위(竹內靜衛)"란 기문이 적혀 있다. 이 문서는 일본 외교사료관의 "이등공부의 만주시찰 1건"의 제2류 제5항에 철해져 있었고, 국내에서는『아시아 제일의협 안중근』을 통해 이용할 수 있게 되었다.

「청취서」는 안중근이 여순 지방법원의 판결을 받아들일 수 없는 사유를 밝히는 것으로 시작한다. 안중근이 말한 불복 사유는 9가지로 정리되어 있다. 자신은 국가를 위해 동양평화를 해치는 '악인' 이토를 제거한 것인데 지방 법원이 일반보통의 살인범으로 다룬 것을 받아들일 수 없다. 일본이 병력을 동원해 위협하는 가운데 이루어진 일한 5개조(을사조약) 및 7개조 협약(정미조약)에 반대하여 의병을 일으켜 협약 체결의 주도자인 이토를 살해하기에 이르렀는데 이 재판을 받아들이면 이 협약들에 대해 동의를 표하는 것이 되므로 결코 승복할 수 없다. 자신은 포로이므로 포로에 관한 만국공법, 국제공법을 적용해야 마땅하며, 일본이 이를 적용하지 않고 이렇게 일반보통 살인범으로 취급하면 서양 각국은 일본을 야만국으로 조소할 것이다. 검찰관은 통감에서 물러난 이토를 살해한 것은 곧 사원(私怨)의 행위로 밖에 볼 수 없다고 하였지만, 퇴임 중의 이토는 병합 문제를 주도하고 있었던 만큼 이런 논변의 판결에 승복할 수 없다. 그리고 그가 한국 국권 탈취 과정에서 저지른 여러 가지 죄악을 열거하면서 자신은 결코 사인(私人)으로서 그를 저격한 것이 아니라는 점을 거듭 밝혔다. 그리고 끝으로 일본이 이토의 정책의 잘못으로 동양평화를 교란한 책임을 져야 하는데 자신이 일본의 책임 있는 지위에 있다면 취할 만한 정책에 대한 의견이 있다고 마무리하였다. 이에 대해 히라이시 법원장은 "피고가 회포하고 있는 정책이란 것이 어떤 것인지"를 말해보라고 하였다. 안중근의 동양평화론은 이에 대한 답변으로 비로소 구체적으로 드러났다. 그 주요한 내용은 아래와 같다.

하나, 여순항을 개방하여 일, 청, 한 3국의 군항(軍港)으로 한다.

하나, 이곳에 3국의 대표들이 평화회(平和會)란 조직을 만들어 회합하게 한다.

하나, 이 사실을 세계에 공표하면서 일본이 다른 야심이 없는 것을 보이기 위해서는 여순을 청국에 일단 환부(還付)하여 평화의 근거지로 한다는 것을 보여주는 것이 가장 좋은 방법이다.

하나, 여순의 환부는 당장에는 일본에게 고통스런 일일지 모르지만 세계 각국이 모두 일본을 경근(敬歡)하여 결과적으로는 이익이 될 것이며 3국은 모두 오랜(영원한) 평화와 행복을 얻게 될 것이다.

하나, 여순에 두는 동양평화회는 회원을 모집하여 회원 1명으로부터 1엔을 회비로 징수한다. 3국의 인민 수억이 이에 가입하면 그 돈으로 태환권(兌換券)을 발행한다. 그리고 (각국의)

중요한 곳에 평화회의의 지회와 은행지점을 세운다. 이렇게
시작하면 현재 어려움을 겪고 있는 일본의 금융과 재정이
원만하고 완전하게 될 것이다.

하나, 여순의 경비(警備)는 일본이 군함 5~6척을 여순 항에 정박시
켜 담당하게 한다. 이렇게 하면 여순을 환부한다고 해도 실
제로는 일본의 영유와 조금도 다름이 없을 것이다.

하나, 3국으로부터 강장(强壯)한 청년을 모아 군단을 편성하는데
그 청년들은 각기 다른 두 나라의 말을 배우게 하여 어학 진
보와 함께 형제의 나라라는 관념을 공고하게 한다.

하나, 인도, 섬라(태국) 등 아시아의 각국까지 이에 가맹하게 되면
일본은 어려움 없이 동양을 손안에 넣게 될 것이다.

하나, 한중일 3국의 황제가 로마교황을 방문하여 협력을 맹세하고
왕관을 받는다면 세계 민중의 신용을 얻을 수 있을 것이다.

하나, 한국은 일본의 장중(掌中)에 있게 되고 일본의 방침에 따라
어떻게 되겠지만 일본이 위에 말한 대로 정책을 집행하면 한
국도 그 여경(餘慶)을 누리게 될 것이다.

요컨대 여순을 돌려주고 이곳에 군단과 동양평화회의체를 두고
산하에 3국 공용의 태환지폐를 발행하는 은행을 두어 경제력을 향상
시켜 3국이 함께 평화와 행복을 누리게 한다는 것이다. 특히 군단 편
성에 참가하는 3국의 청년들로 하여금 다른 두 나라의 말을 익혀 형
제의 나라라는 공동체 의식을 가질 수 있도록 하자고 하였다. 이렇

게 하면 일본이 기득권을 잃는 것 같지만 궁극적으로는 일본이 평화의 나라로 칭찬을 받고 실리도 별로 잃는 게 없는 것이 된다고 하였다. 안중근은 법원장과의 면담에서 이에 관한 글을 집필할 시간을 허용해 줄 것을 요청하여 법원장으로부터 긍정적인 답을 듣고 돌아왔다. 그리하여 3월 18일 전후에 「안응칠역사」를 끝낸 뒤 곧 이의 집필에 들어갔지만 일본정부의 수뇌부가 3월 26일에 처형할 것을 지시함으로써 「동양평화론」은 미완고로 남게 되었다. 시찌죠 문서에서 나온 사본 「동양평화론」에 명시되어 있는 목차는 서, 전감에 이어 현상(現狀), 복선(伏線), 문답(問答) 등으로 잡혀 있었다.

안중근이 스스로 밝힌 동양평화의 방책을 담은 「청취서」가 수록된 『아시아 제일의협 안중근』이 간행된 뒤 안중근의 「동양평화론」은 연구자들로부터 더 많은 관심을 불러 일으켰다. 안중근은 이로써 사상가로서도 주목을 받게 되었다.

3. 「동양평화론」 연구의 두 가지 새로운 시각

안중근의 동양평화론은 「청취서」를 통해 그 내용이 구체적으로 드러남으로써 기존의 유사한 동아시아질서론과는 격단의 차이가 있는, 매우 독창적인 사상체계인 것으로 주목받았다. 그러나 이 창의적 구상이 어떻게 해서 나올 수 있었던 것인지에 대해서는 아직도 많은 의문이 남아 있다. 앞으로의 연구의 진전을 위해 최근의 두 가지 연구성과를 검토해보고자 한다.

첫째로 주목되는 것은 현광호의 논고이다.[8] 그는 1880년대의 아시아 연대론과 1890년대 중반의 동양평화론 두 가지를 먼저 살폈다. 전자는 후쿠자와 유끼치(福澤裕吉)가 창도한 것으로 처음부터 일본이 연대의 맹주가 되는 것을 전제로 하고 한국의 독립을 부정하는 내용이다. 그런데도 김옥균, 박영효 등의 이른바 개화파 인사들은 이를 모르고 추종하였던 점을 지적했다. 그리고 후자는 일본이 청일전쟁을 일으키면서 한반도로부터 청국의 영향을 축출하면서 이 전쟁은 동양평화와 한국의 독립을 위한 것이라고 거짓 선전한 것이며, 내용적으로 여전히 일본 맹주론을 중핵으로 하는 것을 밝혔다. 그런데 삼국간섭(1895. 4)이 있은 뒤에 일본은 그 주동인 러시아와의 대결을 각오하면서 청일전쟁에서 적대관계가 된 청국을 협조자로 이끌어내기 위해 일본 맹주를 전제로 하면서 백인종에 대한 황인종의 단결이란 인종주의를 담게 된 차이가 생긴 것을 밝혔다. 이 단계에서는 후쿠자와 유끼치뿐만 아니라 이토 히로부미가 1898년 8월에 한국을 직접 방문하여 한국의 황제와 대신들을 상대로 양국 제휴를 목표로 광적으로 선전한 사실도 언급했다.

한편 한국에서는 일본의 동양평화론을 의심하면서 삼국제휴론을 제기한 것을 들었다. 제휴론은 일본 측의 연대론, 평화론과는 달리

---

8) 현광호,「유길준과 안중근의 동아시아 인식 비교 – 중국과 일본에 대한 상이한 시선」『아세아연구』113, 2003

한중일 3국이 각기 확고한 독립국가로서 정족(鼎足)과 같은 균형을 유지한 상태에서 협력하여 러시아를 견제, 방어해야 한다는 취지였다. 한국 측의 인사들(이기(李沂), 장지연(張志淵) 등)은 러시아가 여순 대련을 점령하는 것을 보고 한중일 3국의 제휴의 필요성을 절감하면서 한국의 주권 유지 조건 아래 일본의 맹주론에 대해 어느 정도 긍정하는 견지를 폈다. 일본이 1904년 러시아와의 전쟁을 일으키면서 천황의 선전 조서에서 동양평화와 한국의 독립을 보장한다고 굳이 언급한 것은 한국의 이러한 제휴론을 의식하여 넣은 거짓 문구이었으며, 전쟁의 승리 후 보호조약의 강제에 이르자 대표적 제휴론 창도 기관인 황성신문의 장지연은 논설 「시일야방성대곡」에서 일본에게 속은 것에 대한 울분을 터뜨린 것이라고 분석하였다.

현광호는 안중근의 동양평화론이 기본적으로 삼국제휴론을 계승하는 것으로 파악하였다. 안중근이 여러 곳에서 러일전쟁 때 한국인과 중국인들이 일본 천황의 선전 조서를 그대로 믿고 지지하거나 도와주었다고 말한 것, 그리고 일본이 한국의 주권을 침탈함으로써 기만하였다고 한 것 등은 제휴론에 입각한 반응으로 분석하였다. 그리고 러일전쟁을 백인종과 황인종 간의 인종전쟁으로 인식한 대목이 있는 것이나, 한국의 부국강병을 위해 일본의 지도가 일시적으로 필요하다고 한 점 등도 제휴론의 견지라고 파악했다. 그러나 안중근은 러일전쟁 후 일본이 한국의 국권을 유린하자 일본에 대한 인식을 크게 바꾸어 일본의 동양평화론의 허구성을 직시하면서 「청취서」에서 밝힌 새로운 구상을 내놓게 되었다고 하였다.

현광호는 「청취서」에 피력된 안중근의 새로운 견해를 삼국동맹론으로 보고 이 변화의 특징과 배경을 다음과 같이 정리했다.

첫째, 일본이 한국에 대해 국권 반환, 중국에 대해 여순 반환을 전제로 하여 동양평화회의체를 구상하게 된 데는 만국평화회의에서 결의된 "국제분쟁의 평화처리조약" 및 제3의 국가의 거중 조정을 담당하는 상설중재재판소 제도로부터 착상을 얻고 삼국연합군(공동군단)도 국제연합군에서 발상을 얻었다고 하였다.

둘째, 공동화폐 발행을 위한 은행 설립의 자금 마련에서 회원제를 제시했듯이 민중을 능동적 존재로 인식한 점이 개화파 계열과 전혀 다른 착상을 하게 한 신(新)사고의 원천이 되었을 것으로 보았다. 안중근은 '세계 민중의 신용'을 중시하여 민중을 계몽 대상이 아니라 스스로 책임지는 능동적 존재로 인식하여 민중과 평화는 불가분의 관계라는 인식에 이르러 이전의 인종주의까지 극복할 수 있게 된 것으로 파악하였다.

셋째, 한국이 자주적 개혁의 능력을 가지고 있는 나라라고 인식한 점이 일본 맹주론을 비판하는 원동력이 된 것으로 파악하였다. 안중근은 한국은 자주적 개혁 능력을 가진 나라로서 신속한 개혁을 위해 잠시 일본의 힘을 빌릴 수도 있지만 일본에 전적으로 의지해야 하는 것은 아니라고 인식하고 있었다. 그래서 그는 통감부가 한국을 보호하여 수행한 일들은 한국의 발전이 아니라 일본의 침략을 위한 것일 뿐이었으며 이것이 곧 이토 히로부미의 죄악이라고 하였다. 한국의 자주적 개혁 능력에 대한 인식은 곧 민중의 능력에 대한 확신이며 이러한 민중인식이 민중이 주도적으로 참여하는 의병전쟁을 펴는 원동력이 된 것이기도 하다고 하였다.

넷째, 안중근은 국제법, 국제기구, 국제회의 등을 신뢰하여 서구 열강을 협력이 가능한 상대로 인식한 점이 새로운 인식을 낳게 한 면이 있다고 하였다. 즉, 그는 이러한 신뢰가 있었기 때문에 동서양이 모두 참여하는 국제법, 국제기구, 국제회의 등을 기반으로 세계평화가 이루어질 수 있다는 기대도 표시한 것이라고 보았다. 안중근에게서 동양평화는 동아시아에 머무는 것이 아니라 세계평화를 지향하는 것이었으며, 이러한 새로운 세계의 실현을 위해 이토를 제거한 것이란 토로가 당당하게 나올 수 있었던 것으로 보았다.

현광호의 연구는 안중근의 동양평화론을 기존의 아시아 질서론과 격단의 차이가 있는 점을 충분하게 입증하는 성과를 거두었다. 일본의 아시아 연대론, 동양평화론뿐만 아니라 1890년대 중반 이후 한국 측에서 나온 삼국제휴론의 존재를 드러낸 것은 안중근 평화론 연구의 지평을 열어주는 것이라고 해도 좋다. 그러나 제휴론에서 볼 수 없던 새로운 많은 제안들이 단순히 두 차례의 만국평화회의에서 이루어진 국제법과 국제기구에 대한 인지의 결과로 보기에는 설득력이 약하다. 더욱이 다른 개화파 인사들이 민중을 계몽의 대상으로만 인식한 것과 달리 역사의 주체로 설정할 수 있었던 변화가 어디서 온 것인지에 대한 설명은 그 중요성이나 논지상의 비중으로 볼 때 더 천착해야 할 문제로 남는다.

다음으로는 마키노 에이지(牧野英二, 일본 법정대학 철학과 교수)의 제안이 주목된다. 마키노 교수는 2008년의 일본 미야끼(宮崎) 현 구리하라(栗原) 시의 다이린지(大林寺)에서 열린 안중근 의사 추모제에서 가진 강연회 원고에서 안중근의 동양평화론과 칸트(Immanuel Kant)의 영구평화론의 관계를 언급하였다.[9] 일본 칸트 협회 회장이기도 한 마키노 교수는 안중근과 칸트가 말하는 평화사상이 갖는 공통점을 두 가지 지적하였다. 첫째로, 그것은 서양 열강제국이 아시아를 식민지로 지배하고 있는 것에 대한 비판이며, 그것이 동양평화나 (세계) 영구평화의 실현을 방해하고 있다고 꿰뚫어 보는 것, 둘째로 평화의 실현을 위해서는 국가가 뛰어난 인간, 특히 도덕적인 인간을 육성해야 한다고 하는 교육 철학사상의 중요성에 대해서도 두 사람이 인식을 같이하고 있다고 지적하였다.

마키노 교수는 칸트의 영구평화론이 국제연맹, 국제연합의 사상적 연원이 된 점을 지적하면서 두 사람의 평화에 대한 인식의 공통점을 다시 다음과 같이 지적하였다. 칸트는 "영구평화는 공허한 이념이 아니고 우리(인간)에게 부과된 사명이라"고 말하였는데, 안중근 또한 "동양평화, 한국독립의 단어에 이르러서는 이미 천하만국의 사람들의 이목에 드러나 금석처럼 믿게 되었다", "이와 같은 문자 사상은 비록 천신(天神)의 능력으로서도 소멸시키기 어려운 것이라"고 한 것들

---

9) 마키노 에이지, 「일한 역사의 새로운 발걸음을 위하여 - 안중근 의사와 역사의 기억 -」

을 공통된 사상에서 나온 것이라고 평가하였다. 그리고 안중근이 천주교 신자가 되어 세례를 받은 프랑스인 신부인 죠셉 빌름(Joseph Wilhelm)으로부터 칸트의 평화사상을 전해 들었을 가능성을 예상했다. 적어도 러시아의 사상가로서 저명한 작가이기도 한 톨스토이의 소설 「전쟁과 평화」에 대한 사상은 알고 있었을 가능성을 제시하면서 톨스토이가 칸트의 주요 저작을 프랑스어 판으로 읽고 있었던 사실을 언급하였다.

마키노 교수의 예상처럼 만약 안중근이 죠셉 빌름 신부를 통해 칸트의 『영구평화론』의 사상에 접했다면 안중근 동양평화론에 관한 연구는 세계사적인 과제로 바뀌게 된다. 칸트의 영구평화론이 1920년에 이루어진 국제연맹(The Nations League)의 사상적 기초가 된 것으로 알려지고 있으므로, 그보다 10년 앞서 제기된 안중근의 동양평화론을 주목하지 않을 수 없게 된다. 안중근은 「안응칠역사」의 끝에서 "천주교 전교사 홍 신부(죠셉 빌름 신부의 한국명 홍석구(洪錫九))는 본시 프랑스 사람으로서 프랑스 수도 파리에서 동양전교회 신품(神品)학교를 졸업한 뒤에 동정을 지키고 신품성사(神品聖事)를 받아 신부로 승격했었다. 그는 재주가 출중해서 많은 학문을 널리 알아 영어, 불어, 독일어, 로마 고대어까지 모르는 것이 없는 이였다"고 소개하였다. 안중근이 죠셉 빌름 신부의 지식세계를 잘 알고 있었다는 중요한 증거이다. 그리고 안중근 자신이 프랑스어를 "몇 달 동안" 배운 사실을 밝혔다. 그리고 일본 측에서 생산한 신문 공술이나 탐문 보고에서도 안중근의 학식은 사서오경과 통감을 읽고, 영어와 불어를 공부

하고 일본어, 러시아어를 간단히 말할 수 있는 수준인 것으로 밝히고
있다. 그는 한중일 공동 군단에 편입될 청년들이 모두 다른 두 나라
의 외국어를 익히는 교육과정을 상정할 정도로 외국어에 대한 관심
이 많았다.

4. 칸트 영구평화론 영향설의 검증

마키노 에이지 교수의 시사적 제안은 간단하지만 많은 함의를 포
함하는 것으로 연구사적으로 대단히 중요한 의미를 가지게 될 것이
다. 다만 철학적 견지에서 더 구체적이고 심층적인 분석을 조속히 제
시해 주기를 기대해 마지않는다. 필자도 철학자 칸트에 대해서는 문
외한이지만, 그의 지적을 쫓아 한국어 번역본 『하나의 철학적 기회,
영구평화론』[10]을 통해 안중근의 동양평화론이 칸트의 사상에 얼마
나 접근되어 있는지에 대한 예비적 고찰을 가져보았다.

칸트(1724~1804)의 『하나의 철학적 기회, 영구평화론』(이하 『영구평화
론』으로 줄임)은 1795~1796년에 이루어졌다. 칸트로서는 만년의 저
작이다. 안중근의 「동양평화론」이 나온 시점(1910)에서 115~116년
전에 나온 저술이다. 한국어 번역본으로는 77면, 독일어 원문으로는

---

10) 임마누엘 칸트 지음, 이한구 옮김, 개정판, 서광사, 2008

43면 정도의 소품이다.[11] 그러나 철학적 차원에서 인류가 평화를 지향해야 하는 이유, 영구 평화의 조건과 이를 유지하기 위한 장치의 법적 근거 등이 치밀하게 다루어지고 있다.[12] 칸트는 생애 동안 동(東)프로이센를 점령했던 7년 전쟁을 겪었고, 프랑스 혁명과 나폴레옹 시대의 초기를 살았다. 그의 시대는 수많은 전쟁과 폭력이 난무하는 시대였다. 그래서 영구 평화에 대한 '철학적 기획'은 하나의 시대적 과제로 집필되었던 것이라고 할 수 있다. 그에 앞서 펜(W. Penn), 피에르(A.de St. Pierre), 루소(J. J. Rousseau) 등도 평화에 관한 구상을 발표하기 시작했다고 한다. 고대 이래 불가피한 것 내지 찬미의 대상이 되었던 전쟁이 근대에 와서 비로소 억지되어야 할 대상으로 철학자들이 담론의 대상으로 삼았던 것이다.[13]

칸트 철학은 도덕문제에 대해 엄격하고도 정통적이었다. 그의 자유에 대한 사랑은 "사람의 행위가 다른 사람의 의지에 복종하지 않으면 안된다는 것보다 더 두려운 일은 없을 것이다"라는 표현으로 대변되는데[14], 영구 평화론의 사상도 물론 인권에 대한 이러한 인식

---

11) Zum ewigen Frieden, ein philosophischer Entwurf von Immanuel Kant, Kants Werk Akademie-Textausgabe Band VIII, Walter de Gruyter & Co. Berlin 1968

12) 참고로 목차를 제시하면 다음과 같다. 서언; 영구 평화를 위하여, 제1장 국가 간의 영구 평화를 위한 예비조항, 제2장 국가 간의 영구 평화를 위한 확정 조항, 제1추가 조항; 영구 평화의 보증에 대하여, 제2추가 조항; 영구 평화를 위한 비밀 조항(1876년 증보부분), 부록 I 영구 평화에 관한 도덕과 정치 간의 대립에 관하여, 부록 II 공법의 선험적 개념에 따른 정치와 도덕 간의 조화에 대하여.

13) 이한구 해제, 98면.

14) 버트란트 러셀 지음, 한철하 역『서양철학사』, 2000, 개정 초판 3쇄, 대한교과서(주) 도서개발부, 918면.

에서 나온 것이다. 그는 『영구평화론』의 부록 II「공법(公法)의 선험적 개념에 따른 정치와 도덕 간의 조화에 대하여」에서 국법, 즉 국내법, 국제법, 세계 시민법 등을 다룰 정도로 국제법에 대해 조예가 깊었다. 그의 철학의 바탕을 이루는 인간의 존엄성에 대한 인식은 국제법의 아버지로 불리는 휴고 그로티우스(Hugo Grotius, 1583년~1645년)의 자연법 주의를 계승하는 느낌을 강하게 준다. 국제법의 세계를 중요시하기는 안중근도 마찬가지이다. 안중근의 국제법에 대한 관심과 조예는 그의 동양평화를 위한 제안에서 한국, 중국, 일본의 황제들이 로마 교황을 방문하여 협력을 맹세하고 왕관을 받게 하여 세계 민중들의 신용을 받게 하자는 것에서 읽을 수 있다. 이 제안은 매우 우활(迂闊)해 보이지만 근대 국제법의 시발점인 1648년의 웨스트팔리아 조약 이후로 유럽의 나라들이 국제적 분쟁의 타결을 위한 조약들이 신성로마제국 황제의 보증 아래 진행되었던 사실을 안중근이 마치 알고 있었던 것을 느끼게 하는 것으로 오히려 주목하게 하는 것이다.

그로티우스는 토마스 아퀴나스에 의해 합리화된 자연법을 더욱 진전시켜 자연법을 신이 아니라 인간 이성에 기초를 둠으로써 자연법의 세속화를 전개하여 국제사회에 자연법을 적용하고, 개인의 자연권에 상당하는 국가주권 간의 자연법적 질서로 국제법의 기초를 닦았다. 그는 17세기에 30년 전쟁을 비롯해 수많은 전쟁을 경험하면서 전쟁을 어떻게 하면 방지할 수 있을지에 대해 고민하던 끝에 전쟁의 국제법에 대한 이론을 구상하여 '국제법의 아버지'가 되었던 것이다. 칸트보다 한 세기 뒤에 안중근이 산 시대는 자본주의 경제의 발달 속에 서양 열강이 동양으로 전진하면서 전쟁의 파동을 일으켰다. 전쟁이란 동일한 조건 속에 안중근은 해결책 모색에서 칸트의 영구평화론에 다가간 것이다.

칸트는 제1장 「국가 간의 영구 평화를 위한 예비조항」의 두 번째에서 "어떠한 독립 국가도 (크고 작고에 관계없이) 상속, 교환, 매매 혹은 증여에 의해 다른 국가의 소유로 전락될 수 없다"고 하였다. 즉, 국가의 존엄은 누구도 훼손할 수 없다는 것이다. 이것은 안중근의 동양평화론의 핵심 논지인 한중일 3국의 독립국가로서 연맹체의 구성원이 되어야 한다는 논지에 바로 닿는다. 구체적으로 일본이 동양평화의 이름으로 한국의 국권을 탈취하는 것에 대한 강한 비판이나 「동양평화론」에서 일본이 러일전쟁의 전리품으로 차지하고 있는 여순과 대련에 대해 영토의 소유는 바뀔 수 없는 것이란 이유로 청국에 환부할 것을 제안한 것 등이 모두 이 원칙론에 닿는다. 안중근은 이토 히로부미의 죄악 가운데 을사조약, 정미조약의 강제와 한국 황후 시해, 황제의 강제 퇴위 등에 대해 강력한 비판을 가했는데, 칸트 역시 영구평화를 위한 예비조항 제5에서 "어떠한 국가도 다른 국가의 체제와 통치에 폭력으로 간섭해서는 안된다"고 하였다.

제2장 「국가 간의 영구 평화를 위한 확정 조항」에서 칸트는 국제연맹(Völkerbund)과 국제국가(Völkerstaat) 두 가지 개념을 제시하였다. 라틴어로 표현하여서는 평화연맹(foedus pacificum)과 국제국가(civitas gentium)로 표현하기도 하였다. 전자는 자유로운 국가들 곧 각자의 권리가 보장받는 국가들이 모이는 것이며, 후자는 여러 국가를 (어

면) 국제법의 체계 아래 하나로 만드는 세계 공화국과 같은 형태를 지향하는 것이다. 전자는 현행의 평화조약들이 휴전에 불과한 기능밖에 수행하지 못하는 상황을 극복하는 영구 평화 실현의 대안이 될 수 있는 것이라고 하여 적극적으로 권장한다. 반면 후자는 이론적 적극성이 있더라도 현실적으로는 어느 한 국가가 다른 국가의 자유를 억압 내지 박탈할 것이 불 보듯 하므로 처음부터 거부되어야 하는 것이라고 하였다. 다시 말하면 전자는 삼국제휴론이나 안중근의 동양평화론이 속하는 개념이며, 후자는 일본식 동양평화론이다. 이는 안중근이 칸트의 영구평화론을 알고 있었다는 중요한 근거가 될 수 있는 것이다. 칸트는 제1추가 조항「영구 평화의 보증에 대하여」에서 두 가지의 상황에 대하여 다음과 같이 비교 설명하였다.

"국제법의 이념은 독립해 있는 많은 이웃 국가들의 분립을 전제로 한다. 비록 이런 상태 자체가 이미 전시 상태에 있음을 나타낸다고 할지라도 이 상태(국제연맹 - 인용자)는 이성의 이념에서 보면, 다른 국가들을 압도해서 한 세계 왕국으로 나아가는 하나의 초강대국 아래로 여러 국가들이 통합되는 것(국제국가 - 인용자)보다는 더 낫다. 왜냐하면 통치의 범위가 확대됨에 따라 법률은 점점 위력을 상실하고, 그리하여 혼을 잃은 전제정치는 선(善)의 싹을 근절시킨 후에 결국 붕괴해서 무정부 상태로 귀착되기 때문이다."

(한국어 번역본, 55면)

국제연맹 아래서 구성원이 되어 있는 독립 국가들의 분립 상태가 전쟁의 발생 요소를 내재하는 불완전성이 있더라도 전제군주의 군림과 같은 초강대국 중심의 국제국가는 전체의 파멸을 가져올 요인을 처음부터 가지고 있는 것이므로 거부되어야 한다는 지적이다. 이는 안중근이 히라이시 법원장을 상대로 한 열변에서 맹주론에 입각한 이토의 거짓 동양평화론이 끝내는 일본의 패망을 가져올 것이라는 경고의 논조를 연상시키는 대목이다. 칸트는 또 저술의 마지막 부분 부록 II-3.「세계 시민법에 관해서」에서 "최종적으로 사이비 정치는 철학적 죄를, 즉 세계 전체에 소위 더욱 큰 선을 실현하는 과정에서 작은 국가 하나쯤 병합되는 것은 사소한 일이라고 강변하는 철학적 죄(peccatillum, bagatelle)를 저지른다"(88면)고 하였다. 안중근이 이토 히로부미의 잘못 15가지를 열거하면서 이를 「이토 히로부미의 죄악」이라고 표현한 것과 칸트의 '철학적 죄'는 거의 같은 표현 방식이다.

「청취서」에 피력된 안중근의 동양평화의 방안에서 달리 또 주목되는 것은 한중일 3국의 공동 군단편성이다. 여순항을 개방하여 한청일 3국의 군항으로 하고, 일본 군함 5~6척을 여순항에 정박시켜 경비에 임하게 하고, 3국으로부터 강장한 청년을 모아 군단을 편성하는 한편 이들에게 다른 두 나라의 말을 배우게 하여 형제의 나라라는 관념을 가지게 한다는 것 등이다. 이는 개별 국가의 상비군을 폐지하는 것을 의미하는 취지이다. 칸트는 제1장 「국가 간의 영구 평화를 위한 예비 조항」의 제3항으로 "상비군(miles perpetus)은 조만간 완전히 폐지되어야 한다"고 규정하였다. 내용적으로 안중근의 안이 훨씬 구체성을 가지는 것이지만 취지에서 영향을 받았을 가능성을 점치게 한다.

끝으로 여순항에 두는 동양평화회 아래에 3국 공용의 화폐(태환권) 발행을 위한 은행의 설치 문제이다. 칸트의 영구평화론에서는 금융이나 경제 문제에 관한 언급을 찾아보기 어렵다. 제1장의 제4항에서 "국가 간의 대외적 분쟁과 관련하여 어떠한 국채도 발행되어서는 안된다"고 한 것이 유일하다. 이것이 대외적 분쟁 곧 전쟁을 위한 국채 발행 금지의 내용이므로 안중근의 구상과는 거리가 있다. 그런데 일본이 러일전쟁을 일으키면서 엄청난 액수의 국채를 발행하고 그 연장선 상에서 한국에 대해 제일은행권을 강제로 통용시켜 한국의 재정을 일본에 편입시키는 금융 강제정책을 쓴 사실을 상기하면 이로부터의 영향을 배제할 수 없다. 안중근은 「이토 히로부미의 죄악」 15개조에서 이 사실을 스스로 밝혀 "이른바 제일은행권을 강제로 사용케 하고 이를 반대하는 소요를 저지하여 한국 내지까지 통용시켜 전국의 재정을 고갈케 한 것"(제6항), "국채 1,300만 원을 한국에 강제로 지운 것"(제7항) 등을 지적하였다. 일본이 한국에 대해 정치적, 군사적 침탈과 함께 가한 금융 강제는 당시 세계적으로 드문 예이며, 이러한 분노를 자아내게 하는 강제 경험의 역경이 곧 안중근으로 하여금 역발상의 금융 공동체를 구상하게 했던 것은 아닐까? 유럽연합(EU)보다도 수십 년 앞서는 그의 이론의 출처에 대해서는 앞으로 더 구체적인 연구가 필요하다.

안중근이 살던 시대에 칸트의 철학은 사실은 청국의 양계초의『음빙실문집』(飮氷室文集)[15]을 통해 한국 지식계에 소개되어 있었다. 양계초는 이 책의 학설류에 "근세 제일 대철학가 칸트의 학설"을 설정하여 그의 도덕 철학이 나온 배경, 개인의 양심에서 발원하는 자유, 이것에 기초하는 국가의 주권 등의 관계, 따라서 어느 타국도 침범할 수 없는 주권의 존엄성, 국가 주권이 지켜지기 위한 길로서 국제공법의 세계를 강조한 점 등을 체계적으로 소개하고 끝에 그의「영세태평론」(永世太平論) 곧 영구평화론의 핵심으로 '오대단'(伍大端)을 다음과 같이 열거하였다.

(1) 모든 방국(邦國)은 대소를 막론하고 침략수단으로 또는 교역, 할양, 매매 등의 이름으로 타국에 합병할 수 없다.

(2) 모든 나라는 지금의 적습(積習)이 되어 있듯이 상비군을 둘 수 없다.

(3) 일국(一國)에 내홍이 있어도 타국이 병력으로 간예하는 것은 절대로 금한다.

(4) 각국은 모두 민주 입헌제를 채택하는데, 이 제도의 최초의 민약(民約)의 취지에 가장 부합하여 또 모든 나라 인민의 자

---

15) 신흥서국, 중화민국 48년 1월 재판본

유평등의 권리를 공고하게 할 수 있다.

(5) 각 독립국은 서로 의지하여 일대연방(一大聯邦)을 조성하고 각국의 국민은 국제법의 범위 내에서 화목하고 만약 서로 맞지 않음이 있으면 스위스 연방에서 현재 행하는 예와 같이 연방의회가 이를 심판한다.

다 알듯이 양계초의 『음빙실문집』의 정보는 안중근 시대의 지식인들이 많이 활용하고 소개하던 것들이다. 안중근이 이 책에 접하지 않았을 까닭은 없다. 그는 이 책에 소개된 「영세태평론」에 지대한 관심을 가지고 아마도 빌름 죠셉 신부에게 더 자세한 것을 문의했을 것이다. 그리고 그의 「동양평화론」 등에 나타나고 있는 '(세계) 민중에 대한 신뢰'는 국가의 주권이 나오는 원천으로서 개인의 자유, 이를 실현하는 최선의 선택으로서의 민주국가의 제도에 관한 칸트의 논설의 영향이란 것을 쉬이 알 수 있다. 현광호가 중요시한 안중근의 민중에 대한 적극적 인식은 곧 칸트의 민주제의 평가를 받아들인 것이 된다. 안중근은 곧 칸트의 근대 정치사상을 수용하여 민주국가 제도와 함께 이를 영원히 보장하는 장치로서 영구평화론에 지대한 관심을 가졌던 것이다. 그 논설이 「동양평화론」의 이름을 단 것은 눈앞의 동아시아 문제에 초점을 맞춘 것일 뿐 궁극적으로는 그도 세계평화체제를 생각하고 있었던 것이다.

5. 결론 : 대한민국 건국이념과의 관계

안중근의 「동양평화론」은 하나의 이상론이라고 치부해버릴 수 없다. 칸트가 영구평화론이 과연 실행될 수 있는 날이 있겠는가라는 질문에 대해 "이것은 강력으로서 이룰 수 있는 것은 아니다. 오직 민덕(民德)과 민지(民智) 두 가지가 날로 광명으로 나아가 이룰 수 있는 것이다"라고 답하였다고 하듯이[16] 멀지 않은 미래에 달성되어야 할 과제로 설정하였다는 점이 중요하다. 이들의 뜻은 실제로 1920년의 국제연맹, 1945년의 국제연합으로 현실화되었다.

안중근의 「동양평화론」에 피력된 사상은 국내적으로도 미래 지향적 성과를 거두고 있었다. 그가 세계평화의 기초로써 자주생존권을 보장하는 국가들의 공존관계라고 언급했던 것이 1919년 기미 독립선언서에 '공존동생권'(共存同生權)이 곧 동양평화, 세계평화, 인류행복을 보장하는 것이라고 표현되었고, 또 기미(3·1) 독립만세운동을 배경으로 출범하는 대한민국 상해 임시정부의 「정강」(政綱)에 이 사상이 '민족평등', '국가평등 및 인류평등'이란 표현으로 그대로 수용되는 한편, 국제연맹 가입이 새 정부의 주요 과업으로 설정되었다. 기미 독립선언서와 임시정부 「정강」 기초자들이 안중근의 「동양평화론」에 접했을 가능성에 대해서는 현재 입증하기 어려운 형편이지만,

---

16) 양계초, 위 책, 94면

칸트의 인권, 민주국가론, 영구평화론 등을 통한 공유의 영역은 충분히 상정된다. 안중근의 「동양평화론」은 곧 다른 지식인들이 강제 병합 후에 절감하는 세계를 옥중에서 미리 정리해낸 선구적 업적이었던 것이다.

대한민국 제헌헌법 또한 이 관점에서 지나쳐 볼 수 없다. 이 헌법의 전문(前文)은 "기미 삼일운동으로 대한민국을 건립하여 세계에 선포한 위대한 독립정신을 계승하여 이제 민주 독립국가를 재건함에 있어서 정의 인도와 동포애로써 민족의 단결을 공고히 하며 모든 사회적 폐습을 타파하고 민주주의 제도를 수립하여"라고 한다고 한 다음, "항구적인 국제평화의 유지에 노력하여 우리들과 우리들의 자손의 안전과 자유와 행복을 영원히 확보할 것을 결의한다"고 하였다. 기미 독립선언서 및 임시정부 「정강」에 대한 계승의식을 느낄 수 있는 문장이다. 안중근의 하얼빈 의거와 사상적 근거로서의 「동양평화론」은 이렇게 우리의 건국의 이념 속에 들어와 있지만 우리가 알고 있는 안중근은 민족의 적인 이토 히로부미를 없애준 영웅에 그치고 있다. 이는 곧 중대한 민족적 과오로써 하얼빈 의거 100주년을 맞아 크게 반성해야 할 과제이다.

(2012.08.30.)

한국사회, 어떻게 할 것인가

정운찬

한국사회의 위기와 기회

온 국민을 비탄에 빠뜨린 세월호 참사는 아직도 우리 가슴을 무겁게 짓누르고 있다. 돌이켜보면 세월호 참사는 우발적 재난이 아니라 우리 사회에 누적된 구조적 모순이 드러난 것이다. 세월호 참사는 또한 우리나라가 비록 경제는 외형적으로 크게 성장했다 하더라도 사회 각 부문이 균형과 조화를 이루면서 발전하지 않을 때는 하루아침에 재난과 위기 상황에 처할 수 있다는 것을 보여주었다.

1990년대 중반 한국은 OECD 가입과 더불어 세계 일류국가의 대열에 합류한 것처럼 우쭐댔다. 그러나 곧이어 IMF로부터 구제 금융을 받아야 했던 경제위기를 맞아 온 나라가 휘청거렸다. 그후 비록 눈앞의 급한 불은 껐다고 하지만, 나라 전체로 보면 지금까지도 위기의 적신호는 사라지지 않고 있다. 경제성장은 일부 대기업들의 수출에 의존하고 있고, 중산층은 붕괴해가고, 서민들은 생존의 위협에 내몰리고 있다. 청년실업과 비정규직 양산은 여전히 해소되지 않고 있다. 또한 고령화 사회로 접어들면서 많은 사람들은 평생에 걸쳐 안정된 삶을 설계하기 어렵다. 노동시장의 과도한 유연화로 그나마 직장을 가진 사람마저도 각자의 일터에서 묵묵히 최선을 다하는 성실한 직업윤리를 발휘하기 어렵다. 수많은 인명이 경각에 달려 있는 위기상황에서 갈피를 잡지 못하고 허둥댄 정부의 무능한 대처는 정치적·형식적 민주화에도, 진정으로 국민을 위하는 '민본' 통치를 구현하고 나라가 제대로 작동하는 '정상' 국가를 바로 세우는 일이 실로 요원함을 일깨워준다.

그러나 온 국민이 동참한 통렬한 비탄과 공분을 보면서, 우리는 국민의식의 저변에 아직도 다른 사람의 고통을 공감하고 함께 나눌 줄 아는 따뜻한 인간적 유대 의식이 살아있다는 것을 간과해서도 안 될 것이다. 그러한 윤리의식이 이성적으로 승화되어 공동체의 윤리로 성숙하는 한, 우리 사회에는 아직 희망이 있다. 지금 한국사회는 국민의 단합된 힘을 모아서 진정한 일류사회로 나아갈 것인가, 아니면 상시적 위기상황에 내몰려서 계속 표류할 것인가 하는 중대한 기로에 서있다.

한국경제의 명암

그런데 일류국가가 되는 것이 말처럼 쉽진 않다. 상당한 경제력의 바탕 위에 국정이 원활하게 운영되어야 하고, 아울러 신뢰나 규범, 사회적 네트워크 등 사회적 자본이 사회 전반에 걸쳐 충분히 쌓여 있어야 가능하다. 한마디로 말해 국력을 내실 있게 키워야 한다. 그러기 위해서는 먼저 우리 사회가 처해 있는 현실을 냉정히 직시할 필요가 있다.

경제적으로 보자면 한국사회는 밝은 면과 어두운 면을 동시에 갖고 있다. 밝은 면을 보면 세계에서 인구가 5천만 명이 넘으면서도 1인당 소득이 2만 달러가 넘는 국가는 오직 7개 뿐인데 한국이 그 중 하나다. 다른 6개 국은 미국, 일본, 독일, 영국, 프랑스 그리고 이탈리아다.

어두운 면은 저성장과 양극화이다. 1980년대 8.6%, 90년대 6.7%이던 경제성장률이 2000년대 들어서는 4.4%로 하락하더니 10년대에는 2~3%대까지 떨어졌다. 소득분배도 점점 악화되었고, 삼성·현대·LG·SK 등 4대 재벌이 1년에 올리는 매출액이 이제는 GDP의 60%에 육박할 정도로 재벌 의존도가 커졌다. 경제적 힘이 한쪽으로 쏠리면서 위험에 대한 노출이 증가하고 있을 뿐 아니라 경제 전체의 활력도 떨어지고 있다. 한국을 상징하던 표현인 'Dynamic Korea'가 아득한 옛날 일처럼 느껴진다. 한국경제를 이대로 놔두면 경제가 쇠약해짐은 물론이고 언젠가는 사회 전체가 결속력을 잃고 걷잡을 수 없는 혼란에 휩싸이게 될까 봐 심히 우려된다.

우리는 한국경제의 밝은 면은 더 밝게 하고 어두운 면은 덜 어둡게 해야 한다. 먼저 한국경제를 크게 성장시킨 요인부터 따져보도록 하자.

첫째, 교육 및 인적 자원 투자에 대한 강조가 핵심적이었다. 주요 천연자원도 축적 자본도 없는 한국으로서는 경제성장을 추진하기 위해 교육 수준이 높은 노동력에 의지할 수밖에 없었다. 한석봉의 유명한 일화에서 보듯이 교육열은 한국에서 오랜 전통을 자랑한다. 한국이 세계에서 유례없는 경제성장을 이룩한 것은 무엇보다 우리 부모님들이 한석봉의 어머니처럼 훌륭한 자식을 키우는 데 지극정성을 쏟았기 때문에 가능한 일이었다. 그런 열의가 모여서 훌륭한 인재들이 배출되고 국가발전의 원동력이 되었던 것이다.

발전의 두 번째 요인은 '하면 된다'는 과감한 도전정신이었다. 급속한 산업화 과정에서 많은 한국인은 자신과 가족과 공동체를 빈곤에서 구제하기 위해 각고의 헌신적 노력을 다했다. 우리의 젊은 남녀들은 일자리가 있는 곳이라면 먼 타국도 마다하지 않고 가서 일함으로써 현지 경제뿐 아니라 한국경제 또한 발전시켰다. 1960년대 한국인들은 서독에 광부와 간호사로 일하기 위해 갔으며, 서독경제의 성장에 기여했다. 한국인들의 근면 성실에 감탄한 서독 정부는 상당액의 개발차관을 제공했다. 그것은 한국이 받은 최초의 개발차관이었다. 70년대 중동의 건설붐을 타고 많은 한국 건설 노동자는 이 지역의 핵심 기반시설과 개발계획 수립을 도왔다. 이 노동자들은 자신이 받은 임금을 고국으로 송금했으며, 그 덕분에 가족들은 자식들을 학교에 보낼 수 있었다.

이처럼 교육에 대한 아낌없는 투자와 과감한 도전이 가능했던 것은 그런 헌신적 노력을 통해 더 나은 미래사회를 건설할 수 있다는 밝은 희망이 살아 있었기 때문이다. 그리고 더 나은 미래사회에서는 우리 모두가 함께 잘살 수 있다는 믿음을 공유했기에 강력한 국민적 결속력이 생겨났다. 그런 점에서 나는 한국의 근대화 과정에서 산업화와 민주화의 열망은 대다수 국민이 함께 공유하고 지향했던 가치라고 생각한다.

그렇다면 어두운 면은 어디서 유래하는가?

우리나라에서는 1960년대 초 정부 주도의 본격적 경제개발계획이 실시된 이래 지금까지 반세기 동안 선성장·후분배에 입각한 경제성장이 정부 경제정책의 기본 전략이었다. 80~90년대를 거치면서 우리 경제에 시장메커니즘이 대거 도입·정착되긴 했으나 선성장·후분배라는 기본 접근에는 별다른 변화가 없었다. 이에 따라 지난 반세기 동안 우리 사회는 수출 및 중화학공업과 같은 특정 부문을 선도부문으로 먼저 육성하고 그 성과가 경제 전체에 파급되기를 기대하는 불균형 성장전략, 이른바 낙수효과 모델에 전적으로 의존해왔다. 성장과 효율을 극대화하는 것이 지상 목표였고 분배와 형평은 부차적 고려사항이었다. 물론 이러한 불균형 성장전략은 경제개발 초기 단계에서는 매우 효과적일 수 있지만 언제까지나 그런 건 아니다. 불균형 성장의 결과 소수 대기업에 편중된 산업구조가 고착되었고, 국민 대다수의 고용과 소득을 담당하는 중소기업은 대기업과의 수직적 관계 속에 불공정 거래를 감수해야 하는 위치로 전락했다.

특히 1997년 외환위기와 2008년 글로벌 금융위기를 거치면서 우리 경제의 가계부문과 기업부문이 각기 양극화의 가속적 심화를 경험하면서 분배문제는 지속적으로 악화되어 왔다. '고용 없는 성장'이라는 말이 회자되더니 최근에는 많은 경제학자들이 '임금 없는 성장'의 문제를 경고할 정도로 상황이 심각하다. 그 결과 오늘날 가계부채와 중소기업 부실은 한국경제의 발목을 잡는 양대 문제로 자리잡았다. 우리 사회에서 분배의 공정성을 개선하지 않고는 더 이상 성장을 기대하기 어렵게 된 핵심적 배경이 바로 여기에 있다.

구체적으로 현재 우리 사회는 가계부채가 1,000조원이 훨씬 넘는다. 가계부채가 너무 많으니 다들 허리띠를 졸라매고 있다. 내수가 줄어드니 특히 중소기업과 자영업은 타격이 크다. 쌓이는 재고로 이들의 투자는 부진하다. 이때 수출 대기업의 뛰어난 성과도 별 도움이 되지 않는다. 지난 4반세기 동안 급속히 진행된 세계경제의 개방화와 정보화 그리고 한국사회 특유의 갑을관계 문화로 인해 국내의 산업 간 연관관계가 단절되었고, 그 결과 수출과 내수 간 그리고 대기업과 중소기업 간에 고용과 소득을 만들어내는 선순환의 연결고리가 크게 약화되었기 때문이다. 아랫목의 온기가 윗목으로 전달되지 않는다는 말이다. 결국 국내 소비 및 투자의 위축은 성장 둔화와 양극화 심화를 가져온다. 이는 '양극화 심화 ⇒ 가계부채와 중소기업 부실 누적 ⇒ 내수 부진 ⇒ 성장 둔화 ⇒ 양극화 심화'로 이어지는 악순환이 한국경제에 반복되고 있음을 의미한다.

그럼에도 우리 사회의 의식수준은 지금까지도 지난 반세기 동안의 선성장·후분배의 관성 또는 미망에서 벗어나지 못하고 있다. 이는 오랜 세월을 거치며 확립된 불공정한 분배 관행과 기존 이해관계의 조정이 쉽지 않기 때문이기도 하다. 하지만 부자이든 영세민이든, 대기업이든 중소기업이든, 한국경제라는 배에 동승한 현실 속에서 더이상 실기하면 모두에게 공멸이다.

21세기를 맞이한 우리 사회는 양극화의 개선 없이는 성장 둔화를 피할 길이 없다. 동반성장은 이와 같은 문제의식에서 나온 것이다.

동반성장 - 단기적 성장전략

앞서 양극화를 완화하고 한국경제를 저성장의 늪에서 벗어나게 하기 위해서는 동반성장이 필요하다고 이미 말했다. 그러면 동반성장의 의미 또는 원리부터 다시 한 번 설명하겠다. 자본주의 시장경제에서 기계적인 완전 평등은 가능하지도 않을 것이고, 어떤 의미에서는 바람직하지도 않을 것이다. 즉, 부자도 있고 가난한 사람도 있고, 대기업과 함께 중소기업도 있을 것이고, 성장하는 산업이 있으면 사양산업도 있기 마련이다. 모두를 똑같게 만들 수는 없다. 문제는 한 분야의 성장 효과가 그 분야에만 고이지 않고 다른 분야로 빠르게 확산되도록 해야 한다는 것이다. 경제는 순환이다. 국민경제를 구성하는 각 부문이 상호 긴밀하게 연결되어서 선순환을 이루도록 하는 것이 동반성장의 요체이다.

동반성장의 원리 : 국민경제의 선순환

국민경제의 선순환을 시각적으로 표현한다면 두 가지 흐름으로 구분할 수 있다. 첫째, 부자·대기업·성장산업 등 선도부문의 성장 효과가 아래로 잘 흐르도록 하는 것이다. 이를 낙수효과(top-down track)라고 부를 수 있는데, 앞서 말한 바와 같이 과거 반세기 동안 한국경제는 선성장·후분배의 불균형 성장전략만을 추구하다 낙수효과의 연결고리가 거의 끊어지게 되었다. 이 끊어진 고리를 다시 이어야 한다. 2012년 대선 과정에서 이른바 경제민주화라는 기치와 함께 재벌개혁이나 대기업의 불공정 하도급거래 근절과 같은 대책들이 논의되었는데, 이러한 대책들이 바로 낙수효과를 정상화하기 위한 노력이라고 이해할 수 있다.

저개발 상태에서는 성장이 최선의 복지정책이 될 수 있다. 1960~70년대의 한국경제가 경험했듯이, 소수의 선도 부문을 선별하여 한정된 자원을 집중 지원하고 심지어는 일정 정도의 편법을 용인해주는 것이 성장을 촉진하는 효과가 있을 수 있을 뿐만 아니라 고용 확대를 통해 다수 서민층의 생활수준을 끌어올릴 수도 있다. 그러나 이것은 어디까지나 일시적인 것이다. 그리고 한국경제는 이미 그 단계를 지난 지 오래되었다. 이제는 불법·편법을 근절하고 공정한 경쟁 질서를 확립하는 것이 지속가능한 성장과 동반성장을 위한 필수요건이 되었다.

이를 위해서는 이른바 재벌개혁, 즉 대기업(집단)의 지배구조를 투명하게 만들고 과도한 경제력 집중을 억제할 필요가 있다. 그리고 대·중소기업 간의 하도급거래에서 납품단가 후려치기나 기술탈취 등과 같은 불공정거래 관행을 근절하는 노력이 필요하다. 골목상권을 보호하고 중소기업 적합업종을 지정하는 노력도 필요하다. 우리 사회의 일각에서는 이러한 노력을 시장경제 원리를 파괴하는 과도한 규제라고 부정적으로 바라보는 시각이 아직도 남아있다. 하지만 그것은 옳지 않다. 불법과 편법 그리고 경제력의 남용이야말로 시장경제를 파괴하는 요소이다. 따라서 만인이 법 앞에서 평등한 법치주의를 확립하고, 모든 국민에게 균등한 기회를 부여하는 공정한 경쟁 질서를 창출하는 것이 시장을 바로 세우고 동반성장을 이끌어내는 길임을 잊지 말아야 할 것이다.

둘째로 하도급 중소기업, 비정규직 노동자, 영세 자영업자 등 경제적 약자에 대한 의식적 배려와 적극적 지원이 필요하다. 이를 분수효과(bottom-up track)라고 부를 수 있다. 앞서 언급한 낙수효과의 정상화가 가장 기본적인 과제인 것은 틀림없지만, 이것만으로 한국경제가 봉착하고 있는 양극화와 저성장의 문제를 극복하기에는 충분치 않다. 시장이 아무리 공정하게 작동하더라도 능력이 부족해서 또는 운이 없어서 소외되는 사람들이 생겨나기 마련이다. 더구나 우리나라에서 지난 반세기 동안 시행된 극도의 불균형 성장전략의 결과 구조적 장벽이 너무나 높게 설치되어 있다. 따라서 다수 국민의 고용과 소득을 늘리는데 정책적 노력을 집중할 필요가 있으며, 이는 서민층의 생활을 안정시키는 직접적인 효과뿐만 아니라 내수의 확대를 통해 중소기업과 자영업자의 고용과 투자를 자극함으로써 성장을 가속화하는 간접적인 효과도 가져올 것이다.

분수효과와 관련하여 최근 주목할 만한 움직임이 나타나고 있다. 현 정부(2015년)의 2기 경제팀이 수출과 투자에 의존한 과거 성장모형의 한계를 지적하면서 내수와 고용을 자극하는 정책들을 내놓고 있다. 이러한 정책들이 우리 사회에서는 충격적인 것으로 받아들여지고 있으나, 사실 일류국가나 국제기구에서는 상당히 오래 전부터 논의되고 시행된 '소득주도 성장전략'(income-led growth strategy)을 반영한 것이라고 할 수 있다. 양극화와 저성장의 현상은 세계 모든 나라가 공통적으로 경험하고 있는 문제이고, 이를 극복하기 위한 다양한 소득주도 성장전략이 시도되고 있는 만큼, 외국의 선례를 참조하면서 우리 실정에 맞는 분수효과의 길을 찾아야 한다.

그런 의미에서 현 정부 2기 경제팀이 내놓고 있는 정책들, 특히 이른바 '가계소득 증대세제 3대 패키지'의 기본방향은 바람직하다고 볼 수 있다. 그러나 구체적인 내용에 들어가면 다수 국민의 소득을 늘리고 내수를 자극한다는 애초의 취지에 걸맞게 잘 설계되었는지에 대해 의문이 없지 않다. 부자나 대기업의 소득을 늘리는 것이 아니라 하도급 중소기업과 비정규직 노동자 등 사회적 약자의 소득증대에 기여하는 활동에 세제 혜택이 가는 방향으로 정책수단의 세밀한 측면을 보완해야 할 것이다.

결론적으로 동반성장을 위해서는 낙수효과와 분수효과의 선순환적 결합이 이루어져야 한다. 우리 사회의 보수진영에서는 낙수효과만을 일방적으로 강조하는 경향이 있었다. 그러나 시장만능주의를 맹신한 결과 오히려 공정한 시장경쟁을 파괴하고 기득권을 고착시키면서 '그들만의 잔치'로 전락하는 폐단을 낳았다. 반면 우리 사회의 진보진영에서는 분수효과만을 일방적으로 강조하는 반대 경향이 있는 것도 사실이다. 그러나 이는 자칫 개인의 경제 활동 의지를 훼손하고 시장경제의 역동성을 떨어뜨리면서 복지정책을 통한 사후적 분배에 과도한 부담을 지우는 문제가 없지 않다. 낙수효과와 분수효과 중 어느 하나의 경로(track)만으로는 동반성장을 달성할 수 없다. 낙수효과와 분수효과를 결합하여 선순환의 효과를 낳아야 한다. 물론 쉽지 않은 일이다. 개개인의 의식과 행동을 바꾸고 우리 사회의 법제도와 관행을 혁신해야 하는 지난한 과제다. 그러나 다른 길은 없다. 낙수효과와 분수효과를 결합하는 동반성장만이 우리의 살 길이다.

동반성장을 위한 구체적 시책

다음으로 동반성장을 위해 시급히 추진해야 할 정책적 과제 몇 가지만 말하겠다. 무엇보다 먼저 대·중소기업 간 동반성장을 이루기 위한 정책적 노력이 시급히 요구된다. 당장 실천하기 쉬운 것들부터 따져보자. 우선 초과이익공유(협력이익배분)를 실행해야 한다. 대기업이 목표한 것보다 높은 이익을 올리면 그것의 일부를 중소기업에 돌려 중소기업이 기술개발, 해외진출 그리고 고용안정을 꾀하도록 하자는 것이다. 이것은 결코 시혜적인 것이 아니라 보상적인 것이다. 초과이익의 적지 않은 부분은 납품단가 후려치기 등 불공정거래에 연유하기 때문이다. 둘째, 중소기업 적합업종을 선정하여 대기업이 더 이상 지네발식 확장을 못하도록 해야 한다. 이것은 중소기업의 사업영역을 보호하기 위해 대기업들의 신규 참여 확대를 금지하는 업종을 선정함으로써 중소기업의 자생력을 키워주자는 취지다. 물론 대기업의 참여 금지만으로 소기의 성과를 달성할 수 있는 것은 아니다. 중소기업 자체의 경쟁력 제고를 위한 자조적 노력과 정책적 지원이 결부되어야 한다. 셋째, 정부가 조달청을 통해 재화나 서비스를 조달할 때 일정부분 이상을 중소기업에 직접 발주하도록 하는 등의 노력이 당장 필요하다.

이러한 방안들은 기존의 불공정한 게임의 룰 아래에서라면 대기업으로만 흘러가 고여 있을 돈이 중소기업에 합리적으로 흘러가도록 유도하는 조치들이다. 물론 중·장기적으로는 대기업 위주의 경제정책을 중소기업 위주의 신산업정책으로 바꾸어야 한다. 중소기업이 가장 필요로 하는 것은 사람이다. 좋은 학생들을 중소기업으로 유도하기 위해서 학자금 융자에 혜택을 준다거나 군복무에 혜택을 줄 수도 있다. 또한 중소기업의 해외진출을 위해 국가기관, 예를 들면 KOTRA가 대학, 중소기업 등과 협력해야 한다. 뿐만 아니라 정부의 R&D 자금 배분을 대기업 위주에서 중소기업 위주로 바꾸어야 한다.

노동시장 정상화와 증세

한편 비정규직의 근로조건을 향상·안정화시키면서 궁극적으로는 정규직으로의 전환을 촉진하고, 최저임금을 꾸준히 인상함과 동시에 그 사각지대를 방지하기 위한 근로감독을 강화하는 등 노동시장의 정상화를 위한 노력도 더 이상 늦추어서는 안될 것이다.

우리나라에는 비정규직 등 불안정 고용계층이 아주 많다. 특히 청년층의 불안정 고용은 잦은 이직을 통해 숙련형성을 저해함으로써 미래 세대의 인적 자본 축적에 결정적 장애가 된다. 나아가 비정규직을 양산하는 고용 관행은 한 나라 안에 두 개의 국민을 만드는 불행한 결과를 초래한다. 따라서 공공부문이 솔선수범하여 비정규직을 정규직으로 전환하는 계획을 수립·집행하고, 민간기업의 정규직 전환 노력에 대해서는 강력한 재정·세제상의 지원책을 마련해야 한다.

또한 중소기업에 비정규직이 많은 현실을 감안하면, 대·중소기업 간 동반성장을 위한 기업정책과 노동시장 정상화를 위한 노동정책 사이의 유기적 보완대책이 반드시 필요하다. 예컨대 원사업자의 공정거래 의무를 1차 협력업체만이 아니라 2·3차 협력업체로까지 확대 적용하는 방향으로 하도급법 체계를 개선하고, 초과이익공유(협력이익배분)도 2·3차 협력업체로까지 적용범위를 넓히는 방안을 강구해야 한다. 현 정부 2기 경제팀의 '가계소득 증대세제 3대 패키지'도 이런 방향으로 재설계할 필요가 있다.

2000년대 이후 미국과 유럽에서 시행한 빈곤퇴치 및 사회통합 정책 중에서 가장 효과적인 것이 최저임금 인상이었다고 한다. 최저임금의 인상은 한계 중소기업의 고용을 줄임으로써 오히려 저소득층에 악영향을 미친다는 주장도 있기는 하지만, 소비성향이 높은 계층의 임금소득 증가는 내수를 자극하여 중소기업은 물론 경제 전체의 성장에 긍정적으로 작용한다는 실증연구 결과가 더 많다. 평균임금 또는 중위임금 대비 최저임금 수준을 기준으로 할 때 우리나라는 OECD 회원국 중에서 가장 낮은 편에 속한다. 2014년의 최저임금은 시간당 5,210원이고, 2015년의 최저임금은 5,580원으로 책정되었다. 솔직히 너무 낮다. 5년 정도의 시한을 정하여 최저임금을 평균임금의 일정 비율 이상으로 끌어올리는 노력이 반드시 필요하다. 단기적으로 충격을 받은 영세기업에 대해서는 재정·세제상의 지원책도 동시에 시행해야 한다.

끝으로, 증세 문제에 대한 사회적 논의를 조속히 시작해야 한다. 사회복지제도의 확충을 위해서는 물론, 동반성장 시책의 충실한 집행을 위해서도 상당한 정도의 정부 재원이 필요하기 때문이다. 또한 현재의 조세체계와 현 정부의 간접 증세 기조만으로는 필요한 재원을 마련할 수 없다는 것도 자명하다. 물론 증세를 좋아하는 국민은 없다. 여야를 막론하고 모든 정치인들은 증세 문제를 언급조차 하지 않으려 한다. 그러나 침묵한다고 해서 문제가 해결되지는 않는다. 조세부담률이나 사회보장세를 합한 국민부담률을 어느 수준으로까지 끌어올릴 것인지, 간접 증세와 직접 증세는 어떻게 결합할 것인지, 보편 증세와 부자 증세의 갈등은 어떻게 조정할 것인지, 소득세·법인세·부가가치세 등의 세목별 구성과 세율은 어떻게 조정할 것인지 등에 대해 국민적 논의와 공감대 형성이 반드시 필요하다. 학계의 합리적 연구와 시민사회의 적극적 참여를 통해 복지부동하는 여야 정치권을 올바른 방향으로 견인해야 한다.

동반성장의 과실과 사회공동체 운영원리

그러면 이상에서 설명한 동반성장의 원리와 시책을 통해 우리가 얻게 되는 것은 무엇일까? 첫째, 성장이 촉진되고 지속적 성장의 기초가 된다. 한국경제는 인구가 5천만이 넘으면서도 1인당 소득이 2만 달러가 넘는 '50-20 그룹'에 속하게 되었다. 그리고 일본·중국에 비해 국가신인도가 같거나 높아졌다. 그러나 투자가 부진하여 잠재성장력이 떨어졌다. 대기업은 돈은 많으나 투자대상이 부족하고 중소기업은 투자대상은 있으나 돈이 없다. 따라서 투자증진을 위해서는 대기업에는 첨단, 핵심기술을 많이 제공해야 한다. 그것은 중기적으로는 R&D의 방향전환, 즉 D에서 R로의 점진적 전환이 필요하고 장기적으로는 교육혁신을 통해 국민 전체의 창의성을 제고해야 한다. 이것들은 시간을 필요로 한다. 그러나 단기적으로는 대기업으로 흐를 돈이 합리적으로 중소기업에 흘러가게 함으로써 중소기업의 투자를 촉진하면 단기적 성장을 이루고 지속적 성장의 기초를 쌓을 수 있다.

둘째, 동반성장은 여러 가지 양극화로 인한 사회갈등과 분열을 해소하는 데 기여할 것이다. 부자와 빈자, 강남과 강북, 수도권과 비수도권, 정규직과 비정규직, 대기업과 중소기업 등으로 양극화된 사회는 경제적 효율은 물론 정치사회적 안정도 확보할 수 없다. 뿐만 아니라 동반성장은 약자들의 생활을 개선함으로써 사후적 복지수요를 줄이는 사전적 복지제도의 역할도 수행한다.

쇼펜하우어는 "모든 진리는 첫째 단계에서 조롱당하고, 둘째 단계에서는 심한 반대에 부딪치며, 셋째 단계에서야 비로소 자명한 것으로 인정받는다"고 말한 적이 있다. 나는 우리 사회에서 동반성장론이 지난 수년간 쇼펜하우어의 첫째와 둘째 단계를 거쳐 이제는 셋째 단계로 접근하고 있는 중이라 생각한다. 그러나 우리 사회의 각 경제주체들이 상호 공존하기 위해 특별한 노력과 정성을 기울이지 않는다면 동반성장은 영영 이상(理想)으로만 남게 될 것이다. 특히 정부의 강력한 정책의지 속에 대기업의 선도적 변화와 중소기업의 자조가 어우러진 삼위일체가 동반성장의 핵심 동력이다.

동반성장은 20세기와 구분되는 21세기 우리 사회의 시대정신 (Zeitgeist)이다. 그것을 이루지 못하면 서민경제는 물론 경제 전체가 붕괴되어 사회를 유지하기 힘들 수 있다. 그러나 그것에 성공하면 새로운 성장 동력으로 한국경제가 다시 한번 도약할 수 있다. 나아가 동반성장은 기업과 경제에만 해당하는 것이 아니라 21세기 글로벌 시대를 살아가는 삶의 철학이자 새로운 사회공동체를 만들기 위한 근본 가치다.

이러한 동반성장은 궁극적으로는 남에 대한 배려에서 시작된다. 나의 경험부터 소개하겠다. 나는 중고등학교 시절 집안이 가난해서 입주과외 아르바이트를 하면서 학교에 다녔다. 그런 나에게 정신적 스승이 되어 주신 스코필드(F.W. Schofield) 박사님은 진정한 배려와 봉사의 삶이 어떤 것인지 가르쳐주신 분이다. 영국 태생 캐나다인으로 고학으로 학업을 마친 박사님은 나에게 학비를 지원해주셨을 뿐 아니라 친할아버지처럼 자상하게 희망과 용기를 바탕으로 홀로 서는 법을 가르쳐주셨다. 20세기 초반에는 조선 독립의 필요성과 필연성을 해외에 널리 알려 '민족대표 34인'으로 추앙을 받으며 조선을 치료한 '의사'이셨지만, 1958년부터 1970년 돌아가시기 전까지는 서울대, 연세대에서 강의를 하시면서 나와 비슷한 처지에 있는 사람들에게 경제적 도움을 베푸셨다. 특히 나에게 스코필드 교수님은 평생 삶의 나침반이 되어주신 은인이었다. 나는 여러분이 스코필드 선생님처럼 우리 사회의 곳곳에서 어려운 처지에 있는 사람들을 배려하고 멘토의 역할을 해줄 수 있는 빛과 소금이 되기를 고대한다.

스코필드 박사님이 나에게 깨우쳐 준 선견지명 중 하나는 한국이 '빈익빈 부익부' 사회로 갈 것이라는 가르침이었다. 박사님의 예견대로 한국은 양극화 사회로 접어든지 오래다. 위에서 얘기한 대로 경제성장은 일부 대기업들의 힘에 의존하고 있고 중산층은 붕괴해가고 서민들은 생존의 위협에 내몰리고 있다. 청년실업과 비정규직 양산은 여전히 해소되지 않고 있다. 지속적인 성장을 가로막고 사회적 갈등과 불안의 요인이 되고 있는 이러한 구조적 문제를 해결하고자 나는 총리 재임 시절 특단의 조치를 대통령에게 건의하였고, 총리 퇴임 후에는 2010년 말에 설립된 동반성장위원회를 맡아 1년 4개월간 열심히 일했다. 또한 동반성장위원회를 그만둔 후에는 순수 민간연구소인 (사)동반성장연구소를 설립하여 동반성장문화의 조성과 확산에 전념하고 있다.

동반성장은 더불어 잘사는 사회, 모두에게 공정한 기회를 주는 사회 그리고 꿈과 도전을 기대할 수 있는 공정한 사회를 모두 함께 만들어가자는 것이다.[1] 일찍이 맹자가 말한 '항산항심론'(恒産恒心論)을 깊이 되새겨볼 필요가 있다. 백성들의 의식주가 넉넉할 때 비로소 '변하지 않는 도덕심'이 저절로 함양된다는 것이다. 우리 사회가 양극화를 해소하고 성장의 가치를 공유할 수 있을 때 국민 모두가 남을 배

---

[1] 우리 사회에서 양극화는 기업부문을 넘어 매우 다양한 공간적·시간적·계층적 맥락에서 나타나고 있다. 예를 들어, 빈부 간, 지역 간, 수도권·비수도권 간, 도·농 간, 남녀 간, 세대 간, 남북한 간에도 양극화가 심화되고 있다. 심지어 글로벌 차원에서도 국가 간 양극화가 진행 중이다. 이 글이 제시하는 동반성장은 어떤 부문의 양극화 문제에도 근본 해법으로 적용할 수 있는 넓은 개념이다. 하지만 우리 사회에서는 대·중소기업간 동반성장이 가장 절실하다. 대·중소기업간 양극화가 가장 가시적일 뿐 아니라 대기업이 주로 부자 것이고 특히 서울에 많으므로 대·중소기업간 문제가 풀리면 다른 문제도 비교적 쉽게 풀릴 수 있을 것이기 때문이다.

려하고 서로 관용하고 건강한 공동체를 일구는 일에 앞장서는 훌륭한 공민으로 성숙할 수 있을 것이다.

교육혁신 - 장기적 성장전략

교육투자를 통해 육성한 인적 자원이 과거 한국경제 고도성장의 주역이었다면 어떻게 미래의 지속적 발전을 책임질 인재들을 차질 없이 확보할 수 있을까? 나는 그 답이 바로 우수한 교육이라고 본다.

체력·창의력 함양

먼저 사회의 다양한 부문에서 양극화가 고착되고 그에 따라 심신의 스트레스가 과중한 우리 사회에서 학생들의 심신을 건강하게 길러주는 것이 매우 중요하다. 학생들이 마음껏 공부하고 당당한 자신감을 갖도록 심신을 단련해야 한다. 그러기 위해서는 우선 육체적 힘을 키우는 데서 시작해야 한다는 게 나의 믿음이다.[2] 오래전 영국에서 연구할 때 추운 겨울에 이튼 칼리지를 방문한 적이 있다. 2월에 학

---

2) 이 부분은 존 로크가 저술한 『Some Thoughts Concerning Education』(1690)을 참조했다.

생들에게 반소매 상의와 반바지를 입힌 채 차가운 진흙탕에서 레슬링을 시키는 이유를 설명하던 강사의 말이 아직도 기억에 선명하다. "이게 우리가 미래 지도자들을 기르는 방식입니다. 19세기 총리들은 대부분 이튼 졸업생들이었죠. 하나같이 키 크고 강한 사나이들로, 빅토리아 여왕 재위 기간에 대영제국을 건설한 장본인들입니다. 그런데 20세기 들어서자 약해 빠진 사람들이 총리로 선출돼서 대영제국은 패권을 미국에 넘겨줘야 했습니다." 그 강사가 농담하는 것 같기는 했지만 그의 말이 어느 정도는 진심으로 느껴졌다. '건강한 육체에 건강한 정신이 깃든다'는 말도 있지 않은가.

창의력은 육체적 힘만큼 또는 그보다도 더 중요한 요소로서, 교육이 새로운 세대에 함양해야 하는 특성이다. 새롭게 그리고 다르게 생각하는 능력을 일컫는 창의력은 특히 연구개발 부문에 필요한 것으로, 연구개발은 최첨단 투자사업의 설계 및 실행에 필수적이다.

내가 서울대학교 총장 재직 중에 서울대는 학생들의 비판적이고 창의적인 사고력을 향상시키기 위하여 교수법을 지식전달에서 지식창출로 변환하는 데 모든 노력을 기울였다. 또한 학생들이 기존의 사고방식에 도전하고 이를 향상하며 새로운 생각을 만들어낼 수 있도록 학문 과정을 재설계했다. 따라서 인문학과 사회과학을 포함하는 기초과학 및 교양교육의 질을 향상했을 뿐 아니라 학생들이 인종차별, 성차별, 탈식민주의 등에 대해 공부함으로써 윤리의식을 함양하고 문화적 정체성을 확립할 수 있도록 새로운 핵심과목을 개설했다.

또한 고품질 교육을 제공하기 위해서 우리는 학생수를 대폭 감축

함으로써 학생 대 교수 비율을 낮췄다. 국가경제와 마찬가지로 지난 날 한국의 교육은 성장에 치중했다. 실제로 현재 한국에는 200개의 4년제 대학과 160개의 2년제 대학이 있으며, 대학생은 전체 인구의 4% 전후인데, 이는 세계적으로 가장 높은 비율에 속한다. 한국의 대학교육은 너무 많이 그리고 너무 빨리 성장해서 더 이상 우수한 제품을 생산할 수 없는 산업처럼 되어버렸다. 교육에 필요한 개혁 중 하나는 바로 대다수의 대학을 대상으로 숫자와 규모를 줄이는 일이다. 그렇게 될 때 비로소 우리는 한층 질 중심적이고 창의적이며 혁신적인 대학교육을 기대할 수 있을 것이다.

또한 창의적 사고에는 다양성을 적극적으로 받아들이는 분위기가 필수적이다. 다양한 학생과 교수진 그리고 양자가 한데 모이는 다양한 환경 등 이 모든 것이 필요하다. 지금 한국 대학들은 교육과 연구에서의 세계적 협조를 강조함으로써 국제화를 증진하고 있는데, 좋은 현상이다. 다양한 문화와 다양한 경험에 익숙한 사람만이 유연하게 사고하고 풍부한 상상력을 기반으로 독창적인 생각을 할 수 있는 법이다.

나는 총장으로 일하는 동안 신입생의 25~30%를 전국에서 선발함으로써 전체 학생이 모든 지역을 골고루 대표할 수 있도록 지역균형선발제도를 도입하기도 했다. 이것은 내가 처음 고안해낸 제도가 아니다. 미국 대학들은 인종·소득·지역 간 균형을 보장하기 위하여 60여 년 전부터 이와 비슷한 제도를 시행해왔다. 이러한 제도는 학생들과 교수진 모두 보다 광범위한 간접경험을 통해 자신들을 풍요롭게 하도록 보장한다. 개인들의 창의적 사고를 유발하고 궁극적으로 대학을 지식의 전달자로부터 지식의 창조자로 변화시키는 것은 색다르고 새로운 아이디어이며, 이것을 자극하는 것은 결국 폭넓은 간접 경험이다. 대학이 지식의 창조자로 기능할 때 비로소 기업들이 요구하는 수준의 인재를 공급할 수도 있을 것이다.

우수한 교육이란 또 낯선 상황, 나아가 위기에 적응하는 능력과 역경을 극복하는 능력을 갖춘 미래의 지도자들을 양성하는 것이다. 우리는 미래의 지도자들이 일찍부터 새로운 도전을 통해 자신감과 융통성을 겸비하도록 해주어야 한다. 자신감과 융통성이야말로 급변하는 세계 환경 속에서 이들이 효율적으로 성공에 도달하도록 해주는 요소이기 때문이다.

만약 학교가 우리 젊은이들에게 이러한 특성을 길러줄 만큼 양호하다면, 우리는 구체적으로 무엇을 가르쳐야 할까? 어떤 지식이 가장 중요한지 묻는다면 나는 바로 '언어'라고 답하고 싶다. 특히 모국어는 도목수가 마음먹은 것은 무엇이든 만들 수 있게 해주는 연장통과도 같다. 언어에 대한 지식이 깊고 넓을 때 우리는 비로소 명료한 사고를 할 수 있게 된다. 명료한 사고는 설득력 있는 추론을 가능케 해주며, 추론이 모여 사상체계를 형성하고, 사상체계가 모여서 마침내 하나의 문화가 이룩된다. 활력 있는 문화 없이 그 어느 사회도 일류 제도를 구비하고 번창할 수 없다. 언어에 대한 숙련도를 향상하기 위해서는 학교 졸업 이후에도 평생 동안 읽고 말하고 써야 한다.

요약하면 대학들은 지속적 경제성장에 기여할 수 있는 우수한 교육제도를 추구하면서 창의적 인재들을 양성하는 핵심적 역할을 자임해야 한다. 대학은 단지 지식의 전달이나 오락 또는 사교만을 위한 장소가 아니며, 즉시 적용 가능한 실용적 기술을 습득하기 위한 장소 또한 분명히 아니다. 대학은 미래를 만드는 통합적 사고능력을 함양하는 장소여야 한다. 학생들이 향후 어느 직업을 선택하든 스스로 배우고, 평생 동안 변화하는 이 세계에 계속해서 적응할 수 있도록 대학은 이들의 잠재력을 길러주어야 한다. 이점에서 한국의 대학들은 '모방을 통한 규모 확대'라는 기존의 모형이 아니라 '창의력을 통한 품질 향상'을 추구하는 새로운 모형으로 환골탈태해야 한다.

마지막으로 훌륭한 인재를 기르는 일은 곧 훌륭한 사람을 기르는 일이라는 것을 언제나 잊지 말아야 한다. 사람답게 사는 길을 묻는 일과 유리된 지식은 한번 써먹고 마는 소모품과 다를 바 없다. 한 개인이 아무리 잘 나도 다른 사람들과 더불어 사는 법을 배우지 못하면 필경 남에게 질시와 배척의 대상이 되고 말 것이며, 결코 어디에서도 존중받는 리더가 될 수 없다.

학제 간 유기적 협력

한편 미래사회가 요구하는 우수한 인재를 길러내기 위해서는 무엇보다 대학의 연구와 교육에서 패러다임의 전환이 필요하다. 영국의 저명한 이론물리학자 스티븐 호킹은 우리가 살아갈 21세기를 내다

보며 이렇게 진단했다. "21세기는 복잡성의 세기가 될 것이다." 현대
사회에서 발생하는 크고 작은 문제들은 결코 특정한 전문분야의 해
법만으로는 해결되지 않는 고도의 복잡성을 띤다. 단적인 예로 인구
문제만 해도 그렇다. 알다시피 한국은 세계 최하위의 저출산 국가다.
여기에는 입시지옥에 시달리는 청소년 문제, 공교육의 붕괴, 전통적
가족단위의 붕괴, 저성장과 양극화, 청년실업, 고령화 사회의 문제 등
이 복합적으로 얽혀 있다. 뿐만 아니라 무한경쟁 사회에서 당연한 가
치로 통용되는 개인주의와 이기주의를 과연 어떻게 공동체의 윤리로
승화시킬 것인지, 어떻게 사는 것이 과연 바람직한 삶이고 인간다운
삶인지 등 넓게는 이러한 근본적인 가치와 철학의 문제와도 무관하
지 않다. 이러한 문제들은 교육학·경제학·정치학·인구사회학·사회
심리학·윤리학·인문학이 머리를 맞대고 함께 고민할 때만 총체적인
해결책이 나올 수 있다. 이런 문제들에 대해 함께 대안을 모색하고 그
렇게 해서 이 사회가 그래도 살 만한 사회이고 희망과 미래가 있다는
비전을 공유해야 한다. 그래야만 자식을 낳아서 키워보고 싶은 마음
도 생길 것이다.

　단일한 변수로는 진단하기 어려운 복잡한 문제가 사회 도처에 잠
복해 있는 21세기 사회에 대처하기 위하여 이제 대학의 연구와 교육
은 다양한 학문 분야들 사이의 유기적 소통과 협력을 요구한다. 그
리고 대학의 연구와 교육은 단지 상아탑 안에서 단순 재생산되는 폐
쇄성을 허물고 우리 사회가 지향해야 할 가치를 창출하여 파급시킴
으로써 사회공동체의 기틀을 바로 세우는 데 기여해야 할 것이다. 그

럴 때 대학은 국민으로부터 존중과 사랑을 받고, 그럼으로써 현재 OECD 국가 평균의 절반 수준에 불과한 대학교육에 대한 지원도 대폭적으로 이루어질 것이다. 이러한 선순환의 구조를 확립할 때 비로소 대학의 연구와 교육도 비약적인 질적 향상을 이룰 수 있을 것이다.

분과 학문의 틀을 넘어서자는 취지에서 한 가지 더 제안을 드리고자 한다. 근래에 와서 전통적인 '문과'와 '이과'의 구분을 허물자는 논의가 조심스럽게 나오고 있다. 문과와 이과의 구별은 '정신과학'과 '자연과학'의 이원체계에 근거한 근대 학문의 체계와 더불어 탄생한 오랜 역사를 갖고 있다. 따라서 양자의 구분을 극복한다는 것은 하루아침에 이루어질 일이 아니고 오랜 준비와 신중한 접근을 요구한다. 그렇긴 하지만 미래를 내다보면서 대학의 연구와 교육에서 우선 가능한 범위 안에서 문과와 이과의 상호 접근을 모색하는 일은 매우 긴요하다. 예를 들어 사람답게 사는 길을 궁구하는 인문학은 우리가 몸담고 사는 구체적 사회현실에 대한 인식을 겸비해야 한다. 아울러 우리의 생활환경을 지배하고 경제성장의 원천을 제공하는 과학기술에 대한 기본적인 이해도 갖추어야 한다. 그럴 때 인문학이 지향하는 가치는 현실적 설득력과 폭넓은 공감을 얻을 수 있고, 많은 사람들에게 단순한 관념이 아니라 진정한 '실천지'(實踐知, Phronesis)로서 공유될 수 있을 것이다. 같은 맥락에서 사회과학과 자연과학도 다른 분야와의 접근을 적극적으로 추구해야 한다.

이러한 기틀 위에서 대학의 연구와 교육이 수월성을 추구한다면 지식기반사회가 요구하는 평생학습능력도 자연스럽게 길러질 수 있을 것이다. 복합적 요인들이 작용하는 구체적 사회현실에서 출발하여 그에 대처하는 폭넓은 안목을 기른다면, 다양한 직종에서 새롭게 제기되는 문제들에 유연하게 대처할 수 있는 기초체력이 생길 것이기 때문이다. 그러한 기초체력이야말로 어떤 환경에도 적응하고 평생 버틸 수 있다는 자신감의 원천이다. 학생들이 배우는 과정에서부터 그런 자신감을 가질 수 있을 때 비로소 배움은 마지못해 하는 고역이 아니라 자신의 미래를 설계하는 즐거움으로 다가올 것이다. 그리고 그럴 때에만 학습의 효과는 배가될 수 있다.

한국사회의 불의·부정·부패

우리 사회가 양극화의 나락으로 빠져들게 된 근저에는 단순히 경제성장 전략의 문제만 있었던 것은 아니다. 보다 근원적인 의미에서 우리 사회의 질서 자체가 서서히 붕괴했기 때문이다. 나는 그 맨 밑바닥에 불의와 부정이 도사리고 있다고 생각한다. 세월호 사태를 바라보면서 많은 국민들이 느꼈던 실망과 좌절 그리고 분노는 제대로 돌아가지 않는 정부, 상식이 먹혀들지 않는 사회 그리고 그 밑바닥에 끝없이 거미줄처럼 뻗어있는 부패의 구조, 바로 그것이었다. 돈 먹는 공무원, 돈 주는 기업인, 이권을 추구하는 정치, 기득권에 안주하는 언론계와 학계, 정의에 눈감은 사법부, 도그마에 빠진 종교계 그리고 영리 추구의 온상으로 변한 상아탑 등이 우리 사회의 솔직한 단면이다.

부정과 부패는 단발성에 그치지 않고 거대한 먹이사슬을 이루고 있다. 이 구조는 "더불어 살기"보다는 "끼리끼리 살기"를 추구하고, 힘없는 자를 위해 정의를 세우기보다는 힘 있는 자를 위해 불의를 눈감아 주고 있다. 한때 우리 사회의 공감대였던 "보다 나은 미래, 더 잘사는 사회"는 사라지고, "그들만의 잔치, 비상구가 없는 사회"로 변해 버리고 말았다. "할아버지가 부자인 사람"은 맞선 시장에서도 환영받지만, 가진 것이 개인의 능력 하나밖에 없는 사람은 그 능력을 펼칠 기회도 점점 줄어드는 사회가 되었다. 젊은이들이 꿈을 잃고 있다. 결혼도 취업도 할 수 없고, 노력해도 안되는 것이 너무나 많다는 것을 너무도 일찍 온몸으로 깨우치고 있다. 그들이 좌절하고 병들어 갈 때, 우리 사회의 미래도 병들어가고 있다.

따라서 우리 사회가 발전하기 위해서는 무엇보다도 먼저 이 부정과 부패의 구조를 깨지 않으면 안된다. 부정과 부패의 구조는 우리 사회의 도처에 널려 있다. 많은 사람들이 부정부패하면 가장 먼저 정치권을 떠올린다. 물론 그런 면도 있다. 우리 정치는 "문제를 해결하지 못하는 정치"가 된 지 오래다. 그러나 부패의 문제에 과연 정치권이 가장 선두에 있는 지는 의문이다. 나는 오히려 정치권의 부패를 거론하는 것이 다른 부문의 부패를 은폐하는 수단이 될까 염려스럽다.

예를 들어 교육계는 깨끗한가? 많은 사학재단은 무소불위의 권력을 누리며 장수하고 있다. 가장 자유스럽고 민주적이어야 할 교육현장은 가장 권위적이며 위선적이기까지 하다. 사학재단에 조금이라도 개혁의 칼끝을 넣으려고 했던 정권은 모두 격렬한 저항에 부딪혔다.

법조계는 어떤가? 몇몇 대형 로펌은 재벌 못지않은 권력과 부를 축적한 지 오래다. 이들은 블랙홀처럼 돈을 빨아들이고 있다. 그러나 이는 생산적 경제활동과는 거리가 멀다. 왜 고위 관료들이 퇴직하면 대형 로펌의 고문으로 가겠는가? 어떻게 판사와 검사들이 퇴직하면 1년도 안되는 기간 동안에 몇십억 원의 돈을 손에 넣을 수 있겠는가?

공무원들이 수많은 산하단체를 거느리면서 현직에 있을 때는 이권을 챙겨 주고 퇴직하면 그것을 향유하는 구조는 이제 너무나 만연해서 어디서부터 손을 써야 좋을지 알 수 없을 정도가 되었다. 세월호 사태는 우연히도 그 빙산의 일각을 보여 주었을 뿐이다.

얼마 전 우리나라를 방문했던 프란체스코 교황은 "화해"와 "평화"의 메시지를 전하고 갔다. 그러나 교황은 화해와 평화가 "정의의 결과"임을 분명히 하는 것도 잊지 않았다. 우리 사회가 하나의 공동체가 되기 위해서는 먼저 정의가 바로 서야 한다. 부정과 부패의 구조가 일소되어야 한다. 그래야 국민들이 진정으로 화해할 수 있고 사회의 발전을 위해 힘을 합칠 수 있다.

그러나 썩은 기둥을 뽑아내는 것만으로 새 집을 지을 수는 없다. 서재필 선생은 1세기 전에 다음과 같은 말씀을 하셨다. "목수가 헌집을 고치려면 썩은 기둥과 서까래를 갈아내야 할 터인데, 그 기둥과 서까래를 빼내기 전에 새 기둥과 새 서까래를 준비하였다가 묵은 재목을 빼내면서 새 재목을 대신 집어넣어야 집이 무너지지 않고 네 기둥이 튼튼히 선다. 그런 연후에 도배와 장판과 유리창도 하고 좋은 물건도 방과 마루에 놓아야 일이 성실히 되고, 다 된 후에 사람이 살게 되는 것이다. 만약 목수가 새 기둥도 준비하지 아니하고 기둥이 썩었다고 그저 그 기둥만 빼버린다면 보기 싫은 기둥이 없어졌으니 상쾌하기는 하겠지만 새 기둥이 옛것 대신 들어서지 못한즉 집이 무너지기 쉬운 것이다." 이 말에는 제대로 된 준비도 없이 성급하게 갑신정변에 참여했다가 좌절하고 핍박 끝에 미국으로 망명했던 서재필 선생의 뼈저린 자기성찰이 담겨 있다. 요컨대 국가개조와 국력신장 등은 하루아침에 이루어지는 것이 아니라 멀리 내다보면서 오랜 준비가 필요하다는 것이다. 기초를 튼튼히 하여 세월호 참사와 같은 일이 다시는 일어나지 않아야 한다. 앞서 말한 바와 같이 체력·창의력을 함양하고 학제 간 유기적 협력을 지향하는 교육이 "새로운 기둥"을 만들고 집을 튼튼하게 지을 수 있을 것으로 기대한다.

한국 정치체제의 개혁

한국의 교육제도가 훌륭한 인재를 양성해낼 수 있을 만큼 성공적으로 변하더라도, 이것이 실질적 경제성장으로 이어지기 위해서는 핵심적 역할을 수행해야 하는 분야가 있다. 바로 우리 정치다.

한국의 정치체제는 국민의 공통적인 소망과 바람을 실현해줄 수 있는 전반적인 제도개혁을 온전히 이루지 못했으며, 이에 많은 국민들은 좌절감을 느껴왔다. 물론 한국의 정치는 유력한 개인 또는 집단이 그들의 의지를 국민의 동의 없이 일방적으로 강요하는 것은 생각할 수도 없는 일이 되었다. 그런 의미에서 한국은 비교적 강력한 민주주의 체제를 구축했다. 2차 세계대전 이후의 신생국 중에서 경제발전과 정치민주화를 동시에 달성한 나라는 한국밖에 없다고 하지 않는가. 이처럼 한국 정치가 큰 성과를 이룬 것은 분명하다. 하지만 민주주의가 운용되는 절차가 사회의 다양한 세력 간 견해차를 해소할 수 있는 단계로까지 발전하지는 못했다는 점에서 그렇게 효율적이라고 말하기는 어렵다. 그 가운데서도 가장 중요한 사실은 정당들이 우리 사회의 다양한 목소리와 갈등을 조정하여 실제 정책결정에 반영될 수 있도록 합의를 도출해내는 역할을 충분히 수행해오지 못했다는 점이다.

나는 정치부문에서의 변화를 위해 조순 선생이 제안한 아이디어, 즉 내각책임제 – 다당제를 받아들이자는 아이디어에 공감하며 그것을 여기서 소개하고자 한다.[3]

" … 정치가 제몫을 하려면, 정당이 제 구실을 해야 한다. 한국의 두 정당은 이념을 같이하는 정치단체라기보다는, 네편 내편의 편가르기에서 형성된 두 개의 정치그룹이라고 볼 수 있다. 두 정당은 각각 보수와 진보를 표방하면서, 선거에 승리하기 위해 혼신의 힘을 기울이지만, 현실정치에서 두 당의 정견(政見) 차이는 크지 않다. 그러면

---

3) 조순, "한국사회 어떻게 살릴 것인가", 제12회 동반성장포럼, 동반성장연구소, 2014.7.10

서도 국민과의 관계는 멀다 … 정당과 국회의 낮은 생산성에 대해 여론은 늘 비판적이며, 정치인과 국회의원은 국민의 빈축을 사기 일쑤다. 그러다 보니 뜻있는 좋은 사람이 정치에 투신하는 경우가 적고, 간혹 괜찮은 사람이 정계에 투신한다고 해도, 그 자신의 장점과 정체성을 살리기는 어렵다 … 그런데도 고정관념에 얽매인 우리 정치인과 국민은 이 체질을 혁파할 시도는 아예 생각도 하지 않고 있다 … 우리나라 정치의 생산성을 높이자면 대통령제를 폐지하고 내각제를, 양당제 대신 다당제를 채택해야 한다. 고정관념의 포로가 되어있는 사람들은 양당제를 가지고도 정치의 혼란을 막을 수 없는데, 다당제를 한다면 나라는 정치 혼란의 도가니에서 헤어나지 못할 것이라 주장할 것이다 … 제왕적 대통령제와 양당제는 정치의 불모(不毛)를 가지고 왔고, 끝내는 나라의 모습을 세월호처럼 만들지 않았는가. 내각제, 다당제는 … 정당이 국민과 가까워지게 만들 것이다. 편가르기와 무관한 새로운 사람이 정치에 참여할 기회를 얻으면서 정치의 활성화를 가지고 올 것이다. 이 제도에서는 보수·진보의 양당만 있는 것이 아니라, 국가가 추구해야 할 특정 분야, 이를테면 환경보호, 복지증진, 중소기업, 교육, 보건 등의 발전을 표방하는 정당이 나올 것이다. 이런 정당들은 각각 일정비율(이를테면 5%)의 유권자 지지를 얻어야 정당의 지위를 인정받는다. 어떤 당이든 유권자의 5%를 얻기는 쉬운 일이 아니기 때문에, 많은 당이 난립하는 일은 없을 것이다.

다당제에서 제1당이 돼도 단독으로 안정적인 내각을 구성하기는 힘들 것이므로 제1당은 2, 3개의 작은 당과 연립해서 조각(組閣)할 경우가 많을 것이다. 그러기 위해서 정당들은 민주주의적인 협상은 해야 하겠지만 지금처럼 두 당이 죽기 살기로 서로 물고 늘어질 일은 없을 것이다. 각 당은 상당한 전문지식을 살리면서 정권에 참여할 것이므로 자신과 긍지를 가지고 정계의 자체정화(自體淨化)를 만들어낼 것이다.

사실 제왕적 대통령제와 양당제는 18세기 미국에는 알맞은 제도였다. 오늘에 와서 그 제도는 미국에서 보는 것처럼, 대통령과 야당 간의 양보 없는 대립, 타협 없는 마찰을 불러와서 민주주의의 위기상황을 만들어내고, 같은 당 안에서도 분열을 조장하고 있다."

여기에 덧붙여 말하자면, 서경(書經)에 이르듯이 "오로지 백성이 나라의 근본이니[民惟邦本], 근본이 튼튼해야 나라가 평안하다"는 민본(民本)정신으로 거듭날 때에만 정치가 국민의 신뢰를 회복하고 나라가 제대로 돌아갈 것이다.

(2014.11.06)

지금 평화를 생각한다

최상용

1. 정의는 중용이다

중용은 고대 그리스 사상 가운데 폴리스철학과 고대 중국사상 가운데 공맹(孔孟)학에 관통하는 정치사상이다. 중용(the mean)은 극단을 배제한 중간영역에서 상황과 조건을 고려한 최적의 균형점을 찾는 것이다. 플라톤은 "정의는 중용이다"라고 했고, 아리스토텔레스는 "법이 중용이다"라고 했다. 즉, 고대 그리스의 폴리스철학에서 정의와 중용과 법은 그 의미내용이 동심원(concentricity)의 공통점을 가지고 있다.

고대 중국의 공맹학에서도 중용의 의미는 고대 그리스의 그것과 유사하며, 서양의 정의(justice)에 해당하는 인(仁)이나 의(義)도 그 핵심은 중용의 판단과 그에 따른 선택 행위이다. 공자의 정자정야(政者正也)의 경우도 正은 동사로서는 "바르게 하다"는 뜻이고, 명사로서는

"바른 것", 즉 정의라고 말할 수 있다,

다산 정약용은 중용과 정의를 공유하는 시중지의(時中之義)란 말을 즐겨 사용했다. 마이클 샌들(Michael J. Sandel)이 "정의는 판단"이라고 했듯이 중용도 결국 인간의 판단인 것이다. 그런데 실제로 판단 주체인 인간은 신(神)이 아니기 때문에 오류를 범할 수 있으며 불완전한 판단을 할 수밖에 없는데, 중용은 말하자면 그 불완전성을 최소화하는 사려 깊은 판단(considered judgement)이라고 말할 수 있다.

20세기 최고의 정의론의 저자 존 롤즈(John Rawls)에 의하면 민주주의 사회에서는 다양한 인간의 서로 다른 판단이 존재하며 우리는 그 판단의 멍에(burdens of judgement)를 안고 살아가기 때문에 어떤 사태에 대한 최적의 판단은 다양한 의견이 겹치는 합의(overlapping consensus)일 수밖에 없으며 중용, 즉 최적의 판단은 원칙과 상황의 피드백을 통한 선택, 즉 성찰적 균형(reflective equilibrium)일 수밖에 없다는 것이다.

샌들은 "정의는 무엇인가"라는 질문에 대해서 자신의 대답(自答)을 내놓지 않고 주로 아리스토텔레스가 중용의 다양한 표현으로 사용한 미덕·실천지(practical wisdom)·사려(prudence) 등으로 대답하고 있다. 이 경우 실천적 지혜와 사려는 정치적 인식과 판단의 방법으로서 시중(時中)이나 권형(權衡)의 의미와 유사하다.

고대 중국과 고대 그리스에서 중용의 지난(至難)함은 '정곡을 찌르는 행위', 즉 활 쏘는 사람이 과녁을 겨냥하는 것으로 비유되기도 하고, 플라톤은 직조술(art of weaving), 고대 중국에서 중용은 경륜(經綸)이라고 하여 동서양이 같이 씨줄과 날줄의 적절한 배합을 중용이라고 했던 것이다. 정치현장에서 중용은 상호인정을 통한 통합의 예술(art to integration)이며, 현실적으로는 건설적인 타협·창조적인 절충 그리고 역동적인 균형의 과정을 수반하게 된다.

중용의 관점에서 보면 대한민국의 불모(不毛)한 이념대립은 얼마든지 극복이 가능하다. 원래 보수와 진보는 보편적인 개념으로써 세계 어디서나 존재하며 인류 정치사의 현실은 보수와 진보의 영원한 상호작용이라고 말할 수 있다. 그래서 나는 우리 사회의 보수와 진보의 상생을 위하여 오래전부터 다음과 같은 관용능력이 필요하다고 주장해왔다. 즉, 대한민국 국민은 1987년에 개정 공포된 헌법을 가지고 있고 그 헌법정신은 우리 사회의 보수와 진보를 받아들이는 잣대와 그릇이 될 수 있다는 것이다. 이를테면 헌법 4조의 자유민주적 질서를 받아들이는 진보와 헌법 119조의 소득의 적정한 분배와 경제민주화를 받아들이는 보수라면 대한민국 국민의 건전한 관점인 동시에 정치적으로도 존재 이유가 있다는 말이다. 북한과 미국에 대한 태도에 의해 왜곡된 저속한 표현들, 이를테면 빨갱이·꼴통·종북좌파·친미보수 등의 이분법은 건설적인 이념담론을 위해서도 백해무익하다. 반인도적인 북한체제를 비판하면서 친미적인 진보도 있을 수 있고, 북한체제와의 불가피한 평화공존을 받아들이고 통일을 준비하는 과정에서 한미관계 못지않게 한중관계를 전략적으로 판단하는 보수도 얼마든지 있을 수 있다.

지금 여야(與野) 정치세력이 다투어 복지정책을 내놓고 있는 것도 우리 헌법 34조 2항의 복지권에 대한 자기주장으로 볼 수 있다. 그리고 연평도사건 당시 즉각적이고 과감한 반격을 했어야 한다고 생각한 국민이 대다수였다는 점을 생각하면 우리 사회에 건재하고 있는 합의점을 발굴하는 중용적 구상력이 그 어느 때보다 절실히 필요하다.

정의는 우리 사회가 당면한 최우선 순위의 문제들에 대한 구체적인 대답이여야 하며, 그 대답은 시중(時中)의 선택, 즉 우리 사회의 상황과 조건에 걸맞은 최적의 판단에 기초한 것이 될 수밖에 없다.

2. 민주평화사상에 관한 성찰[1]

민주평화론은 현대평화연구의 주요한 이론 가운데 하나이다. 민주국가 간의 전쟁은 없다는 것을 경험적으로 규명함으로써 민주주의 체제와 평화의 상호보완적 관계를 설명하는 민주평화론은 그 사상적 뿌리를 고대 그리스에서 찾을 수 있다. 현대의 민주평화론자들은 칸트의 공화주의적 평화론을 그 철학적 거점으로 보고 있으나 민주주의의 사상적 원천이라고 볼 수 있는 그리스의 혼합정체론에서도 평화와 정치체제의 관계에 관한 사상사적 단초가 보인다.

여기서는 ① 고대 그리스의 혼합정체, 특히 아리스토텔레스의 폴

---

1) 이 논문은 1997년 세계정치학대회(IPSA)에서 발표한 기조논문을 수정·보완한 것임.

리티(Polity) ② 칸트의 공화제 평화(republican peace) ③ 현대의 민주평화이론(democratic peace theories) 등을 중심으로 정치체제와 평화의 상호관계에 관한 사상사적 논의를 전개함으로써 민주평화사상에 관한 역사적 성찰을 시도하고자 한다.

1) 고대의 혼합정체와 평화

고대 그리스시대 이래 권력의 견제와 균형을 바탕으로 하는 혼합체제가 절대 권력을 독점한 단일체제보다 정치적 안정과 정치체제로서의 내구성이 강하다는 발상이 있어 왔다. 이 경우 정치적 안정과 정치체제의 내구성은 외침으로부터 체제를 방어하고 사회 구성원의 평화로운 삶을 보장하는 중요한 조건이라고 말할 수 있다. 다만 고대인은 전쟁을 방지하고 평화를 지킨다는 문제의식이 투철하지 않았기 때문에 혼합체제가 평화의 유지에 도움이 된다는 직접적인 언급은 별로 없다. 그러나 근대 이래의 공화정이나 민주정체가 고대의 혼합정체의 전통을 이어받고 있다는 점과[2] 그 공화제와 민주정이 평화의 실현에 필요한 조건으로 이해되고 있는 점을 감안하면 고대의 혼합정체를 평화의 관점에서 파악하는 것은 흥미로운 연구과제가 아닐 수 없다.

---

2) Kur von Fritz, *The Theory of the Mixed Constitution in Antiquity*, New York 1954, Columbia University Press, pp. 306~352 참조.

플라톤은 도시국가들 간의 전쟁을 해결하는 방법에 대해서 별로 언급하지 않았으나 도시국가 내의 분쟁, 즉 내전을 해결하기 위해서 많은 고민을 했다.[3]

그는 도시국가 내의 타락과 무질서를 가져오는 부패 문제에 깊은 관심을 가졌으며 이 부패를 극복하고 정의롭고 조화로운 정치 질서를 수립하는 것을 그의 정치철학의 목적으로 삼았다. 플라톤은 식민도시 마그네시아에 어떤 정치체제를 수립할 것인가를 토의하면서 왕정의 지혜의 원리와 민주정의 자유의 원리를 결합한 혼합체제가 실현 가능한 최선의 정치체제라고 보았다. 또한 그는 국가가 안정을 누리기 위해서는 절제가 있어야 하는데 단일 정체는 절제의 원리를 망각하기 쉽기 때문에 정치적 안정을 위해서는 가장 전제적인 정체와 가장 자유로운 정체의 중용을 취해야 한다고 보고 그 중용의 체제를 일컬어 혼합정체라고 했다.[4]

플라톤은 모든 사람은 양극단이 아니라 중간적 평형을 꾀하는 타협의 길을 택하는 것이 정당할 뿐만 아니라 이득이 된다고 함으로써 중용의 효용을 주장했다.[5] 그리고 그는 중용을 지키는 인간은 재앙을 피하고 평화와 번영을 얻을 수 있다고 보았다.[6]

플라톤의 저작에서 단편적으로 논의되었던 혼합체제와 중용은 아

3) Plato, *Laws*, in *The Dialogues of Plato*, translated by B. Jowett, M. A., 1968, 626d.
4) Plato, *Laws*, 691c-d, 792d-e.
5) Ibid., 690e.
6) Plato, *Letter VIII*, 354a-e.

리스토텔레스에 의해 계승·발전되었다. 아리스토텔레스는 인간의 나쁜 본성은 결코 채울 수 없는 컵과 같아서 인간은 무한한 욕망의 충족을 위해 산다고 보고 전쟁도 인간의 끝없는 욕망의 결과로 보았다.[7] 그에 의하면 과두정과 민주정의 지배자들이 각기 자신들의 정부형태가 배타적으로 옳다고 고집하면 정치질서가 점점 타락하게 된다.[8]

여기에 아리스토텔레스는 인간의 무한한 욕망을 완화시키고 특히 지배자의 사적 이익을 통제할 수 있는 정체가 무엇인지를 추구했던 것이다. 이러한 물음에 대한 아리스토텔레스의 해답은 혼합정체로서의 폴리티이다. 폴리티는 원래 국가의 전체 구조를 의미하며 삶의 양식이나 사회윤리의 전 체계를 의미하는 것이나 여기서는 아리스토텔레스 특유의 혼합체제의 양식으로 파악한다. 아리스토텔레스에게 있어서 폴리티는 여러 가지 유형의 혼합정체 중에서 과두정과 민주정의 결합으로 성립한 정체[9]를 의미하기도 하고 중산계급이 지배하는 체제[10]를 뜻하기도 했다. 그리고 과두정과 민주정 간의 혼합에서도 과두정의 성격을 많이 갖고 있는 정체는 귀족정이고 민주정의 요소가 많은 체제를 폴리티라고 했다.[11]

---

7) Aristotle, *Politics*, 1267b.
8) Ibid., 1309b.
9) Ibid., 1280a.
10) Ibid., 1295b-1296b.
11) Ibid., 1293b, 1307a.

아리스토텔레스의 중용과 중산계급에 대한 논의는 그의 평화 사상의 핵심을 이룬다. 아리스토텔레스의 중용은 과대와 과소의 양극단에 치우치지 않은 중간의 조화이다.

아리스토텔레스에 의하면 중간 상태에 있는 사람은 이성에 잘 따르며 다른 계급에 비해 야망이 상대적으로 적기 때문에[12] 폭력을 행사할 확률이 적고 중산계급이 주도권을 갖고 있는 국가에서는 극단적인 민주주의와 폭군정치가 나올 확률도 적다. 그리고 중산계급에 토대를 둔 폴리티에서는 분쟁과 갈등이 생길 가능성이 적고 외부 침략에 대한 내구성이나 내부 체제의 수명도 길며 따라서 정치적 안정도가 높다. 아리스토텔레스는 국토, 인구, 재산 등의 자원을 중용의 상태에서 관리함으로써 외부로부터의 침략의 유혹을 막고 전쟁에 버틸 힘을 키울 수 있다고 보았다. 그는 플라톤과 마찬가지로 전쟁을 국가의 정치적 생활로서의 소여(所與)로 받아들였다. 개인의 정치 생활은 국가의 법 아래에서의 평화적 생활이나 국가의 정치적 생활에는 실제로 전쟁이 적지 않음을 인정했다. 그는 평화의 가치와 전쟁의 사실을 동시에 인정하면서도 전쟁을 위한 전쟁이 아니라 '평화를 위한 전쟁'[13]을 주장함으로써 평화의 메시지를 분명히 전했다.

아리스토텔레스의 정치사상에 일관되고 있는 가치인 중용은 개인의 평화로운 삶을 보장하는 규범인 동시에 국가 수준의 정치체제

---

12) Ibid., 1295b.
13) Ibid., 1333a-1334a.

의 구상에서는 혼합체제인 폴리티의 형태로 나타났다. 이 경우 중용과 혼합은 유사하나 동일한 것은 아니다. "모든 중간이 혼합이라고 말할 수 없고 모든 혼합이 중용이라고 말할 수 없기 때문이다."[14] 그러나 아리스토텔레스는 중간체제(middle regime)와 혼합체제를 명확하게 구별하지 않고 폴리티를 실현가능한 최선의 정체로 분류했던 것이다. 이 폴리티는 양극단의 단일체제를 지양하고 공익을 위한 다수의 지배라는 관점에서 고대의 정치체제 가운데 오늘날의 민주주의체제와 가장 가까운 정체이다.

플라톤의 『법률론』에서 아리스토텔레스의 『정치학』으로 이어지는 혼합정체론은 평화를 정치체제와의 관련에서 파악하는 단서를 제공함으로써 근대의 공화제적 평화론과 현대의 민주평화론으로 계승되었다.

2) 칸트의 공화제와 평화

정치체제와 평화의 상호 관련성이란 관점에서 보면 칸트가 평화의 조건으로 제시한 공화제는 고대 사상가들이 정치적 안정을 위한 최선의 체제로 본 혼합체제의 연장선 위에 있다고 볼 수 있다. 다만 고대의 정치체제 논의에는 평화 자체에 대한 문제의식보다는 체제의

---

14) C. Johnson, "Aristotle's Polity: Mixed or Middle Constitution?", *History of Political Thought*, Vol. IX, No. 2, Summer, 1988, p.198.

안정, 수명 그리고 내구성에 더 관심이 있었다.

칸트는 영구 평화를 위한 제1확정조항에서 "모든 국가에 있어서 시민적 체제는 공화적이어야 한다"고 했다. 칸트가 사용한 '시민적'이란 말은 이른바 귀족이나 노동계급과 대립하는 계급으로서의 부르주아적이란 의미만이 아니라 오히려 자유로운 정치 공동체의 구성원을 총칭하는 말이다. 그는 공화적 체제의 조건으로 자유, 순종, 평등을 들었다. 여기서 말하는 자유는 인간으로서의 인격적 자유이며 순종은 신민(臣民)으로서 법에의 복종이다. 그리고 평등은 국민으로서의 법 앞의 평등이며 대의제도 하에서 집행권과 입법권을 분리하는 국가에서만이 가능하다. 그는 "대의적이지 않은 통치방식은 본래 왜곡된 것"[15]이라고 말했다. 공화체제는 지배자 1인의 인격적 정당성이나 현명함으로 인한 선정(善政)이 아무리 훌륭하다고 해도 그의 죽음과 함께 끝나는 그런 통치방식과는 다르다. 이 대의제가 없는 통치방식은 전제적, 폭력적이 되기 쉽다. 고대의 이른바 공화제는 이 사실을 몰랐다는 것이다.[16]

즉, 공화제에 의해서만이 비로소 신뢰할 수 있는 법의 지배가 가능하며 또한 국민의지에 따라 법의 평화적 변경도 가능한 것이다. 칸트는 공화제의 통치방식을 취한 나라 사이에서만이 영구평화의 전망이

---

15) Immanuel Kant, *Zum Ewigen Frieden - Ein philosophischer Entwurf Reclam -*, Verlag Stuttgart (이하 Friede로 약칭), p.28.
16) Kant, *Friede*, pp. 29~30.

열릴 것으로 보았다. 왜냐하면 공화적 체제 하에서는 전쟁에 대한 인민의 협조를 얻기 어렵기 때문이다. 즉, 이 체제 하에서는 전쟁을 결정하기 위해서 인민의 협력을 얻어야 하며 이 경우 인민이 전쟁의 모든 재앙을 자신이 떠맡아야 할 각오를 하지 않으면 안 되기 때문이다.[17]

이에 반해 공화제가 아닌 체제 하에서는 국가원수는 전쟁을 일종의 유희처럼 보며 전쟁으로 인해 그의 식탁, 수렵, 궁중의 축하연에서 조금도 잃을 것이 없다.[18] 요컨대 국민이 협조하지 않을 전쟁의 어려움을 전제한다면 국민의 자발적 의사가 잘 반영되는 국내체제일수록 전쟁의 가능성이 줄어진다는 얘기가 된다.

그러나 칸트는 공화주의적 체제 안의 국민 자신이 군주 이상으로 전쟁에 대한 정열적인 의지를 보였던 역사적 사실을 간과했다. 그가 프랑스 혁명에 의한 공화체제의 출현을 긍정적으로 보았음에도 불구하고 바로 프랑스 혁명에서 나타난 국민군의 민족주의적 열정, 그 왜곡된 형태로서의 나폴레옹의 팽창 정책에 나타난 전쟁의 위험을 어떻게 생각하고 있었는지 해명되지 않고 있다. 더욱이 현대의 대중 민주주의 하에서 합리적 외교정책을 수행하기 위한 필요조건을 결여하고 있는 점을 생각하면 칸트가 공화주의적 체제에서 기대한 것을 그대로 오늘날의 민주주의체제 하에서 기대하는 데는 무리가 있을지 모른다. 그럼에도 불구하고 평화의 조건으로서 칸트가 제시한 공화체

---

17) Kant, *Friede*, p. 27.
18) Kant, *Friede*, p. 28.

제와 오늘날의 민주체제 사이에는 강한 연속성이 발견된다. 왜냐하면 민주주의가 사회적으로 확대됨에 따라 열린 정부를 통하여 정책 결정에 실질적인 의미에서 국민이 참여하는 체제 하에서는 전쟁의 전면적 피해자인 국민의 평화의지는 의심의 여지가 없기 때문이다.[19]

칸트는 호전적인 지배자보다 인민이 평화지향적이란 점, 그 지배자의 공격 성향을 저지할 수 있는 시민의 권리를 허용하는 공화체제가 더 평화적이란 점에 대한 일관된 신념을 갖고 있었다. 그러나 칸트는 절대 평화주의자가 아니며 영구 평화를 위한 현실적인 해결책이 있다고 보지도 않았다. 다만 그에 의하면 인간이 할 수 있는 일은 영구 평화의 목표를 향한 점진적인 접근 노력이며 이 노력을 밑받침하는 것은 궁극적으로 인간의 도덕적 진보이다. 여기서 주목해야 할 것은 칸트가 인간 이성에 대한 신뢰와 함께 자연의 힘에 대한 신뢰를 잊지 않았다는 점이다. 그에 의하면 "인간의 자연적 소질은 언젠가는 각각의 목적에 합치하여 남김없이 발전할 수 있도록 정해져 있다."[20]

따라서 인간의 욕망은 전쟁으로 사회를 파괴할 수도 있고 평화로운 사회를 건설할 수도 있다는 것이다.[21] 또한 칸트는 자연이 인간으로 하여금 시민적 체제를 만들게 하고 점차 영구 평화의 목적에 접

---

19) 현대 평화의 조건으로서의 민주주의 문제에 대해서는 짤스부르크 국제회의에서의 모겐소와 에리히 프롬의 토론 참조. (Diskussionsschwerpunkte, *Der Friede im Nuklearen Zeitalter - Eine Kontroverse zwischen Realisten und Utopisten*).

20) Kant, "Idee zu einer allgemeiner Geschichte" in *Weltbürgerlicher Absicht*, Werker, Bd.IV. p.152.

21) Janine Chanteur, *From War to Peace*, translated by Shirley Ann Weisz, Westview Press, 1992, p. 144.

근하도록 한다고 보고, 영구 평화를 가능하게 하는 인간의 도덕적
진보는 좋은 정치체제, 즉 공화제의 틀 안에서 가능하다고 보았다.

3) 현대의 민주평화론

칸트에 의해 본격적으로 제기된 근대의 평화사상, 즉 평화의 조건
으로서의 공화제의 주장은 현대에 와서 민주적 평화사상으로 뿌리
를 내리고 있다. 한 나라가 민주적일수록 그 나라는 평화지향적이며
더욱이 민주국가 상호 간에는 전쟁이 없다는 명제는 1960년대 이래
민주적 평화론자들의 지속적인 연구관심사이다. 여기서 말하는 민주
주의는 칸트가 말하는 통치방식으로서의 공화제의 연장선 위에 있
으며, 이를테면 자유롭고 공명한 선거에 의한 지도자의 선출, 인권의
보장, 권력분립 등을 내용으로 하는 정치구조와 제도[22]를 가리킨다.
이들 민주적 평화론자들의 경험적 연구에 의하면 국가는 민주적일수
록 그들의 대외관계는 평화적이다. 그리고 민주국가의 경우도 폭력
을 사용하고 전쟁을 수행하지만 적어도 민주국가 간에는 전쟁을 치
루는 경우가 거의 없다.

이를테면 뱁스트(D. Babst)는 1789년에서 1941년까지 116개의
전쟁에 대한 경험적 연구를 통하여 민주국가 간에는 전쟁이 없었음

---

22) B. Russett, *Grasping the Democratic Peace* (Princeton University Press, 1993), p. 14.

을 증명하고 있다.[23] 러멜(R.J. Rummel)은 민주국가(Libertarian state) 간에는 전쟁이 거의 없었다고 주장한다.[24] 그리고 위드(E. Weed)는 억지(deterrence)나 초강대국에 종속하는 것이 국제체제의 평화의 조건이라고 본 종래의 견해를 재검토하고 민주국가 간에는 싸우지 않는다는 널리 알려진 합의에 동참하고 있다.[25] 그렇다면 이들이 민주국가끼리는 싸우지 않는다고 본 이유는 무엇인가. 이에 대한 대답은 지극히 간단하다. 즉, 민주국가의 지도자들은 전쟁을 함으로써 생기는 인센티브가 거의 없기 때문이다. 왜냐하면 국민은 어떤 민주국가가 다른 민주국가를 공격하는 행위는 다른 수단에 의한 외교정책의 연장으로 보지 않고 오히려 외교정책의 실패로 간주하기 때문이다.[26] 민주국가의 정치지도자들은 전쟁으로 생명과 재산을 잃는 것을 꺼리는 국민들의 여론을 염두에 두지 않을 수 없다. 그리고 러셋은 민주국가 간에 전쟁이 없는 이유를 보다 분석적으로 설명하기 위하여 민주국가가 가지는 규범/문화와 구조/제도의 특성을 제기하고 있다.

무엇보다도 민주국가의 지배적인 규범은 평화적인 경쟁, 설득 그리고 타협이다. 비(非)민주국가에서는 정책결정자가 국내정치의 갈등

---

23) Dean Babst, "Elective Government — A Force for Peace", The Wisconsin Sociologist, 3. 1, 1964, pp.9~11; "A Force for Peace", Industrial Research (April), pp. 55~58.

24) R.J. Rummel, "Libertarianism and International Violence", Journal of Conflict Resolution, 27. 2, 1983, pp. 231~254.

25) E. Weed, "Extended Deterrence by Superpower Alliance", Journal of Conflict Resolution, 27. 2, 1983, pp. 231~254.

26) Alex Mintz, Nehmia Geva, "Why Don't Democracies Fight Each Other?", Journal of Conflict Resolution, 37. 3, 1993.

이나 다른 나라와의 갈등을 해결하기 위하여 폭력이나 폭력의 위협을 이용하지만 민주국가의 정책결정자들은 대체로 다음과 같은 규범에 익숙해 있기 때문에 폭력적 갈등을 피하려고 한다.

1) 민주국가에서는 정책결정자가 타협과 비폭력으로 갈등을 해결하기를 기대한다.
2) 민주국가는 다른 민주국가와의 관계에서 평화적으로 갈등을 해결하는 규범을 따른다.
3) 한 나라의 민주주의가 안정될수록 민주적 규범이 다른 민주국가와의 관계를 규제한다.[27]

또한 민주국가 간에 전쟁을 하지 않는다는 명제를 설명함에 있어서 민주국가의 규범적 요인과 함께 그 민주국가의 구조적 요인도 중시하지 않을 수 없다. 민주국가의 정책결정 과정에서는 견제와 균형, 권력분립, 국민의 지지를 얻기 위한 공론의 필요 등의 요인 때문에 대규모의 폭력을 사용하는 결정이 늦어질 뿐만 아니라 실제로 그러한 결정이 내려질 가능성이 줄어든다.

물론 규범적 요인과 구조적 요인은 이론적으로나 현실적으로 완전히 분리할 수 없다. 지금까지 이 두 요인은 상호보완하면서 민주적

---

27) B. Russeet, op. cit., p. 35.

평화를 재생산해왔다. 그러나 민주국가의 평화지향적 요인에도 불구하고 폭력을 사용하는 예는 얼마든지 있다. 그 전형적인 예가 바로 미국이다. 미국은 선거기간 중, 특히 의회 선거보다 대통령 선거에 앞서 군사력을 사용하는 경우가 있었다.[28] 선거에 직면한 정치지도자들은 그들의 권력의 약점과 불안을 외국이나 적국에 보이지 않기 위해 군사력에 호소하여 분쟁을 확대하는 경향이 있다.[29] 그리고 일반적으로 정치지도자들의 인기는 국가의 경제 상태와 관련이 있기 때문에 미국의 대통령은 높은 실업률, 인플레이션 등으로 경제가 악화될 경우 폭력을 사용하려 했었다.[30] 특히 군수산업분야는 국제긴장이 고조될수록 이득을 보는 경우가 많고 실제로 군사력의 사용은 이들 군수산업체에 직접적으로 활기를 불어 넣을 수 있다.

그런데 이처럼 민주국가가 군사력을 사용하는 경우도 그 목표는 비(非)민주국가인 경우가 많다. 왜냐하면 민주국가의 지도자들은 같은 민주국가를 공격함으로써 외교정책의 실패로 비난 받기를 꺼려하기 때문이다. 이처럼 미국이 여러 가지 형태로 전쟁에 개입해 온 것이 사실이며 그 가운데도 주목해야 할 것은 민주적 절차에 의해 성립한 외국정부에 대해 미국이 은밀한 행동으로 개입한 경우를 어떻게 파악할 것인가 하는 문제이다.

---

28) K.T. Gaubatz, "Election Cycles and War", Journal of Conflict Resolution, 35. 2, 1991, pp. 12~44.
29) Ibid.
30) Ibid.

제2차 세계대전 후 미국이 제3세계의 여러 나라에 대해 은밀한 개입을 한 사례로는 이란(1953), 과테말라(1954), 인도네시아(1957), 브라질(1961), 칠레(1973), 니카라과(1981) 등이 있다. 이들 나라들은 국내정치에서 일정한 민주적 절차를 통하여 성립한 정부인데 냉전기의 미국은 이들 나라들이 소련과 야합하는 것을 두려워해서 이들 정부의 파괴, 전복을 위한 은밀한 공작을 수행했었다. 이를테면 1955년 비교적 공명하고 자유로운 선거로 선출되어 교도민주주의를 표방하고 나섰던 수카르노 정부를 배제하기 위해 1957년 미국은 은밀한 개입을 했다. 특히 칠레의 아옌데 정부에 대한 미국의 개입은 많은 문제점을 남겼다. 칠레는 민주주의의 오랜 전통을 갖고 있고 공명하고 자유로운 선거에서 36.2%의 지지로 선출된 아옌데 정권은 1973년 피노체트(Pinochet)의 쿠데타 전까지만 해도 민주국가로 간주되었으며 어떤 관점에서도 비(非)민주정부라고 말할 수는 없었다. 더욱 중요한 것은 이란, 과테말라, 브라질, 칠레 등에서처럼 현지 정부가 전복된 뒤에 등장한 정부가 예외 없이 그 전 정부보다 덜 민주적이며 거기다 쿠데타인 경우가 많았다는 점이다. 이렇게 봤을 때 민주국가끼리는 싸우지 않는다는 명제를 설명하는 규범적 요인과 구조적 요인은 공개적인 군사행동을 꺼리는 기능을 하지만 비밀공작을 막을 만큼 강력하다고 말할 수는 없다.

　　이상의 고찰에서 우리는 ① 체제가 민주적일수록 그 체제는 평화적이다. ② 민주주의 국가 간에는 전쟁이 거의 없다. 이 두 명제가 시대에 따라 의미가 다르고 예외가 있긴 하나 대체로 규범으로서나 경험적 사실로써의 연속성을 가지고 있음을 확인하였다. 두말할 것도 없이 정치현상을 설명하는 원리는 절대적인 진리일 수 없으며 언젠가는 상대화의 과정을 밟을 수밖에 없으나 우리는 민주평화론이 절반의 진리(half truth) 이상의 상대적 진리로서 확실한 자리매김을 하고 있음을 볼 수 있다.

특히 체제가 민주적일수록 그 체제가 평화적이라는 명제와 관련해서 주목해야할 것은 고대의 혼합체제에서 칸트의 공화체제에 이르는 공통의 특징은 그것이 극단적인 체제가 아니라는 점이다. 고대의 혼합체제는 과대와 과소의 양극의 중간체제란 점에서 중용에 뿌리를 두고 있고 칸트의 공화체제는 에라스무스가 전쟁을 일삼는다고 비판한 기독교 군주의 체제나 루소가 변혁의 대상으로 보았던 절대왕정의 전제정치체제를 배제한 것이었다. 그리고 안정된 선진민주국가 간에는 전쟁이 없다는 현대 민주평화론의 핵심도 좌·우경 전체주의나 제국적 과잉확대(imperial over-stretch)가 아닌 비(非)극단적 민주주의체제 간의 평화를 의미한다. 그렇기 때문에 민주평화론의 대표격인 러셋 교수도 다른 나라의 민주주의체제를 강요하기 위한 십자군이 적절치 않다는 경고를 잊지 않았다.[31]

그렇다면 국내정치체제에서 민주주의의 챔피언으로 자처하고 민주평화론을 외교정책의 원리로 삼고 있는 미국이 일으킨 이라크전쟁

---

31) B. Russett. op. cit., p. 136.

은 어떻게 평가해야 할 것인가. 일부 민주평화론자들의 주장대로 민주국가인 미국과 비(非)민주적인 이라크와의 전쟁일 뿐이라고 넘겨버릴 수는 없을 것이다. 왜냐하면 민주체제가 내재적으로 가지고 있는 분쟁의 평화적 해결이라는 규범이 대외적으로 나타날 경우 상대국의 정치체제가 비(非)민주적이라는 이유만으로 전쟁이 정당화될 수 없기 때문이다.

위의 분석에서 보듯이 고대의 혼합체제이든, 칸트의 공화체제든 그리고 현대의 선진민주주의체제든 간에 민주평화사상이 상정하는 민주체제는 극단주의를 배제한 것이다. 그런 점에서 제국적 민주주의나 패권적 민주주의, 더욱이 십자군적 민주주의체제는 민주평화사상의 실천에 적절한 체제가 아니라고 말할 수 있다. 민주주의의 지구화와 군사적 일방주의에 의한 민주주의의 확산은 별개의 문제이며 오히려 후자가 전자의 장애물이 될 수 있다.

미국의 일부 네오콘의 원리주의적 민주주의확산론은 민주평화론의 담당주체로서의 비(非)극단적 민주주의의 기본선을 일탈한 것이며 더욱이 민주화를 위한 군사적 일방주의, 그것도 최후수단이 아닌 최초수단으로서의 무력사용은 민주평화론의 뿌리를 흔들어 버리는 우를 범한 것이다. 최근 네오콘 내부에서 일고 있는 이른바 민주적 현실주의(democratic realism) 논의는 그들 나름의 민주평화론에 대한 자기성

찰의 표현이라고 볼 수 있다.[32)]

역사를 통하여 인간성에 내재하는 악마적 요인을 적나라하게 체험한 우리로서는 아무리 바람직하고 있음직한 규범도 일거에 무너질 수 있다는 것을 모르는 바 아니다. 그럼에도 불구하고 적실성 있는 규범은 인간의 행동에 일정한 긴장을 줌으로써 원하는 것과 원하지 않는 것, 해야 할 일과 해서는 안될 일을 가려 준다. 원래 정치의 담론은 규범적 성격으로부터 자유로울 수 없다. 민주주의가 널리 퍼지는 세계에서는 민주적 평화의 규범도 보편화되기 쉽다.

냉전체제의 붕괴 후 새로운 민주국가들의 등장으로 국제체제는 엄청난 변화를 겪고 있다. 프리덤하우스(Freedom House)의 분류[33)]에 의하면 전 세계의 193개 독립국가 가운데 90개 국은 민주주의의 기준에 가깝고, 나머지 103개 국 중 50개 국도 민주주의로의 전환기에 있다. 그리고 명백히 비민주국가인 경우도 자기나라를 비민주국이라고 하는 나라는 없다.

이처럼 2,500여 년의 정치사상사의 경험에서 보면 민주주의라는 하나의 정치원리가 지구촌의 거의 모든 국가의 체제이념이 된 것은

---

32) 대표적 네오콘 이론가인 크라우테머(C. Karuthammer)는 객관적 조건을 고려하지 않고 세계의 모든 나라에 민주주의를 확산하려는 이른바 민주주의적 보편주의(democratic globalism)는 불가능하다고 주장한다. "In Defense of Democratic Realism", National Interest, No. 77, 2004(Fall) 참조.

33) 프리덤하우스에서는 매년 political rights와 civil liberties를 기준으로 전 세계 국가들을 Free/Partly Free/Not Free로 분류하고 있다. Freedom in the World 2008에 의하면 193개 국 가운데 40개 국만을 비민주국가로 분류하고 있다(Freedomhouse. 2008. Freedom in the World, 2008 edition. online at http://www.freedomhouse.org/template. cfm?page=25&year=2008 (검색일: 2008년 9월 4일).

인류역사에서 미증유의 일이다. 만약 지금까지의 통념대로 역사가 전쟁과 정복의 역사라고 가정한다면 지구규모의 민주화가 확산되는 금후의 세계는 우리의 통념의 수정을 가져올 것이며 역사에 대한 새로운 의미부여를 요구할지 모른다. 정치적 자원의 불평등 구조로 인하여 소수의 비민주적 국가는 남겠지만 전체적으로 볼 때 21세기의 국제시스템은 민주국가를 구성원으로 하는 새로운 국제질서로 전환될 것이다. 그리고 냉전시대의 이데올로기의 전쟁이나 넓은 의미의 "문명의 충돌"보다는 민족, 종교, 문화, 역사, 전통을 배경으로 하는 분쟁이 많이 발생할 조짐을 보이고 있다.

이러한 변화는 단순히 진보라고 볼 수도 없으며 전면적 전쟁의 가능성에서 절대평화에로의 이행이라고 말할 수도 없다. 다만 분명한 것은 민주주의의 보편화에 상응하여 세계적 수준에서도 민주국가 상호 간의 군사적 대립과 전쟁의 가능성은 상대적으로 줄어질 것이라는 점이다. 가류적(可謬的) 인간의 본성에 변화가 없는 한 전쟁은 과거에도 있었고 현재에도 있고 미래에도 없어지지 않을 것이다. 그러나 이러한 전쟁의 사실에도 불구하고 평화가치에 대한 자각도 과거보다 현재, 현재보다 미래에, 즉 시간의 진행과 함께 더욱더 심화될 것이다. 전쟁의 극소화와 평화의 극대화는 인류의 변함없는 도덕적 확신이며 민주적 평화는 그러한 보편적 규범을 실천하는 중요한 정치과제일 것이다.

3. 중용민주주의(Meanocracy)를 위하여

중용은 개인의 수기(修己)차원에서는 인간의 내면적 평화의 기본이요, 인간관계를 바탕으로 하는 치인(治人)의 차원에서는 가정의 평화(家和萬事成)를 매개로 하여 궁극적으로는 치국평천하(治國平天下), 즉 정치공동체의 평화로 이어진다. 그 평화로운 정치공동체의 모델은 고대 중국의 경우는 왕정을 모델로 하는 신의(信義)공동체였고, 고대 그리스의 경우는 폴리티(polity)와 같이 중용을 제도화한 혼합체제였다.

나는『중용의 정치사상』이 세상에 나오기 전에 서양 고전 속에서 평화의 정치사상을 추출함으로써 평화가 개인의 마음의 평화에만 머물러 있는 것이 아니라 개인, 국가 그리고 국제수준에서의 전쟁의 부재상황을 재생산하는 끝없는 과정임을 밝힌 바 있다. 내 연구에 의하면 평화가 동시에 중용이었고 특히 아리스토텔레스에게 있어서 중용은 평화로운 정치공동체의 바탕이었다.

중국의 중용사상은 고대 중국의 전통사상인 중화(中和)를 계승한 조화사상이었다. 오늘날 중국인이 평화를 화평(和平)이라고 표현하는 것도 중용사상의 핵심인 중화의 화(和)를 염두에 두고 Peace를 중국식으로 번역한 것 같다. 지금까지 평화와 중용에 관한 나의 연구에 의하면 중용이 인간관계에서의 상호인정, 정치관계에서의 갈등조정을 기본내용으로 하고 있다는 점에서 평화사상의 내용과 크게 다를 것이 없다. 인간성에 내재하는 천사적 요소와 악마적 요소가 변함이 없는 한 인간의 일상생활이나 정치생활에서는 중용을 일탈한 양극의 상황이 있을 수 있고 극한적 갈등과 그 집단적 표현으로서의 전쟁의 개연성을 부인할 수 없다. 그만큼 중용을 견지하기 어렵고 그만큼 평화를 지속하기 어렵다고 말하지 않을 수 없다.

평화와 중용은 그 내포와 외연에서 볼 때 개인, 국가, 세계, 우주를 대상으로 하고 있다는 점에서 많은 공통점을 갖고 있다. 그러나 좁은 의미에서 보면 평화는 국가 내 또는 국가 간의 전쟁과 구조폭력의 부재상태이며 중용은 개인의 주체성의 심화과정과 조화로운 정치공동체의 형성에 관심이 집중되어 있다. 다시 말하면 평화가 궁극적으로 정치학의 주제라면 중용은 윤리학과 정치학의 종합적인 주제인 점이 그 특징이다. 더욱이 중용과 평화를 정치학의 주제에 한정할 경우, 의미 있는 공통점은 이 두 개념이 정치체제의 성격을 규정짓는 결정적인 가치란 점이다.

『평화의 정치사상』에서 나는 민주평화론(democratic peace theory)의 사상적 연원을 2,500년 이래의 서양사상사에서 찾았다. 오늘날 민주평화론의 기본축인 민주주의 정치체제의 원형을 나는 고대 그리스의 혼합체제, 그중에서도 아리스토텔레스의 폴리티에서 찾았다. 『중용의 정치사상』 연구에 의하면 아리스토텔레스의 폴리티는 한마디로 고대 그리스에서 중용의 원리, 중용의 정치를 제도화한 공동체에 다름 아니다.

고대 중국의 경우 왕정 이외에 다양한 정치체제에 대한 논의가 없었으나 주목할 것은 그 중국의 왕정론은 고대 그리스인, 특히 플라톤의 철인왕과 같은 비현실적인 '그림의 떡'이 아니라 역사적으로 실존했던 정치체제를 패러다임화한 것이라 말할 수 있다. 고대 그리스인은 다양한 정치체제를 논의하는 과정에서 중용에 가장 근접한 체제인 폴리티를 구상했고 고대 중국인은 중용의 가치를 체현했던 왕제(王制)를 모델로 했던 것이다. 고대 그리스의 폴리티가 귀납적 추론의 한 결과라면 고대 중국인의 선왕(先王)은 연역적 추론의 기점이 되는 셈이다.

여기서 저자는 동서양의 중용사상과 정치체제와의 관계에 대한 연구를 토대로 하여 중용을 중심 가치로 하는 정치체제란 점에서 중용의 정치체제, 즉 미노크라시(Meanocracy)라는 개념을 창출하고자 한다. 동서양에서 다양하게 전개되어 온 중용 및 중용 관련 개념 가운데 영어는 Mean, 중국·일본 등이 공유할 수 있는 한국어로는 중용(中庸)을 선택하여 "중용민주주의", 영어로는 Meanocracy란 말을 처음으로 만들어 본 것이다. 나는 1970년대 이래 "중용은 아름다워"(middle is beautiful) 그리고 "중용은 평화"(middle is peaceful)라는 캐치프레이즈를 표방해왔는데 이 경우 앞의 middle은 인간의 정념과 행동일반을 대상으로 하는 중용의 미학을 "작은 것은 아름다워"(small is beautiful)와 대비하면서 표현한 것이고, 뒤의 middle은 정치체제의 성격을 규정하는 가치로서의 중용과 평화의 공통성을 상징적으로 표현한 것이다.

앞으로 나는 중용을 뜻하는 'Mean'에 정치를 뜻하는 'cracy'를 결합한 Meanocracy를 정치학의 중요한 열쇄개념으로 사용하고자 한다. 윤리학, 정치학, 철학을 포괄하는 개념으로서의 중용학을 Mean-ology로 표현할 수 있다면 Meanocracy는 Meanology 가운데 정치체제를 부각시킨 개념이라 말할 수 있다.

한편 성군(聖君)에 의해 실현됐던 중용정치, 즉 고대 중국의 선왕(先王)정치가 현재와 미래의 중국에 어떤 형태로 재현될지, 오늘날 중국인이 그들의 체제를 선왕지치(先王之治)의 연장선에서 보고 있는지, 아니면 보편적인 시대정신인 민주화, 민주주의를 중국의 토양에 수용하고 있다고 보는지, 어떤 경우든 현재의 중국정치체제의 성격을 Meanocracy라는 잣대로 설명하고 평가하기란 대단히 어렵다. 다만 눈여겨 볼 수 있는 것은 고대 이래 중국은 제도보다 인간에 무게를 둔 인치(人治)의 전통에 강한 연속성이 있다는 점이다.

중용을 개인의 주체성의 심화로 본다면 그 심화의 경지가 높은 사람이 성인이요 군자인 것이며, 그것이 바로 정치지도자이며 그 모델이 요순(堯舜)같은 왕이었다. 이렇게 볼 때 다양한 정치체제론보다는 수기치인(修己治人)의 경지, 주체성의 심화란 점에서 중용의 경지에 이른 정치지도자에 대한 기대는 중국의 전통 속에 면면히 흐르고 있는 듯하다. 13억 중국인의 최고지도자 후진타오(胡錦濤)의 8대 영광(八榮) 가운데 특히 열애조국(熱愛祖國)과 성실신의(誠實信義)가 눈에 띈다. "신의를 성실히 가지고 조국을 열렬히 사랑한다"고 한 언명은 수기치인(修己治人)의 현대적 적용이라 해도 과언이 아니다.

다른 한편 중용민주주의, 즉 Meanocracy의 뿌리는 고대 그리스의 혼합체제로서, 그리스에서 로마의 혼합체제(공화정)를 거쳐 기독교정치질서인 중세를 뛰어넘어 르네상스 이후 마키아벨리의 혼합체제론으로 다시 부활하여 에라스무스, 루소, 벤담을 거쳐 칸트의 공화제평화(Republican Peace)론에 합류되었다. 그런 의미에서 오늘날 미국을 중심으로 뿌리내리고 있는 민주평화론은 제한된 경험적 연구의 좁은 틀에 묶어둘 것이 아니라 2,500년 서구지성사인 Meanocracy의 긴 항해선 상에서 심도 있게 논의되어야 하고 그럼으로써 민주평화론에 철학적 권위를 부여할 수 있을 것이다.

극히 일부이긴 하나 민주평화론의 철학적 뿌리를 찾아보려는 노력이 없는 것은 아니다. 그러나 민주평화론을 대변하는 연구자들은 그들 이론의 철학적 거점을 칸트 이전에서 찾으려는 노력을 포기하고 있는 듯하다. 최근 하워드(Michael Howard)는 그의 저서『평화의 발명』에서 에라스무스의『평화의 호소』로부터 벤담의『보편적 영구평화계획』에 이르는 평화사상의 보고(寶庫)에 관한 일언반구의 언급도 없이 칸트를 평화의 발명가로 단언한 것은 지적 태만이라 해도 지나침이 없다.

이들 논점들은 우선 사실에도 맞지 않을 뿐만 아니라 그 사려 깊지 못한 단순화에 놀라지 않을 수 없다. 정치체제의 민주화와 평화의 상관관계는 칸트 이전에 이미 다양한 형태로 깊이 있게 논의되어 왔다. 나는 졸저『평화의 정치사상』에서 칸트 이전의 시대, 즉 고대 그리스의 플라톤·아리스토텔레스에서 로마의 폴리비우스, 근대의 루소, 벤담에 이르는 오랜 기간 동안 오늘날 민주주의와 친근한 의미를 가진 여러 유형의 정치체제가 국내의 평화에 기여한 점을 논증해보고자

했다.

그 다음 '평화의 발명가' 칸트에 관한 논의에서도 재정의를 촉구하지 않을 수 없다. 즉, 칸트의 평화사상의 내용 가운데 공화제를 평화의 조건으로 본 관점에 주목한다면 위에서 지적한 것처럼 아리스토텔레스에서 마키아벨리로 이어지는 혼합체제론과 루소의 민주개혁론 등 유사한 문제의식이 다양하게 존재했음을 확인할 수 있다. 여기서 강조하고 싶은 것은 칸트보다 200년 전에 이미 에라스무스는 공리적 관점과 함께 평화를 위한 유효한 체제로서 혼합체제를 제기함으로써 아리스토텔레스의 혼합체제에서 칸트의 공화제에 이르는 가교의 역할을 했다는 점이다.

이렇게 볼 때 미국의 민주평화론자들은 그들 평화론의 사상적 거점을 불과 200여 년 전의 칸트의 『영구평화론』에서 찾을 것이 아니라 2,500여년의 서구정치사상사의 본류에서 찾아야 할 것이며 민주평화론에 입각한 현실의 정책도 그만큼 역사의 무게와 정치적 사려를 바탕으로 만들어져야 할 것이다. 내가 정의한 Meanocracy는 고대 그리스의 작은 정치공동체 아테네에서 초강대국 미국에 이르기까지 면면히 흘러온 정치적 예지와 사려의 산물이라고 말할 수 있다.

(2013.09.11.)

칸트의 영구 평화론

유석성

서 론

임마누엘 칸트(Immanuel Kant 1724~1804)는 1795년 「영원한 평화를 위하여: 한 철학적 기획」(Zum Ewigen Frieden, Ein philosophischer Entwurf)이라는 제목의 글을 발표하였고, 그 이듬해인 1796년 「영원한 평화를 위한 비밀 조항」을 추가하여 보완된 글을 발표하였다.[1] 이 '영원한 평화를 위하여'는 흔히 "영구 평화론"이라 일컫는다.

네덜란드의 여관의 간판에 어느 한 교회묘지의 그림이 그려져 있고, 상호는 "영원한 평화"(pax perpetua)라고 쓰여 있었다. 칸트는 이 풍

---

1) Immanuel Kant, *Zum ewigen Frieden, Ein philosophiescher Entwurf*, (Hg.), Ruolf Malter, Phi lipp Reclam, Stuttgart, 1984. 이하 ZeF로 표기함. 한국어 번역 『영구평화를 위하여』, 정진 역, 정음사, 1974. 중판,1981. (이하 정진) 『영원한 평화를 위하여』서동익 역, 세계의 사상 16권, 휘문출판사, 중판, 1986.(이하 서동익) 『영구평화론』,이한구 옮김, 서광사,개정판, 2008.(이하 이한구) 『영원한 평화』, 백종현 옮김, 아카넷, 2013.(이하 『영원한 평화』)

자적인 "영원한 평화"라는 여관 간판으로부터 이 평화에 대한 글『영원한 평화를 위하여』제목을 가져왔다고 한다.

이 논문의 부제「철학적 기획」(Ein philosophischer Entwurf)이 말하여 주듯이「이성」과「도덕성」에 근거한 평화론을 철학적으로 다룬 글이다.

칸트의「영구 평화론」은 칸트 이후 평화 연구와 평화학에 있어서 고전적 위치를 차지한다.『영원한 평화를 위하여』는 평화의 문제를 독립된 정치적 주제로 삼은 최초의 저작으로 세계정치사적으로 큰 의의를 갖는 중요한 저술이다.[2] 뿐만 아니라 칸트의 역사철학과 정치철학, 서구의 시민적 휴머니즘의 정점(頂點)에 있는 글이다.[3] 이『영원한 평화를 위하여』는 프러시아와 프랑스 간에 이루어진 바젤평화조약이 체결된 직후에 쓰였다.

칸트가 이 글을 쓰게 된 동기는 모국 프러시아(프로이센)의 국가 팽창주의를 경고하고, 다른 나라를 점령하는 일에 대하여 잘못되고 있음을 충언하며, 진정한 국제 평화와 인류 평화의 길을 제시함에 있다. 국가는 하나의 독립된 인격체로서 인권과 인간의 존엄성에 기초해 있고, 어떠한 명분에서도 다른 나라를 합병할 권리가 없음을 말하려 한 것이다. 1789년 프랑스 혁명 후 프러시아와 프랑스 그리고 러시

---

2) Volker Gerhardt, Immanuel Kants Entwurf, *Zum ewigen Frieden*, Darmstadt, 1995 폴커 게하르트,『다시 읽는 칸트의 영구 평화론』, 김중기 옮김, 백산서당, 2007, p. 3.

3)『영원한 평화』해제 p. 25. Michael Welker, Immanuel Kant : Zum ewigen Frieden , 2015 서울 신학 대학교 - 하이델베르크대학 공동 국제학술대회(2015. 11. 13-14.)『동양과 서양의 평화이해』, 2015, p.14.

아가 폴란드를 분할 합병하였다. 이 폴란드는 1919년 베르사유 조약에 의해 공화국으로 재출발할 때까지 주권적 지위를 잃게 되었다.

칸트는 국가들 간의 전쟁상태를 종식시키기 위해 평화조약에 의거한 국제연맹내지는 보편적 국가연합을 이루는 것이라고 하였다. 이러한 칸트의 구상의 일부가 1세기가 지나 제1차 세계대전(1914~1918) 후 창설된 국제연맹(League of Nation)과 그것을 승계한 제2차 세계대전(1939~1945) 후 국제연합(United Nations)으로 결성되었다.[4] 칸트는 인간의 세계평화에 대한 노력을 인간의 의무요, 인류가 영원한 평화라는 목표에 끊임없이 더 가까이 다가서야 할 하나의 과제라고 하였다.[5]

칸트의 『영구 평화론』의 구조는 당시의 국제조약이나 평화조약 등 조약 형식에 따라 예비조항, 확정조항 및 비밀조항으로 되어 있다.

예비조항은 평화를 위하여 금지하여야 할 조항, 제거해야 할 조항이다. 반면에 확정조항은 시행되어야 할 적극적 조항이다. 칸트의 영구 평화론의 본문의 전개과정에 따라 칸트가 구상한 영구 평화론을 살펴보고자 한다.

1. 평화를 위한 예비조항

---

4) 『영원한 평화』백종현 옮김, 아카넷, 2013.해제 p. 25.
5) ZeF p.56.『영원한 평화』p.191.

칸트는 국가 간의 영원한 평화를 위하여 금지해야 할 조항으로 6개 항목을 들고 있는데 이것이 예비조항이다.

제1 예비조항 : 장래의 전쟁 소재를 암암리에 유보한 채로 체결한 어떠한 조약도 평화조약으로 간주되어서는 안된다.[6]

장차 분쟁의 소지를 감춘 평화조약은 평화조약이 아니라 휴전조약이며 그것은 적대행위의 유예이지, 모든 적대행위의 종식을 뜻하는 평화는 아닐 것이다.[7] 칼 야스퍼스(Karl Jaspers)는 평화의 문제에서 가장 중요한 것이 진실성이라고 하였다. "평화를 원하는 사람을 기만해서는 안된다. 허언(虛言)은 전쟁의 원리요, 또 가능적인 전쟁에 의해서 규정된 모든 정치의 원리이다. 그러므로 진실성은 평화의 강력한 무기이다. 우리는 사물을 올바른 명칭으로써 불러야 한다. 그래서 전쟁을 평화라고 칭해서는 안된다. 존재하고 있는 것에 관한 의식은 언어에 의해서도 깨어 있어야 한다."[8]

제2 예비조항 : 어떠한 독립된 국가도 (작든 크든 상관없이) 어떤 다른 국가에 의해 상속, 교환. 매매 또는 증여를 통해 취득될 수 있어서는 안된다.[9]

---

6) ZeF p.3. 『영원한 평화』p.101.
7) ZeF, p.3.『영원한 평화』, p. 101.
8) Karl Jaspers, Kants 『Zum Ewigen Frieden』, 칸트의 『영구 평화를 위하여』, 정진역 정음사, 1974, p. 119.
9) ZeF, p.4. 『영원한 평화』, p. 102.

국가란 상속 재산처럼 소유물이 아니기 때문이다. 국가는 어떤 방식으로든지 합병될 수 없다. 이렇게 하는 것은 근원적 계약의 이념과 모순되는 것이며 이 이념이 없이는 국민에 대한 어떠한 법도 생각할 수 없다. 근원적 계약이란 "국민자신이 하나의 국가를 구성하는 행위"로서 "단지 그에 따라서만 국가의 정당성이 생각될 수 있는 국가의 이념"을 말한다.

도덕적 인격인 국가를 물건처럼 양도하는 일은 평화를 가장 강력하게 위협하는 것이다. "칸트는 설령 전쟁에서 패전국이 국토를 정복당해 국민적 자유를 잃고 식민지로 되어서는 안된다고 보고 있다. 칸트의 이와 같은 주장은 현대적 용어법으로 보면 민족자결권의 주장과도 같다고 볼 수 있다.[10]

제3 예비조항 : 상비군(miles perpetuus)은 점차 완전히 폐지되어야 한다.[11]

'상비군'은 정기적으로 봉급을 받는 오늘날에 직업군대에 해당한다. 그러나 상비군은 여러 국적으로 이루어진 용병군대를 의미하지 않는다. 평화를 촉진하고자 하는 자는 상시적으로 무장을 유지하고 있는 군대를 포기해야 한다.[12] 왜냐하면 상비군 자체가 공격적 전쟁의 유발 요인이 된다. 상비군은 전쟁을 위한 것이다. 사람을 죽이도

---

10) 최상용, "칸트의 영구 평화론" 최상용 편 "현대 평화 사상의 이해", 한길사, 1976, p.297.
11) ZeF , p.5. 『영원한 평화』, p. 104.
12) 폴커 게하르트, 『다시 읽는 칸트의 영구 평화론』, 김중기 옮김, 백산서당, 2007, p. 96.

록 훈련하는 것은 인간을 기계나 도구로 간주하는 것이다. 이것은 인격체로서 인간의 권리와 합치하지 않는 것이다.[13]

칸트는 상비군의 철폐를 주장하였지만 국가시민들이 자신과 조국을 외부의 침략으로부터 안전하게 하기 위하여 자발적으로 정기적으로 행하는 교육이나 무장 훈련을 받는 민병제는 인정하였다.[14]

제4 예비조항 : 대외적인 국가분규와 관련하여 어떠한 국가부채도 져서는 안된다. [15]

국가 간의 전쟁을 위해 국민의 조세부담 능력 이상으로 부채를 지는 것은 파산을 가져오고 평화를 깨뜨릴 수 있다.

국내의 경제(도로의 개량, 새로운 식민 흉년에 대비하는 저장고 설치 등)를 위해서 국내외에서 보조를 얻고자 국채를 발행하는 것은 괜찮다. 그러나 강대 국가 상호간에 서로 대항하기 위해서 국채를 발행하는 것은 곧 교전(交戰)을 준비하는 것을 의미한다. 이로 인한 교전의 용이성은 집권자의 전쟁욕과 함께 영구 평화의 방해가 된다.

제5 예비조항 : 어떠한 국가도 폭력으로 타국의 체제와 통치에 간섭해서는 안된다.[16]

어떠한 국가도 다른 나라의 내정에 간섭할 권리가 없기 때문에 간섭해서는 안된다는 것이다. 제5항은 시대적인 제약을 받지 않고

---

13) ZeF , p.5.
14) ZeF. p.5.『영원한 평화』, p. 105. 이한구 p.17.
15) ZeF. p.6.
16) ZeF p. 6.『영원한 평화』, p. 107.

구속력을 지니는 조항이다. 그러나 예외로 칸트는 한 나라가 내부가 둘로 분열하여 제각기 독립된 별개 국가로 생각하고 전체의 권리를 주장할 경우는 다른 나라가 어느 한 쪽을 원조하는 것을 용인하고 있다. 왜냐하면 그 경우는 국가 자체가 무정부 상태이기 때문에 그 국가의 체제에 대한 간섭이 아니라는 것이다. 프리드리히(Carl Friedrich) 교수의 해석대로 칸트는 한 나라가 전체주의적 쿠데타에 의해 그 헌정 질서를 위협받을 경우도 타국의 내정간섭을 허용했을 것이다.[17]

제6 예비조항 : 어떠한 국가도 다른 국가와의 전쟁 중에 장래의 평화 시에 상호 신뢰를 불가능하게 만들 것이 틀림없는 그러한 적대행위들, 예컨대 암살자(暗殺者)나 독살자(毒殺者)의 고용, 항복 협정의 파기, 적국에서의 반역(叛逆) 선동 등을 자행해서는 안된다.[18]

칸트는 암살자나 독살자를 위한 고용도 비열한 전략이라고 하였다. 왜냐하면 전쟁 중에도 적의 사유방식(성향, 심정. Denkungsart)에 대한 어떤 종류의 신뢰가 남아 있어야 하기 때문이다. 적에 대한 최소한의 신뢰가 없으면 어떤 평화도 체결할 수 없고 적대 행위는 마침내 섬멸전으로 끝나게 될지 모르기 때문이다. 일단 이러한 파렴치한 수단이 동원되면 그것은 전쟁 동안 뿐만 아니라 평화 시에도 지속적으로 사

---

17) Carl Friedrich, Inevitable Peace ,Cambrige, 1984, p.178. 최상용, 「칸트의 영구 평화론」, p. 298f.
18) ZeF p. 7. 『영원한 평화』, p. 108.

용되어 영원한 평화를 불가능하게 만든다.[19]

이상으로 6개 항목의 영구 평화를 위한 금지 법칙의 성격을 띤 예비조항을 살펴보았다.

이 법칙은 객관적으로는 주권자의 의도에 관해서 고찰되는 경우에는 모두 금지 법칙이다. 그러나 그 가운데 제1항, 제5항, 제6항 등세 가지의 예비 조항은 지속적이고 구속력이 있는 조항이다. 이 세 개의 조항은 사정 여하를 불문하고 타당하고 엄격한 종류의 강제법이기 때문에 칸트는 즉시 폐지할 것을 촉구하고 있다. 6개 항목 중 제2항, 제3항, 제4항은 시대적 제약을 받고 있다. 이 세 개항은 물론 법규의 예외로서는 아니지만 그것의 집행에 관해서는 사정에 따라 주관적으로 그 적용의 가감을 고려하고 그 집행을 유예할 수 있는 임의법적인 성격을 지니고 있다고 하였다.

2. 영구 평화를 위한 확정조항

칸트는 영구 평화를 위한 예비조항을 논한 후 확정조항을 말하였다. 앞에서도 언급한 바와 같이 예비조항은 "해서는 안된다"는 금지법칙의 형식인 반면 확정조항은 "하여야 한다. 하지 않으면 안된다"는 형식을 취한 적극적인 의미가 담긴 조항이다. 칸트는 영원한 평화

---

19) ZeF p. 7. 『영원한 평화』, p. 108.

를 위하여 꼭 승인되고 준수되어야 할 것이 확정조항이라고 하면서 3개의 확정조항을 제시했다.

칸트는 평화 상태는 자연 상태(status naturalis)가 아니라고 하면서 법적 상태의 수립을 통하여 실현 가능하다고 보고 세 가지 확정조항을 말하였다. 칸트는 국내법(국가시민법 Staatsbürgerrecht, ius civitatis), 국제법(만민법 Völkerrecht, ius gentium) 세계 시민법(Weltbürgerrecht, ius cosmopoliticum) 등 세 가지 법에 따르는 체제를 말하였다. 즉, 한 민족에 속하는 사람들의 국내법에 의한 체제, 그 상호관계에 있는 여러 국가의 국제법에 의한 체제, 사람들과 여러 국가가 외적인 상호 영향을 줄 수 있는 관계 속에 있고 보편적인 인류 국가의 공인으로 간주될 수 있는 한에 있어서 세계시민법에 의한 체제의 세 가지 법이다.[20] 이 세 가지 법에 따라서 영구 평화를 위해서 촉진해야 할 적극적인 조건이 확정조항이다.

제1 확정조항 : 각 국가에서 시민적 체제는 공화적(共和的)이어야 한다.[21] 이 조항은 국내법의 원칙에 대하여 언급한 것이다. 국내법이 공화적이 되어야 전쟁을 멈추고 화해하는 화전(和戰)의 결정권이 군주에게서부터 국민에게 돌아가기 때문이다.

칸트가 사용한 공화적이라는 말과 시민적이라는 용어는 오늘날 사용되고 있는 의미와 똑같지 않다. 칸트가 사용하는 시민적이라는

---

20) ZeF p. 11.
21) ZeF p. 10.『영원한 평화』p. 115.

말은 귀족이나 노동계급과 대립하는 계급으로서의 부르조아적 의미만은 아니다. 오히려 자유로운 정치공동체의 구성원으로서의 모든 사람을 가리키는 말이다.[22]

공화제란 무엇인가? 공화제적 체제는 자유, 의존, 평등의 세 가지 조건을 갖추어야 한다. 첫째, (인간으로서) 사회의 구성원의 자유의 원리에 의해, 둘째, (신민으로서) 모두가 단하나의 공통된 입법에 의존하는 의존의 원리에 의해, 그리고 셋째, (국민으로서) 평등의 원칙에 의해 확립된다. 그러므로 공화적 체제는 법의 관점에서 볼 때 모든 형태의 시민적 헌법의 원초적인 토대를 이룬다.[23]

왜 칸트는 공화적 체제에서 전제체제보다 영원한 평화의 전망이 열린다고 보았는가? 그것은 공화주의 체제에서는 전쟁에 대한 국민의 동의와 협조 얻기가 전제체제 보다는 더 어렵기 때문에 공화주의 체제에서 영구 평화의 전망이 열린다고 본 것이다.

"전쟁을 해야 할지 말아야 할지"를 결정하는 데 국가시민들의 동의가 요구될 때, 국가시민들은 그들에게 닥칠 전쟁의 모든 고난들을 각오해야 하기 때문이다. 즉, 전쟁이 있게 되면, 자신들이 전투를 해야 하고, 전쟁의 비용을 그들 자신의 재산에서 치러야 하고, 전쟁이 남길 황폐화를 고생스럽게 보수해야 하고, 결코 변제할 수 없는 채무 부담 자체를 떠맡아야 하는 일들이다.

---

22) 최상용, 「영구 평화론」 p. 300 참조.
23) ZeF p. 10f. 이한구 p. 26.

이에 반해 전제주의 체제에서는 이런 일은 세상에서 가장 주저할 것이 없는 사안이다. 왜냐하면 국가원수는 국가구성원이 아니라 국가의 소유주이며, 전쟁으로 인해 자기의 식탁, 사냥, 별궁, 궁전 연회 같은 것들에서 최소한의 것도 잃지 않는다. 그러므로 대수롭지 않은 이유에서 전쟁을 일종의 즐거운 유희처럼 결정할 수가 있으며, 외교 부처에 전쟁의 정당화를 아무렇지 않게 떠넘길 수 있기 때문이다.[24]

칸트는 공화적 체제를 지배의 형식(forma imperii)이 아니라 통치형식(forma regiminis)으로 이해한다. 칸트는 공화체제와 민주체제를 혼동하지 않아야 한다고 말한다. 국가(civitas)의 형태를 분류할 때 국가의 최고 권력을 소유하고 있는 인격의 차이에 의하여 분류하는 것이 지배의 형식(forma imperii)이다. 지배의 형식에는 지배권을 가진 자의 수에 따라서 구별된다. 즉, 지배권을 가진 자가 단 한사람인가 또는 서로 결합된 몇 사람인가? 아니면 시민사회를 형성하는 전체인가에 의하여 세 가지의 지배의 형식으로 대별된다. 그 다음 최고통치자인 원수(元首)가 어떤 인물인가 묻지 않고 원수에 의한 국민의 통치형식(forma regiminis)이 있다. 이 통치형식은 국가가 헌법에 의거하여 그의 절대권력을 행사하는 방식에 관한 것이다. 이 통치형식에는 공화적(republikanisch)이거나 전제적(despotisch)인 두 방식이 있다.

공화정체와 전제정체의 차이점은 무엇인가? 공화주의는 집행권

---

24) ZeF p. 12f. 『영원한 평화』 p.118.

(통치의 권력)을 입법권에서 분리하는 국가원리이다. 반면에 전제주의는 국가자신이 수립했던 법칙(법률)들을 국가가 독단적으로 집행하는 국가원리이다. 그러니까 공적 의지는 통치자에 의해 그의 사적 의지로 취급되는 한에서의 공적 의지인 것이다.[25]

칸트에 의하면 국가형식들 중에서 본래의 말의 의미에서 민주정체는 필연적으로 전제주의라는 것이다. 왜냐하면 민주제는 모두가 입법자이면서 동시에 집행자라는 데 있다.[26] 칸트의 이러한 민주제에 대한 해석은 오늘의 시대적 관점에서 보면 칸트의 시대적 한계를 드러낸 것으로 볼 수 있다. "민주적 국가 형태라고 해서 전제적 통치방식으로 나갈 필연적인 이유란 존재하지 않는다."[27]

칸트는 대의적 통치형식이 가장 바람직한 통치방식이라고 보고 대의제도와 맞는 통치방식은 공화적 통치방식에서 가능하다고 보았다. 대의적(代議的)이 아닌 모든 통치형식은 기형적인 형식이다. 왜냐하면 입법자가 동일한 한 인격에 있어서 동시에 그의 의지의 집행자가 될 수 있기 때문이다. 다시 말해 민주주의적 국가체제는 모두가 다 군주가 되려고 하기 때문이다. 칸트는 국민에게는 통치방식의 문제가 국가형식보다는 비교가 안될 만큼 중요한 의미를 지닌다고 하였다. 그런데 통치방식이 법 개념에 적합하기 위해서는 대의제도가

---

25) ZeF p. 14. 『영원한 평화』 p.119.
26) ZeF 14 이한구 p.30.
27) 이한구, 해제 , p.104.

되어야 할 것을 역설하였다. 대의제도에 있어서만 공화주의의 통치 방식이 가능하고 이 대의제도가 없으면 통치방식은 전제적으로 되며 폭력적으로 되기 때문이다. 칸트는 국가권력을 가진 자의 수(지배자의 수)가 보다 적고 이것과 반대로 국가권력을 대표하는 자의 수가 보다 많으면 많을수록 그 만큼 많이 국가체제는 공화정치의 가능성과 합치하며 점진적 개혁에 의해서 공화정치에로 높여질 것을 기대하고 있다. 공화적 체제는 제도적으로 확정된 통치방법을 말한다. 공화적 체제는 개인적인 정직성이나 현명함을 지닌 뛰어난 지배자의 선량한 통치가 아니다. 지배자 1인의 훌륭한 선정은 지배자의 죽음과 함께 끝나 버리는 통치이기 때문에 제도적으로 확립된 이러한 공화적 체제는 세 가지 원리에 의하여 특징지어진다. 법의지배, 삼권분립, 대의제도이다.

이렇게 칸트는 영구 평화를 위하여 지배형식인 국가형식보다 대의제에 의한 공화체제의 통치방식을 중요시하였다. 이는 대의제가 없으면 전제적 폭력이 되기 때문이다. 그러므로 제1 확정조항의 근본사상을 다음과 같이 요약할 수 있다. 공화적 통치방식에서 신뢰할 수 있는 법의 지배가 이루어질 수 있고 국민의 의지를 토대로 하여 신뢰할 만한 평화적 법의 개정이 달성될 수 있다. 지속적인 평화는 공화적 통치방법을 누리는 여러 국가 간에서만 가능하다. 그것은 공화적 통치방법만이 사실적으로 지속적인 전쟁상태 내에서의 휴전 대신에 합법적인 공동사회가 가능한 바의 공통의 모든 전체를 만들어 내기 때

문이다.[28]

제2 확정조항 : 국제법은 자유로운 국가들의 연방제에 기초해 있어야만 한다.[29]

제2 조항은 영원한 평화를 실현시키기 위한 형식에 대해서 규정한 것이다. 국가 간에 평화로운 상태를 유지하기 위해 외적 법칙에 의해 구속되는 공민적 체제와 유사한 체제를 형성하는 것이 필요하다.

제1 조항에 국내에서는 공화적 헌정체제를 언급하고, 제2 조항에서는 국제적으로는 세계평화를 위해 대립하고 투쟁하는 국가 간에 평화로운 상태를 계속하여 유지하기 위한 체제로 국제연합이라는 형식을 취해야 한다는 것을 제시한 것이다. 칸트가 제시한 것은 국제국가(Völkerstaat)나 세계공화국(Weltrepublik)이라는 적극적 이념 대신에 소극적 대안으로서 국제연맹(Völkerbund)을 구성하는 것이 전쟁을 막는 현실적 방안이라고 한 것이다.[30]

국제연맹은 개별국가들의 독립성을 유지하면서도 항구적인 국제평화를 보장할 수 있는 체제이다. 국제국가에서도 영구적인 평화를 위하여 국제정치를 조직화하려 할 때 이상적으로는 초국가적인 국제국가나 세계정부 건설에 의한 세계통치 실현이라는 구상을 제시할 수 있다. 그러나 국제사회에서도 국내사회와 같이 일원적인 권력

---

28) K. Jaspers, Kants 「Zum Ewigen Frieden」, p.124.
29) ZeF p.16. 『영원한 평화』 p.124.
30) ZeF p.20.

에 의해 뒷받침되는 법질서가 엄격히 수립될 수 있다면 국가 간에 전쟁을 방지하고 국가 간에 평화를 유지할 수 있을 것이다. 그러나 세계 여러 국가들이 각각의 다른 법적 체제를 갖추고 있는 현실에서 국제국가나 세계시민정부실현은 이상론이지 구체적으로 실현시키기는 어려운 것이다.[31] 칸트가 국가 세계 현실에 따라서 이해관계의 대립이 있는 정치를 전제로 삼고 있다는 것을 보여준 것이다.[32]

칸트는 이 국제연맹은 평화연맹이 되어야 한다고 주장하며 평화조약(Friedensvertrag, pactum pacis)과 평화연맹(Friedensbund, foedus pacificum)을 구별하였다. 평화조약 이 하나의 전쟁을 종식시키고자 하는 것이라면 평화연맹은 모든 전쟁을 영구히 종식시키고자 하는 것이다.[33] 또한 평화연맹은 국가의 어떠한 권력의 획득을 도모하지 않고 오직 한 국가 자체 및 이와 동시에 다른 연맹의 여러 국가의 자유유지와 보장을 목적으로 하고 있는 것이다.[34]

국제연맹을 통해 여러 국가들이 결합하고 국제법 이념에 따라 여러 국가의 자유 상태를 확보하고 그렇게 하여 이러한 종류의 여러 결합을 통해서 서서히 점점 더 멀리까지 확장할 것이기 때문이다.

제3 확정조항 : 세계시민법은 보편적 우호의 조건들에 국한되어

---

31) 이극찬, 『성치학』, 제6 진정판, 법문사, 1999. p. 739 참조.
32) 폴커 게르하르트, p. 162.
33) ZeF p.18. 『영원한 평화』 p.128.
34) ZeF p.18. 『영원한 평화』 p.128.

있어야만 한다.[35]

제3 확정조항은 영원한 평화는 국제법을 넘어 모든 인간을 결합하는 법인 세계시민법의 내용에 대하여 규정하고 그 공법화 과정에 대하여 말한 것이다.

이 조항은 "박애"에 관해서가 아니라 "권리"에 관하여 말하는 것이다. 즉, 호의적으로 대우를 받는 체류권(Gastrecht)이 아니라 방문할 수 있는 방문권(Besuchtrecht)을 의미한다. 여기서 우호(Hospitalität, 손님으로 대우받는 것)라는 것은 외국인이 어떤 타국의 영토에 도착했을 때 적으로 취급되지 않을 권리를 말한다.[36] 그 이유는 지구의 표면은 본래 인류의 공동의 소유이므로 어느 누구도 지상의 어떤 장소에 대하여 다른 사람보다 더 많은 권리를 가질 수 없다. 어느 누구도 외국의 땅을 밟았다는 이유만으로 적으로 취급되지 않고, 특별히 호의적인 대우를 받을 권리가 아니라 다만 안전하게 방문할 수 있는 권리인 방문권을 보장해야 한다는 것이다.[37]

외국인은 다만 방문의 권리만 가질 뿐 영속적인 체류권을 요구할 권리는 없다. 그러나 보편적 우호 관점에 서야 한다. 해안 거주민이 근해에서 배를 약탈하거나 난파된 선원을 노예로 삼는다든지. 다른 나라를 침략하는 행위는 자연법에 어긋난다.

---

35) ZeF p.21. 『영원한 평화』 p.132.
36) ZeF p.21. 『영원한 평화』 p.132.
37) ZeF p.21. 이극찬, 『정치학』, pp. 735~741. 참조.

우호적인 권리인 이방인에게 허용되는 방문의 권리, 교제의 권리를 잘 이용한다면 멀리 떨어져 있는 세계지역들이 서로 평화적으로 관계 맺게 될 것이고, 이러한 관계들은 마침내 공법화되고, 세계시민적 체제에 점점 가까이 다가설 수 있게 될 것이다.[38]

요약하여 말하면 칸트는 국내법, 국제법에 이어 세계시민법에 대하여 말하고 있다. 칸트는 평화를 위해서는 자유로운 여러 국가의 국제법만으로는 충분하지 않고 국제법을 넘어서 모든 인간을 결합하는 국제시민법이 필요하다는 것이다. 지구상의 모든 국민들의 "자연적으로 가능한 상호작용"은 사람들이 "서로 교제하겠다고 나서는" 결과로 된다. 사람들은 이러한 시도를 할 권리를 가지고 있다. 따라서 외국인은 적대적으로 대접받지 않을 권리를 가진다. 외국에서 오는 방문자의 측면에서는 토착민을 적으로 대할 아무런 권리도 가지지 않는다. 이러한 보편적인 "후대"가 세계시민권이다.[39]

3. 영구평화의 보증으로서 자연

칸트는 예비조항, 확정조항을 다룬 후 추가조항으로 「영구화의 보증에 관하여」와 「영구 평화를 위한 비밀조항」을 말하였다.

칸트는 영구 평화를 보증해 주는 것은 위대한 예술가인 자연(natu-

---

38) ZeF p.22. 『영원한 평화』 p.133.
39) K. Jaspers, Kants 「Zum Ewigen Frieden」, 정진 역 p.129f.

ra daedala rerum)이라고 하였다. 이 자연은 "운명"(숙명, Schicksal)이나 섭리(Vorsehung)라는 말과 같은 의미이다. 우리에게 알려지지 않은 작용법칙들에 따른 자연의 강요는 운명이며, 세계행정에서의 자연의 합목적성을 고려할 때 그것은 "섭리"라 할 것이다. 섭리란 "보다 상위의, 인류의 객관적인 궁극 목적을 지향해 있고, 이 세계운행을 예정하는 어떤 원인의 심오한 지혜다".[40] 여기에서 "자연"은 현상으로서의 자연이 아니라 이념으로서의 자연이다. 이 자연의 기계적 과정 속에는 인류의 의지에 배치(背馳)하면서까지도 자기들의 분열과 불화를 통하여 화합을 실현시키려는 합목적성이 명백하게 나타나 있다.

칸트는 자연이 그의 큰 무대에서 활동하는 인간들을 위해 설치하여 놓은 세가지 예비적 설비가 있다고 하였다. 첫째, 자연은 인간이 지상의 모든 지역에서 살 수 있도록 배려했다. 둘째, 자연은 전쟁을 통해 모든 곳에, 극히 황량한 지역에까지 인간을 쫓아 보내 그곳에 거주하도록 했다. 셋째, 자연은 또한 바로 전쟁을 통해 인간을 크든 작든 법적 관계에 들어서도록 강요했다.[41]

칸트는 "세계시민적 관점에서 본 보편사의 이념"에서 자연을 역사의 주체로 보았다. 제5 명제에서 강조하기를 "자연이 인류에게 과(課)하여 그 해결을 강요하는 최대의 문제는 보편적으로 법을 행사(行使)하는 시민사회를 이룩하는 일이다 … 외면적 법률의 지배하에 있는

---

40) ZeF, p. 24f., 정 진 . p.60. 『영원한 평화』 p.139f.
41) ZeF, p. 27. 『영원한 평화』 p.145f.

자유가 저항하기 어려운 권력과 가장 잘 결합되어 있는 사회, 다시 말하면 완전히 정의가 실현되어 있는 시민적 조직체가 자연이 인류에게 과(課)한 최고의 과제(課題)가 아닐 수 없다. 왜냐하면 자연은 이 과제를 해결하고 완수함으로써만 우리들 인류에 대한 자연의 그 밖의 다른 의도를 성취할 수가 있기 때문이다."[42] 제8 명제에서는 "인류의 역사는 전체적으로 보면 자연의 은밀한 계획, 즉 내적으로 완전하며 이 목적을 위하여 외적으로 완전한 국가조직을 성취하기 위한 계획의 수행이라고 볼 수 있다. 이때 국가조직은 자연이 인류에게 준 모든 소질을 완전히 발전시킬 수 있는 유일한 상태로서 성취되는 것이다"라고 강조하였다.[43]

자연은 민족들의 분리와 일치에 동시에 기여하며 결국 인간들에게 시민적 체제를 만들게 하고 영구평화에 접근하여 궁극적으로 영원한 평화를 보증하게 한다.

4. 영구 평화를 위한 비밀조항

칸트는 영구평화를 위한 추가조항의 첫 번째로 영구 평화의 보증으로 자연에 관해서 논한 다음 제2 추가조항으로 영구 평화를 위한

---

42) I. Kant, Idee zu einer allgemeinen Geschichte in weltbürgerlicher Absicht, 이석윤역,「세계시민적 견지에서 본 보편사의 이념」『세계의 대사상. 16』휘문출판사, 1986. p.339.
43) 칸트,「세계시민적 견지에서 본 보편사의 이념」, 이석윤 역, p.345.

비밀조항을 제시하였다. 이 비밀조항에서는 영구평화를 위한 철학과 철학자들의 역할에 대해서 논하고 있다.

먼저 공법적 협상에서 객관적으로는 비밀조항이라는 말이 성립이 되지 않는 것이 모순이지만 주관적으로는 인격적 존엄성 때문에 성립된다고 한다. 그것은 비밀조항에 초안자(草案者)를 보호하려는 의도에서 말한 것이다. 비밀조항의 초안자라는 사실이 공개되면 그 작성자가 인격적 존엄성에 손상을 입을 수 있기 때문에 비밀조항이라는 말을 사용할 수 있다는 것이다. [44]

권력을 잡은 권력자들은 철학을 어떻게 생각하고 철학자들을 어떻게 활용하며 통치자와 철학자의 관계는 어떠해야 하는가?

칸트 당시에 서구의 학문세계는 신학부, 법학부, 의학부, 철학부가 있었다. 이 중 신학부, 법학부, 의학부를 통칭하여 '상부학부'라고 하였고 철학부를 '하부학부'라고 하였다. 심지어 철학은 신학의 시녀(ancilla theologiae, die Magd der Theologie)로 일컫기까지 하였다.(사람들은 이런 말들을 하였다. "그 시녀가 횃불을 들고 그 귀부인들을 앞서 가고 있는지, 끌리는 옷자락을 들고 뒤따르고 있는지를 사람들은 제대로 보지 못하고 있다.)"[45]

칸트는 법학이나 의학도 신학의 시녀라는 말을 할 수 있다고 말하였다. 법학과 철학과의 관계에서도 사실상 법학은 철학보다 하위 단계의 학문으로 간주되고 있었다. 그럼에도 불구하고 현실적으로

---

44) ZeF p.34. 『영원한 평화』p. 154.
45) ZeF p.35. 『영원한 평화』p. 156.

법률가는 권력의 비호를 받기 때문에 법학을 높은 서열에 속하는 학문으로 간주하였다.

영구 평화를 위해서 권력자들이나 통치자들은 철학자들의 말에 귀를 기울이고 가르침을 받고 지혜를 배워야 한다. 철학자들은 영구 평화를 실현하기 위한 복지증진과 평화수립에 보편적 준칙에 관해 공공연하면서도 자유롭게 피력할 수 있을 것이다. 또한 도덕적으로 입법적인 보편적 인간이성에 의해 의무의 형태로 이루어진 것을 제시할 수도 있다. [46]

칸트는 국가가 법률가의 발언보다 철학자의 원칙에 우위를 둘 필요는 없고 철학자의 말에 귀 기울여야 한다고 하였다. 여기서 유의할 것은 칸트는 플라톤이 주장한 철인왕에 대하여 수정한다. 철학자가 왕이 된다는 것은 기대할 수도 없고 바람직하지 않다고 하였다.[47] 왜냐하면 권력의 소유는 이성의 자유로운 판단을 불가피하게 손상시키기 때문이다. 이것은 칸트가 플라톤을 넘어 민주적으로 희망을 주는 것이다. 철학자 왕들(Philosophenkönige)이 되는 것이 아니라 국민 스스로가 왕적 국민들(königliche Völker)이 되는 것을 말한 것이다.[48]

칸트는 정치와 철학, 통치와 철학함을 상보적 관계로 본 것이라고 말할 수 있다. 칸트는 철학의 비판적 및 논증적 활동에 대한 강한 신

---

46) ZeF p.34. 이한구 p. 58. 백승균, 『세계사적 역사인식과 칸트의 영구 평화론』 p. 388f.

47) 48) ZeF p.35. 이한구 p. 58. 『영원한 평화』, p. 156.

48) Volker Gerhardt, Immanuel Kants Entwurf 폴커 게르하르트, 『다시 읽는 칸트의 영구 평화론』, p.223

뢰와 정치에 대한 신뢰를 정립하고자 하였다. 이것은 정치와 철학이 각자의 자립성을 포기하지 않고서도 일반적으로 소통할 수 있는 공 공성의 매개적 행위를 통해서 보장된다는 것을 의미한다.[49]

통치자인 왕들은 철학들이 공공연하게 말하게 해야 한다. 철학자 들은 본성상 도당조직이나 비밀결사 선동에 무능하기 때문에 공개 적으로 발언할 수 있도록 하면 통치나 영원한 평화에 기여할 수 있기 때문이다.[50]

비밀조항은 한마디로 요약하자면, 여러 국가들은 평화실현에 관 한 철학자들이 제시한 준칙을 충고로써 받아들여야 한다는 것이다.

5. 도덕과 정치

칸트는 도덕과 정치와의 관계를 부록에서 다루었다. 여기서 그는 도덕과 정치와의 관계를, 정치에 대하여 도덕이 우위에 있음을 주장 하였다. 도덕과 정치는 대립되는 것이 아니라 서로 합치되는 것이다. 진정한 의미의 정치는 도덕에 충성을 다해야 하는 도덕적 정치이어야 한다. 칸트는 모든 정치는 도덕 앞에서 무릎을 꿇어야 한다고 하였 다.[51]

---

49) Ibid.
50) ZeF p.35. 이한구 p. 59. 『영원한 평화』, p. 156.
51) p.49. 『영원한 평화』, p.178.

칸트는 정치적 도덕가(Politischer Moralist)와 도덕적 정치가(Moralischer Politiker)를 구별하였다. 정치적 도덕가는 도덕을 정치가의 이익과 일치시키려는 도덕가이며 도덕적 정치가는 국가정략의 원리를 도덕과 합치할 수 있도록 이해하여 보려고 하는 정치가이다.[52]

칸트는 '정략적 정치가들은 실천을 자랑하지만 그들이 다루는 것은 실천이 아니라 술책이다'라고 하였다. 그들은 개인적 이익을 잃지 않으려고 현재 지배하고 있는 권력에 아첨하고 민족과 또한 전 세계라도 이용하고자 염두에 두고 있기 때문이다. 이들이 사용하는 궤변적 준칙은 다음과 같다.

① 행하라 그리고 변명하라.(Fac et excusa)

② 만약 행(行)했다면, 부정(否定)하라.(Si fecisti nega)

③ 분할하라 그리고 지배하라.[53] (Divide et impera)

칸트는 이런 국가정략가들의 책략적 준칙은 권력자들이 자기들의 권력을 강화하기 위한 처세술적 술책에 지나지 않으며 정치는 책략의 술수에서는 이루어질 수 없다는 것을 주장한다.

칸트는 실천 철학이 자기 자신과 일치하도록 하기 위해서는 「너의 의지의 준칙이 항상 동시에 보편적 법칙수립의 원리로서 타당할 수 있도록, 그렇게 행위하라」는 형식적인 원리에서 출발한다고 하였다. 이것은 법의 원리로서 무제약적 필연성을 지니고 있는 것을 의미

---

52) Zef p.44. 정 진 , p. 94, 백종현 p. 171.
53) Zef.41f. K. Jaspers p. 132. 참조. .

한다.[54)]

칸트는 "순수 실천 이성의 왕국과 그 정의를 추구하라, 그러면 너희 목적(곧 영구평화의 은총)은 스스로 너희에게 주어질 것이다"라고 하였다. 이것은 정치는 도덕에 충실하고 복종하여야 할 것을 표현한 것이다. "참된 정치는 이미 도덕에 충성하지 않고서는 한 걸음도 앞으로 나아갈 수 없다. 그리고 정치는 그 자체가 확실히 어려운 기술이라 하겠지만 도덕과 정치의 합치는 결코 어떤 기술이 아니다. 왜냐하면 양자가 서로 충돌하자마자 정치가 풀 수 없는 매듭은 도덕을 둘로 절단하기 때문이다."[55)]

칸트는 공법의 선험적 개념에 의한 정치와 도덕의 합치에 관한 논의에서 공개성의 형식(Form der Publizität)을 강조하였다. 공법의 선험적 형식이란 시민법이나 국제법의 개념 속에 있는 모든 경험을 배제해 버린 후에 남는 공법의 골격을 의미한다. "다른 사람들의 권리와 관련되면서 그 준칙이 공개성과 일치하지 않는 모든 행위는 정의롭지 않다."[56)]

---

54) 이한구, 해제 p.104 참조.
55) ZeF, p. 49. 『영원한 평화』 p. 178.
56) ZeF, p. 49. 『영원한 평화』 p. 179.

결 론

칸트의 영구 평화론이 쓰인 1795년으로부터 200주년이 지났다. 칸트의 영구 평화론은 철학적이며 사상적인 관점에서 평화론을 연구할 때 고전적 위치를 차지하는 기념비적 글이다. 칸트 스스로 '몽상곡'이라고 표현했던 이 영구 평화론은 200년의 시간을 넘어 오늘 몽상곡에 머무르지 않고 평화를 위한 구상에 커다란 빛을 던져 준다.

칸트가 제시한 국내에서 공화정치제도, 국제 간에 국제연맹, 인류에게 세계시민사회가 완전한 실현이 불가능하다 할지라도 원리적 의미에서는 큰 가치를 지니고 있다.

칸트는 영구 평화를 향하는 인류의 노력을 도덕적 의무인 동시에 이성적 필연성으로 보았으며 이를 단순히 지상목표의 선언에 그치지 않고 종말론적 대망과 결합시키려 하였다.[57] 칸트의 영구 평화론을 다음과 같이 끝맺고 있다. "공법의 상태를 실현하는 일은 그런 상태에 서로 무한히 전진하는 접근만이 있다 하더라도 근거 있는 희망이 동시에 존재할 경우에는 우리의 의무이다. 만약 그렇다면 영구 평화는 결코 공허한 이념이 아니라 오히려 과제이다."[58] 법적 평화주의, 정의적 평화주의 입장에서 철학적 구상으로서 전개한 칸트의 영구 평화론은 인류의 평화를 위한 구상에 초석이 될 것이다. 평화는 인류

---

57) 최상용, 칸트의 영구 평화론, p.311.
58) ZeF, p. 56. 『영원한 평화』 p. 191.

모두의 의무이며 과제이며 책임이다.[59]

59) 칸트의 영구평화론에 관하여 더 상세한 것은 아래문헌을 참조. Otfried Höffe(Hg.) Zum
ewigen Frieden, Berlin, 1995.

저 자 소 개

김형석 | 조치대학교 철학과 졸업, 연세대학교 명예교수, 한우리독서문화 운동본부 회장 역임. 저서 『모두를 위한 서양철학사』, 『남아 있는 시간을 위하여』 외 다수

김상근 | 연세대학교 신학과 졸업, 프린스턴대학교 종교학박사. 연세대학교 교수. 저서 『나는 어떻게 죽을 것인가』, 『어떻게 살 것인가』 외 다수

유홍준 | 서울대학교 미학과 졸업, 성균관대학교 예술철학박사. 문화재청 청장 역임. 명지대학교 석좌교수. 저서 『나의 문화유산답사기』, 『유홍준의 국보순례』 외 다수

진교훈 | 서울대 철학과 졸업, 빈대학교 철학박사. 중앙대학교 철학과 교수. 저서 『철학적 인간학 연구1,2』, 『21세기를 여는 한국인의 가치관』 외 다수

박석무 | 전남대학교 법학과 졸업, 단국대학교 석좌교수, 다산연구소 이사장 역임. 저서 『조선의 의인들』, 『다산 정약용 평전』 외 다수

백종현 | 서울대학교 철학과 졸업, 프라이부르크(Freiburg)대학교 철학박사. 서울대학교 명예교수, 한국칸트학회 회장 역임. 저서 『철학의 개념과 주요문제』, 『시대와의 대화: 칸트와 헤겔의 철학』 외 다수

성낙인 | 서울대학교 법학과 졸업, 파리2대학교 법학박사. 서울대학교 총장. 저서 『우리헌법읽기』, 『헌법학』 외 다수

황경식 | 서울대학교 철학과 졸업, 동 대학원 철학박사. 철학연구회 및 한 국사회윤리학회 회장 역임. 서울대학교 명예교수. 저서『롤스의 정의론과 그 이후』,『철학과 현실의 접점』외 다수

김동길 | 연세대학교 영문과 졸업, 보스턴대학교 역사학박사. 연세대학교 교수 및 부총장 역임. 저서『링컨의 일생』,『대통령의 웃음』등 다수

류태영 | 건국대학교 법률학과 졸업, 히브리대학교 사회학박사. 건국대학 교 부총장, 한국이스라엘친선협회 회장 역임. 저서『꿈과 믿음이 미래를 결정한다』,『나는 긍정을 선택한다』외 다수

신달자 | 숙명여자대학교 국어국문학과 졸업, 동 대학원 국어국문학 박 사. 한국시인협회 회장, 한국문학번역원 이사 역임. 저서『엄마와 딸』,『여자를 위한 인생 10강』외 다수

이기수 | 고려대학교 법학과 졸업, 독일 튀빙겐대학교 법학박사. 고려대학 교 총장, 양형위원회 위원장 역임. 저서『기업법』,『국제거래법』 외 다수

정의화 | 부산대학교 의학과 졸업, 인제대학교 의학박사. 국회의원, 국회 의장 역임. 김원묵기념봉생병원의료원장. 저서『정의화의 아름다 운 복수』,『이름값 정치』외 다수

이태식 | 서울대학교 외교학 졸업. 연세대학교 레이니 석좌교수, 주미한국 대사관 대사 역임

이태진 | 서울대학교 사학과 졸업, 서울대학교 국사학과 명예교수, 국사편찬위원회 위원장 역임. 저서『새한국사』,『동경대생들에게 들려준 한국사』외 다수

정운찬 | 서울대학교 경제학과 졸업, 프린스턴대학교 경제학박사. 서울대학교 총장, 국무총리 역임. 동반성장협회 이사장. 저서『동반성장 국가로 가는 길』,『우리가 가야할 나라 동반성장이 답이다』외 다수

최상용 | 서울대학교 외교학과 졸업, 도쿄대학교 정치학박사. 고려대학교 정치학과 교수, 서울신학대학교 석좌교수, 주일본 특명전권대사 역임. 고려대 명예교수. 저서『평화의 정치사상』,『중용의 삶』외 다수

유석성 | 독일 튀빙겐대학교 신학박사. 한국기독교학회 회장, 서울신학대학교 총장 역임. 안양대학교 총장. 저서『본회퍼 신학사상』,『정의와 평화윤리』외 다수

편집 후기

서울신학대학교에서 개교 100주년을 맞이하여 2010년 9월 10일을 기점으로 전교생과 일반인을 대상으로 인문학강좌를 열었습니다. 150여 분에 이르는 명사들이 강연을 빛내주셨고, 그 중 16분의 강연을 우선 선별하여 2017년 『앞으로 어떤 세상이 올 것인가』(인문학강좌 I)로 출간하였습니다.

이 책의 출간을 위해 적지 않은 분들의 수고와 헌신이 있었습니다. 기꺼이 강연에 임해주신 각계의 명사분들과 강연을 집중해서 경청해주신 학생분들 그리고 서울신학대학교까지 찾아와주셔서 두 시간 가까운 시간을 함께 하며 경청해주신 청중분들, 마지막으로 인문학강좌를 총괄기획하고 진행해주신 유석성 총장님의 인문학에 대한 열정에 감사의 말씀을 드립니다.

현장에서 진행된 강연을 책으로 엮는 과정에서 몇 가지 기준을 마련했습니다. 우선 원고들을 주제별로 구분하고 어투를 평어체로 유지했습니다. 강연은 개별주제와 경어체로 진행되었지만, 미리 완성된 원고와 구두체의 녹취록을 종합하여 일반도서의 형태로 구성하기 위해 네 가지 대(大)주제로 분류하고 평어체로 통일하게 되었습니다. 구두체의 녹취록을 문어적인 원고로 만드는 과정에서 가독성과 일관성을 위해 생략이 필요한 부분들은 도서출판 종문화사 기획부와 편집부의 협력 하에 실행했습니다.

인문학강좌 I에 대한 칭찬과 질책을 상세하게 반영하여 인문학 II를 출간하였습니다. 이어서 인문학강좌 III, IV, V의 출간으로 독자 여러분을 찾아뵙기를 기대합니다.

2018년 4월

도서출판 종문화사

서울신학대학교 100주년 기념

인문학강좌 II
사람다움이란 무엇인가

초판 1쇄 인쇄 2018년 4월 20일 | 초판 출간 2018년 4월 26일 | 지은이 유석성 외 17인 | 펴낸이 임용호 | 펴낸곳 도서출판 종문화사 | 편집·기획 곽인철 | 편집·디자인 디자인오감 | 인쇄·제본 한영문화사 | 출판등록 1997년 4월 1일 제22-392 | 주소 서울시 은평구 연서로 34길 2, 3층 | 전화 (02)735-6891 팩스 (02)735-6892 | E-mail jongmhs@hanmail.net | 값 18,000원 | ⓒ 2018, Jong Munhwasa printed in Korea | ISBN 979-11-87141-37-2 94330 | 잘못된 책은 바꾸어 드립니다.